权威·前沿·原创

皮书系列为

“十二五”“十三五”“十四五”时期国家重点出版物出版专项规划项目

巴西黄皮书

YELLOW BOOK OF BRAZIL

巴西发展报告（2021~2022）

ANNUAL REPORT ON DEVELOPMENT OF BRAZIL (2021-2022)

主　编／程　晶　吴洪英

副主编／缴　洁

社会科学文献出版社

SOCIAL SCIENCES ACADEMIC PRESS (CHINA)

图书在版编目（CIP）数据

巴西发展报告．2021~2022／程晶，吴洪英主编；缴洁副主编．--北京：社会科学文献出版社，2023.11
（巴西黄皮书）
ISBN 978-7-5228-2594-6

Ⅰ．①巴… Ⅱ．①程… ②吴… ③缴… Ⅲ．①经济发展-研究报告-巴西-2021-2022 Ⅳ．①F177.74

中国国家版本馆 CIP 数据核字（2023）第 192760 号

巴西黄皮书
巴西发展报告（2021~2022）

主　　编／程　晶　吴洪英
副 主 编／缴　洁

出 版 人／冀祥德
责任编辑／仇　扬
文稿编辑／陈旭泽
责任印制／王京美

出　　版／社会科学文献出版社·当代世界出版分社（010）59367004
地址：北京市北三环中路甲 29 号院华龙大厦　邮编：100029
网址：www.ssap.com.cn
发　　行／社会科学文献出版社（010）59367028
印　　装／天津千鹤文化传播有限公司

规　　格／开　本：787mm×1092mm　1/16
印　张：18　字　数：267 千字
版　　次／2023 年 11 月第 1 版　2023 年 11 月第 1 次印刷
书　　号／ISBN 978-7-5228-2594-6
定　　价／168.00 元

读者服务电话：4008918866

主要编撰者简介

程　晶　历史学博士，湖北大学区域与国别研究院巴西研究中心、历史文化学院副教授，国务院侨务办公室侨务理论研究武汉基地副研究员。主要研究方向为巴西及拉美研究。主持国家社科基金、教育部、国务院侨办、中国侨联等科研项目13项，在《世界历史》《史学理论研究》《世界民族》《拉丁美洲研究》等学术期刊及著作上发表学术论文33篇，主编《巴西发展报告（2019）》《巴西发展报告（2020）》《巴西及拉美历史与发展研究》等著作7部。

吴洪英　历史学博士，湖北大学区域与国别研究院院长、教授。主要研究方向为拉美研究。主持国家社科基金、教育部、外交部、财政部等科研项目共计16项，在《人民日报》《光明日报》《经济日报》《世界历史》《现代国际关系》《拉丁美洲研究》等报刊上发表学术论文和文章200余篇，参与撰写《巴西现代化进程透视：历史与现实》等著作多部。

缴　洁　法学博士，湖北大学区域与国别研究院巴西研究中心、政法与公共管理学院讲师。主要研究方向为中国与拉美法律制度比较、巴西等葡语国家法律制度、巴西土地制度。发表学术论文多篇，作为副主编合作编撰《巴西发展报告（2019）》《巴西发展报告（2020）》《巴西及拉美历史与发展研究》，合译《葡萄牙刑事诉讼法》，参与撰写《我国农村集体经济有效实现的法律制度研究（2卷）：村庄经验与域外视野》等。

摘 要

2020~2021 年，新冠病毒肆虐全球，对世界各国造成极大冲击，位于南美洲的巴西也不例外。2020 年 2 月 26 日，巴西确诊首例新冠肺炎感染病例，这也是拉美地区确诊的首例新冠肺炎感染病例。随后，新冠肺炎疫情在巴西蔓延迅速，在一年的时间里巴西累计确诊病例数突破 1000 万例，攀升至全球第三；累计死亡病例数超过 24 万例，仅次于美国，居于全球第二。巴西成为拉美地区乃至全球新冠肺炎疫情的新“震中”，遭受疫情重创，公共卫生危机、经济危机、社会危机与环境危机集中出现，整个国家陷入困境，面临前所未有的挑战。

面临疫情肆虐，博索纳罗总统及其领导的联邦政府消极应对，抗疫不力，渐失民心。巴西民众健康安全受到威胁，对现政府不满加剧，多次走上街头掀起大规模的示威游行，以博索纳罗为代表的极右翼势力影响下降。同时，博索纳罗总统和参众两院、最高法院、多个州的州长冲突加剧，矛盾升级，博索纳罗领导的执政联盟出现分裂，执政基础严重动摇，内阁要职人员变动频繁。巴西全国政治力量较之以往更加分散，政党格局碎片化严峻，左右政党博弈升温，政治不稳加剧。

新冠肺炎疫情对巴西经济造成极大冲击，本就复苏乏力的巴西经济被进一步拖累，2020 年出现大幅萎缩，国内生产总值较 2019 年下降了近 4%，是 1996 年有记录以来的最大跌幅。2021 年，随着疫苗接种率的提高，巴西的新冠肺炎疫情趋缓。随着内需增强和外部需求强劲，在消费、投资和出口“三驾马车”的共同拉动下，巴西经济出现强劲复苏。2021 年，巴西国内生产总值增长4.6%，经济增速达到近十年最高水平，与2020年近4%的负增长形成鲜明对比。但是，巴西经济复苏基础脆弱，只有部分行业恢复到2020年2月新冠肺炎疫情暴发前的水平，通货膨胀高企、就业质量不佳、公共债务居高不下等问题依然严重，经济发展面临严峻挑战，前景不容乐观。

随着疫情的迅速蔓延，巴西公共医疗资源供给严重短缺，资金和医护人员不足、资源分配使用不合理等问题突出，公共卫生系统不堪重负，公共卫生危机凸显。社会民生遭受疫情重创，失业、贫困、犯罪等社会问题恶化，各种社会矛盾和问题相互叠加。为了提振经济、减少环境“桎梏”，博索纳罗政府继续采取消极的环境政策，牺牲环境换取经济发展，导致巴西毁林面积持续攀升，生态环境不断恶化，自然灾害频发。

作为极右翼势力的代表，博索纳罗上台执政后，采取亲美亲西方的外交政策，奉行“意识形态外交”，极大地限制了巴西外交空间的拓展。随着2021年拜登新总统的上台，巴美关系迅速降温，巴西外交“孤立”局面更为明显。虽然博索纳罗政府的“意识形态外交”给中巴关系带来了一些杂音，但是难改中巴友好合作的大局。中巴务实合作稳步向前，取得了新进展，尤其是疫苗合作和经贸合作成效显著，已然成为中巴关系的亮点。面对世纪疫情和百年变局的挑战，中巴共同利益广泛，合作韧性十足，内生动力强劲，务实合作前景可期。

聚焦2020~2021年新冠肺炎疫情冲击下巴西内政外交的调整与变化，湖北大学巴西研究中心组织中巴两国22位学者共同编写了《巴西发展报告（2021~2022）》。本书主体部分由总报告、分报告、专题报告和中巴关系报告四部分共14篇研究报告组成：第一部分为2020~2021年度巴西发展总报告，对2020~2021年新冠肺炎疫情冲击下的巴西政治、经济、社会和外交形势进行总体评析，重点探讨新冠肺炎疫情给巴西内政外交带来的影响与挑战；第二部分为分报告，分别对2020~2021年巴西的政治、经济、社会和外交形势进行跟踪报道与剖析；第三部分为专题报告，对2020~2021年巴西内政外交中的焦点、热点问题进行深入的专题研究，涵盖新冠肺炎疫情在巴西的肆虐与联邦政府的应对、巴西公共卫生体系在抗击新冠肺炎疫情中的作用与不足、新冠肺炎疫情对巴西政治生态与环境保护的影响、巴西与美国双边关系的变化、巴西国际科技创新合作的发展等；第四部分为中巴关系报告，对 2020~2021 年新冠肺炎疫情影响下中巴关系的总体情况以及两国在抗疫、经贸等领域的合作进行评析。最后在附录部分，本书对 2020~2021 年巴西大事记进行了梳理，以便为相关部门和个人提供参考。

关键词： 新冠肺炎疫情　巴西　博索纳罗政府　巴西经济　中巴关系

目 录

I 总报告

II 分报告

III 专题报告

Ⅳ 中巴关系报告

Ⅴ 附录

总报告

General Report

Y.1
多重危机交织：新冠肺炎疫情冲击下的巴西形势分析

程　晶*

摘　要： 2020~2021 年期间，由于博索纳罗总统及其领导的联邦政府抗疫不力，新冠肺炎疫情在巴西蔓延迅速，巴西成为拉美地区乃至全球新冠肺炎疫情的新“震中”，公共卫生危机、经济危机、社会危机与环境危机集中出现。疫情对巴西经济造成极大冲击，本就复苏乏力的巴西经济被进一步拖累，2020 年出现大幅萎缩，2021 年开始强劲复苏但基础依然脆弱，前景不容乐观。为了提振经济、减少环境“桎梏”，博索纳罗政府继续采取消极的环境政策，以牺牲环境换取经济发展，毁林面积持续攀升，生态环境不断恶化，自然灾害频发。面对疫情肆虐，巴西公共卫生医疗体系不堪重负，公共卫生危机凸显。社会民生遭受疫情重创，各种

* 程晶，历史学博士，湖北大学历史文化学院、区域与国别研究院巴西研究中心副教授，国务院侨务办公室侨务理论武汉基地副研究员。

社会矛盾激化。在此情况下，巴西民众对现政府不满加剧，以博索纳罗为代表的极右翼势力影响下降，执政联盟出现裂痕，政党格局碎片化严峻，左右政党博弈升温，政治不稳加剧。在外交上，博索纳罗政府采取亲美亲西方的外交政策，奉行“意识形态外交”，极大地限制了巴西外交空间的拓展。随着2021年拜登新总统的上台，巴美关系迅速降温，巴西外交“孤立”局面更为明显。虽然博索纳罗政府的“意识形态外交”给中巴关系带来了一些杂音，但是难改中巴友好合作的大局。中巴务实合作取得了新进展，尤其是疫苗合作和经贸合作成效显著，已然成为中巴关系的亮点。

关键词： 巴西 新冠肺炎疫情 博索纳罗政府 多重危机

2020~2021年，新冠肺炎疫情在全球蔓延肆虐，对各国经济和社会造成极大震荡与冲击。位于南美洲的巴西未能幸免，不仅深受疫情重创，而且成为全球新冠肺炎疫情的新“震中”。2020年2月26日，巴西确诊首例新冠肺炎感染病例，这也是拉美地区确诊的首例感染病例。此后，新冠病毒迅速蔓延至巴西全国，在一年的时间里巴西新冠肺炎累计确诊病例数突破了1000万例，攀升至全球第三，累计死亡病例数居于全球第二。在疫情冲击下，巴西公共卫生危机、经济危机、社会危机与环境危机集中出现，整个国家陷入困境，面临前所未有的挑战。

一 政治不稳加剧

由于博索纳罗总统及其领导的联邦政府抗疫不力，新冠肺炎疫情在巴西迅速蔓延，在不到四个月的时间里，累计确诊病例数突破100万例。2021年2月18日，巴西新冠肺炎累计确诊病例数突破1000万例，仅次于美国和印度，位居全球第三；累计死亡病例数超过 24 万例，仅次于美国，居于全球第二。2021 年 12 月，巴西新冠肺炎累计确诊病例数超过 2000 万例，累计死亡病例数超过 60 万例。巴西民众健康安全受到威胁，对现政府不满加剧，以博索纳罗为代表的极右翼势力影响下降，执政联盟出现裂痕，政党格局碎片化严峻，左右政党博弈升温，政治不稳加剧。

（一）联邦政府抗疫不力

2020 年 2 月，新冠肺炎疫情在横扫亚洲、欧洲后传播至巴西所在的南美大陆，巴西成为拉美地区首个确诊新冠病毒肺炎感染病例的国家，也是拉美地区新冠肺炎疫情最为严重的国家。虽然巴西在时间上具有“后发”优势，却未能化优势为主动。相反，博索纳罗总统及其领导的联邦政府“对新冠肺炎疫情作出了最差反应”①，防疫态度不认真，防疫措施不科学，消极应对，盲从低效，混乱无序，最终疫情失控，巴西社会深受疫情打击。

新冠肺炎疫情暴发初期，博索纳罗总统并不是第一时间积极应对，而是淡化新冠病毒的致命性和严重性。随着疫情的迅速蔓延和恶化，巴西新冠病毒感染人数和死亡人数呈指数级增长，然而博索纳罗总统仍然将经济发展置于首位，忽视民众的健康安全。一方面，其坚持开展经济活动，主张放宽社交距离，带头反对卫生部和地方政府推行的社交隔离等防疫措施，频繁更换不听取其意见、坚持科学防疫的卫生部部长和部门主管，干扰地方政府社交隔离措施的推进，致使社交隔离措施未能在全国有效推进，也未能团结、组织国内各界力量共同抗疫，各级政府之间缺乏统筹、协调。另一方面，其不遵从科学指导，盲从、消极抗疫，如追随美国前总统特朗普的脚步，主张优先使用氯喹、羟氯喹等无效药物进行早期治疗，强调群体免疫理论，公开反对社交隔离措施，拒绝在公共场所佩戴口罩，助长假消息的传播，诋毁并反对接种新冠疫苗，故意拖延购买新冠疫苗等，导致新冠病毒传播迅速，破坏

---

① Carta Capital, “Bolsonaro atrapalhou o combate à pandemia, comprova estudos”, 04/2021, https://www.cartacapital.com.br/saude/bolsonaro-atrapalhou-o-combate-a-pandemia-comprova-estudo/.

严重。

2021 年 4 月 27 日，巴西参议院正式成立了“新冠调查委员会（CPI da Covid）”，专门调查博索纳罗总统及其领导的联邦政府在新冠肺炎疫情期间是否存在失职问题。经过近半年的详细调查，新冠调查委员会向参议院提交了一份 100 多页的最终调查报告，指控博索纳罗总统在内的 66 人和 2 家公司对疫情管控不力，指出巴西新冠病毒感染者的死亡应归咎于博索纳罗总统及其领导的联邦政府的失败政策，建议对博索纳罗总统提起包括渎职、欺骗、言行不符合总统身份的责任罪等 9 项刑事指控，并指控其犯有危害人类罪。①

（二）极右翼势力影响下降

巴西之所以遭受疫情重创，极右翼势力的代表博索纳罗总统施政不力，渐失民心，难辞其咎。2020 年末的民调显示，近半数的巴西民众不满博索纳罗总统的抗疫政策。② 在疫情打击下，许多巴西民众回归务实、理性，稳中求变，与极右翼势力渐行渐远。巴西多地爆发了大规模的民众示威游行，要求博索纳罗总统下台。2021 年 11 月的民调数据显示，仅有 19%的受访者认为博索纳罗政府的执政成绩“良好”，这是博索纳罗自 2019 年 1 月上任以来支持率首次低于 20%；高达 60%的受访者对博索纳罗政府的表现持“负面评价”。③ 与此同时，博索纳罗总统的反对率不断上升，从 2019 年初的 30%升至 2021 年初的 40%，2021 年末高达 50%。④ 引人注目的是，在

---

① Senado Federal, “CPI da Covid. Relatório Final”, https://www12.senado.leg.br/noticias/arquivos/2021/10/26/relatorio_final-26102021-12h40-1.pdf.

② DataFolha, “Aprovação ao Trabalho de Bolsonaro na Pandemia é Inferior à de Governadores e Prefeitos”, 14/12/2020, http://media.folha.uol.com.br/datafolha/2020/12/14/ad8a599af4864554583c395d7dde7aedagp.pdf.

③《巴西大选波澜已起，破解经济固有难题成焦点》，中国商务新闻网，https://www.sohu.com/a/546133194_275039。

④ DataFolha, “Reprovação a Governo Bolsonaro Fica Estável, em 53%”, 17/12/2021, http://media.folha.uol.com.br/datafolha/2021/12/20/P2ri345r2353IV9ns894 - 343402iSP1x2r21_AVaoBrzl.pdf.

2020 年末巴西举行的市政选举中，以博索纳罗总统为代表的极右翼势力“风光不再”，选举结果堪称“糟糕”①。在此次竞选活动期间，博索纳罗曾通过社交网络为 13 名市长候选人公开“拉票”，但其中仅 2 人胜选；② 博索纳罗总统公开支持的 46 名议员候选人中，仅 10 人胜选。③

（三）执政联盟出现分裂

受疫情影响，博索纳罗总统和参众两院、最高法院、多个州的州长冲突加剧，矛盾升级。不少国会议员、中间派政党、巴西左翼、民间组织纷纷要求弹劾总统，博索纳罗领导的执政联盟出现分裂，执政基础严重动摇，内阁要职人员变动频繁。2020~2021 年间，部长级官员调动 20 余次，先后有 16 名部长辞职。2021 年 3 月 29 日，一天之内 6 名部长级官员被总统撤职，这是博索纳罗执政以来规模最大的内阁改组，凸显其执政联盟面临的协调困境。

支撑博索纳罗赢得 2018 年总统大选的三大核心支柱，即经济、司法和外交均出现了不同程度的裂痕。博索纳罗曾经的政治盟友司法部前部长塞尔吉奥·莫罗（Sérgio Moro）、外交部前部长埃内斯托·阿劳若（Ernesto Araújo）、环境部前部长里卡多·萨勒斯（Ricardo Salles）纷纷辞职，从而削弱了博索纳罗的执政基础。同时，军人阵营也出现了动荡。在费尔南多·阿泽维多·席尔瓦（Fernando Azevedo e Silva）宣布辞去国防部部长一职后的第二天，陆海空三军将领同时宣布辞职，这是 1985 年以来巴西陆海空三军将领首次在任期未满之前同时辞职，凸显了联邦政府、内阁军人阵营以及军队三者之间关系的“沟通误解”。为了稳固和壮大执政根基，博索纳罗向

---

① 《巴西地方选举 博索纳罗支持人选失意大城市》，新华网，http：//www.xinhuanet.com/world/2020-11/17/c_ 1210889319.htm。

② Thiago Reis, “Candidatos a Prefeito Apoiados por Bolsonaro Saem Derrotados no 2° turno; nesta Eleição, Só 2 de 13 Saíram Vitoriosos”, *Globo*, 29/11/2020, https://g1.globo.com/politica/eleicoes/2020/eleicao-em-numeros/noticia/2020/11/29/candidatos-a-prefeito-apoiados-por-bolsonaro-saem-derrotados-no-2o-turno-nesta-eleicao-so-2-de-13-sairam-vitoriosos.ghtml.

③ Pedro Henrique Gomes, “Bolsonaro Cancela ‘Live Eleitoral’ após Usar Alvorada em 7 Dias a Fim de Pedir Votos para 59 Candidatos”, *Globo*, 13/11/2020, https://g1.globo.com/politica/eleicoes/2020/noticia/2020/11/30/as-eleicoes-de-2020-em-numeros.ghtml.

中间党派靠拢，让中间党派代表出任部委负责人，提升了中间党派在内阁中的影响力。此举虽然有利于改善总统与国会之间的关系、巩固执政根基，但是导致支持博索纳罗的政治社会力量出现分化，引起博索纳罗昔日政治盟友们的不满。

（四）政党格局碎片化严峻

长期以来，巴西国会政党林立，政党格局高度碎片化，政府的运转高度依赖于多党执政联盟，这为权力寻租与政治腐败开辟了空间，也为政治不稳留下了隐患。2020~2021 年间，由于施政不力，以博索纳罗总统为代表的巴西极右翼势力影响下降。与此同时，左翼政党延续颓势，中间党派影响力上升，传统大党与其他党派之间的差距缩小，政治力量较之以往更加分散，政党格局碎片化日趋严峻。在 2020 年巴西举行的全国市政选举中，全国 33 个政党中有 29 个政党取得了市长及市议员席位；首次未有政党拿下超 1000 个城市的市长席位。虽然传统大党巴西民主运动党（MDB）、巴西社会民主党（PSDB）的市长及市议员数量仍排名靠前，但当选人数均较上届选举有所下降，相关席位被更多的“中间派党团（Centrão）”成员占据，“中间派党团”“斩获”了全国约 45%的市长席位。[①] 这一选举结果反映了巴西政治力量较之以往更加分散，政党格局碎片化日益严峻，执政党平衡各派利益的难度加大，政局加剧不稳。

（五）左右政党博弈升温

2022 年 10 月的总统大选牵动巴西政坛和社会。围绕总统大选，巴西各派政治力量加紧运作，政坛分化、重组加快，政治博弈加剧。随着左翼“领军人物”、前总统卢拉的回归，巴西左右政党博弈升温。2021 年 3 月，

① Fábio Vasconcellos, “Partidos do Centrão vão Comandar quase Metade dos Municípios Do país”, *Globo*, 30/11/2020, https://g1.globo.com/politica/eleicoes/2020/eleicao-em-numeros/noticia/2020/11/30/partidos-do-centrao-vao-comandar-quase-metade-dos-municipios-do-pais.ghtml.

巴西联邦最高法院法官埃德松·法欣裁决，卢拉此前因涉嫌贪腐所获的所有判决“均无效”。同年4月，巴西联邦最高法院表决维持了法欣的决定，这意味着卢拉恢复了“自由身”，可以参加2022年的巴西总统选举。2021年12月8日，卢拉在参加圣保罗市冶金工会会议时正式表态愿意成为2022年总统候选人。2022年5月，卢拉正式宣布参加10月举行的总统选举，以便击败博索纳罗“重建巴西”。左翼领袖卢拉的回归加强了反对党的影响力，国会政党左右对抗程度进一步加剧，政治极化日趋严重。民调数据显示，2022年的总统大选，左翼代表前总统卢拉一直领先，右翼代表现总统博索纳罗退居其次，形成两强相争的局面，面临与2018年类似的左右对峙、两极分化格局。

二　经济遭受重创

巴西是全球新冠肺炎疫情的新“震中”。疫情对巴西经济造成极大冲击，本就复苏乏力的巴西经济被进一步拖累，2020年出现大幅萎缩，2021年开始强劲复苏但基础依然脆弱，前景不容乐观。

（一）2020年经济大幅萎缩

2020年，席卷全球的新冠肺炎疫情给世界经济带来严重冲击，全球经济遭遇了1930年代大萧条以来的最严重衰退，巴西也不例外。巴西是全球疫情最严重的国家之一，经济遭受疫情重创，大幅萎缩。根据巴西国家地理统计局（IBGE）的数据，2020年，巴西国内生产总值较2019年下降3.9%，是1996年有记录以来的最大跌幅；人均国内生产总值也大幅下降，由2019年的8700美元降至2020年的6800美元。①

主要经济部门严重下跌，国内消费、出口均大幅下滑。2020年，三大

① IBGE，https：//www. ibge. gov. br/en/home-eng. html.

产业中，占巴西国内生产总值比重60%以上的服务业下跌4.5%，工业下跌3.5%，两者构成巴西国内生产总值的90%。不过，农业稳中有升，增长2%。消费方面，2020年，巴西家庭消费同比下降5.5%，政府消费下降4.7%，投资下降0.8%。进出口方面，2020年，巴西出口同比下降1.8%，进口下降幅度更大，高达10%。①

通货膨胀高企，公共债务居高不下。2020年，巴西通胀率达到4.52%，高于巴西央行年初4%的目标，并创2016年以来新高。② 导致通货膨胀高企的主要原因是国内对食品、饮料需求的增加以及国际大宗商品价格的上涨。其中，食品、饮料价格年均增长14.09%，助推2020年巴西全国居民消费价格指数达到5.45%。③ 在居民日常消费中，除食品和饮料外，住房、家居电器、通信、卫生医疗、教育、交通等消费也都有不同程度的提高。④ 另外，受新冠肺炎疫情影响，巴西政府面临的公共财政压力不断加大，公共债务居高不下。截至2020年底，巴西公共债务总计5.01万亿雷亚尔，同比增长17.9%，占国内生产总值的比重高达88.6%。⑤ 其中，内债4.787万亿雷亚尔；外债2434.6亿雷亚尔，包括2226.9亿雷亚尔的证券债务和207.7亿雷亚尔的合同债务。⑥

---

① 《2020年巴西GDP下降4.1%》，中国商务部官网，http://br.mofcom.gov.cn/article/jmxw/202103/20210303043272.shtml。

② Agência Brasil, "Inflação Oficial Fecha 2020 em 4, 52%, Diz IBGE", 12/01/2021, https://agenciabrasil.ebc.com.br/economia/noticia/2021-01/ibge-inflacao-de-2020-tem-alta-de-452-maior-desde-2016.

③ 《2020年巴西经济》，中国商务部官网，http://br.mofcom.gov.cn/article/ddgk/zwjingji/202106/20210603161477.shtml。

④ 汤晔：《巴西2020年通货膨胀率4.52% 为2016年来最高》，央视网，http://m.news.cctv.com/2021/01/12/ARTIIqvTCepsPFGbF01DWgTJ210112.shtml。

⑤ Terra, "Dívida pública fecha 2021 em 80, 3% do PIB, depois de atingir recorde de 88, 6% em 2020", 31 /01/2022, https://www.terra.com.br/economia/divida-publica-fecha-2021-em-803-do-pib-depois-de-atingir-recorde-de-886-em-2020, 00b8f08b16e31a0d94dfbeb5682b8ad8r3af9bta.html.

⑥ 《2020年巴西经济》，中国商务部官网，http://br.mofcom.gov.cn/article/ddgk/zwjingji/202106/20210603161477.shtml。

（二）2021年经济出现强劲复苏

从 2021 年 1 月起，巴西开始在全国范围内开展疫苗接种工作，目前超过 70%的人口至少接种了一剂新冠疫苗。随着疫苗接种率的提高，巴西的新冠肺炎疫情趋缓。同时，随着内需增强和外部需求强劲，在消费、投资和出口“三驾马车”的共同拉动下，巴西经济出现了强劲复苏。2021 年，巴西国内生产总值增长 4. 6%，经济增速达到近十年最高水平，与 2020 年近 4%的负增长形成鲜明对比；人均国内生产总值同比增长约 3. 9%。[①]

2021 年，深受疫情打击的主要经济部门开始复苏，并带动全国经济的增长。为国内生产总值贡献最大的行业，即投资、建筑和进出口贸易的增长幅度都在 5%以上。三大产业中，占巴西国内生产总值比重 60%以上的服务业出现高速增长态势，增长 4. 7%，其中交通、仓储与邮政增长 11. 4%，信息与通信业增长 12. 3%，其他服务部门增长 7. 6%。三大产业中，工业仅次于服务业，增长 4. 5%。不过，农业因受干旱、霜冻等恶劣天气的影响，下降 0. 2%。[②]

内需增强，对外贸易大幅增长。2021 年，巴西国内消费重回增长轨道。其中，家庭消费增长 3. 6%，政府消费增长 2%，投资增长 17. 2%。[③] 私人消费成为推动 2021 年巴西经济强劲复苏的主要驱动力，为全年经济复苏作出了积极、重要贡献。同时，由于国内经济升温、国际贸易条件改善、国际大宗商品价格上涨，巴西对外贸易出现大幅增长。2021 年，巴西对外贸易额从 2020 年的 4671. 37 亿美元增至 2021 年的 5937. 64 亿美元，增长了近 1300 亿美元；贸易盈余从 2020 年的 114. 28 亿美元增至 2021 年的 367. 14 亿美元。[④] 其中，2021 年，巴西出口增长 5. 8%，进口增长 12. 4%，进口增速超过出口增速。

---

① IBGE，https：//www. ibge. gov. br/en/home-eng. html.

② IBGE，https：//www. ibge. gov. br/en/home-eng. html.

③ 《巴西 2021 年 GDP 增长 4. 6%》，中国新闻网，https：//www. sohu. com/a/527363211_123753。

④ CEPAL，Preliminary Overview of the Economies of Latin America and the Caribbean，2021，p. 132.

政府财政赤字减少，投资强劲回升。2021年，由于公共开支减少、公共收入恢复增长，巴西政府财政赤字状况有所改善。2021年，拉美国家中央政府总体赤字占国内生产总值的5.0%左右，低于2020年的6.9%；基本赤字占国内生产总值的2.4%，明显低于2020年的4.2%。2021年，巴西货币政策率从2020年的2.8%增至2021年的4.1%，借贷率从33.8%降到33.2%。[①] 同时，受建筑业和国内资本货物生产的影响，投资出现强劲回升。巴西固定资本构成占国内生产总值的比重从2019年的16.9%增至2021年的17.2%；投资率从2020年的16.6%升至2021年的19.2%；储蓄率从14.7%增至17.4%。[②] 巴西成为2021年吸收外国直接投资最多的拉美国家，外国直接投资达到581.5亿美元，极大地扭转了2020年外国直接投资下滑势头。[③]

（三）经济发展面临严峻挑战

尽管2021年巴西经济出现强劲复苏态势，各项基本经济指数表现不俗，但是经济复苏基础脆弱，只有部分行业恢复到2020年2月新冠肺炎疫情暴发前的水平，通货膨胀高企、就业质量不佳、公共债务居高不下等问题依然严重，经济发展面临严峻挑战。

一是通胀压力维持高位。受新冠肺炎疫情冲击、全球供应链短缺、油价上涨、国内粮食产量下降等多重因素的影响，巴西国内物价持续上涨，通胀压力维持高位，严重制约经济的稳健增长。2021年，巴西通胀率从2020年的10.06%升至10.38%，远超出目标通胀率（3.5%），也远高出拉美地区的平均水平（6.4%），是拉美地区通胀率最高的国家之一。[④] 巴西国内消费价格指数持续上升，从2020年的10.16%升至2021年的10.60%。此外，巴

① CEPAL, Preliminary Overview of the Economies of Latin America and the Caribbean, 2021, p. 154.

② IBGE, https://www.ibge.gov.br/en/home-eng.html.

③ CEPAL, Preliminary Overview of the Economies of Latin America and the Caribbean, 2021, p. 137.

④ CEPAL, Preliminary Overview of the Economies of Latin America and the Caribbean, 2021, p. 127.

西本币雷亚尔不断贬值，2020 年 12 月 23 日 1 美元兑换 5.174 雷亚尔，到 2021 年 12 月 13 日 1 美元兑换 5.636 雷亚尔。为了遏制快速上升的通货膨胀，巴西央行实施加息政策，不断上调基准利率。2021 年 3 月 17 日，巴西中央银行将维持了 6 年的基准利率从 2%上调至 2.75%，开启了新一轮加息周期。2021 年，巴西央行连续 7 次加息，基准利率在 2021 年末高达 9.25%，为 2017 年以来的最高水平。但是，巴西央行的紧缩政策未见明显成效，通胀形势依然严峻，消费价格指数居高不下。

二是公共债务居高不下。2021 年，巴西债务负担依然沉重，外债负担在拉美国家中首屈一指，面临的债务危机风险增大，制约经济的持续稳健增长。巴西央行公布的数据显示，2021 年，巴西中央政府公共债务总额占国内生产总值的比重高达 80.29%，中央政府公共债务净额占国内生产总值的比重达到 57.24%。[①] 根据巴西国库局发布的统计报告，2021 年，巴西联邦公共债务在 2020 年 50009 亿雷亚尔（约合人民币 58500 亿元）的基础上再上涨 12%，达到 56130 亿雷亚尔（约合人民币 65620 亿元）。[②]

三是失业问题突出。受疫情打击，巴西本已严重的失业问题恶化。2020 年巴西全国失业率高达 13.8%，2021 年略有下降，仍然高达 13.2%，未恢复到疫情前水平。[③] 同时，非正规就业人数增加，就业质量下降，收入减少。2021 年，巴西非正规就业人数增加了 366 万，较 2020 年增长了 9.9%，非正规就业率从 2020 年的 38.3%增至 2021 年的 40.1%。

四是新冠肺炎疫情形势依旧严峻。巴西是全球新冠肺炎疫情的新“震中”，是拉美地区遭受疫情打击最为严重的国家。虽然随着疫苗接种率的提高，自 2021 年 12 月以后，巴西的新冠肺炎疫情形势逐渐好转，新增感染病例数和死亡病例数均有所下降，但是疫情形势仍然十分严峻，疫情影响并未

① CEPAL, Preliminary Overview of the Economies of Latin America and the Caribbean, 2021, p. 160.

② 《巴西 2021 年联邦公共债务上涨 12%，增长幅度放缓》，新浪财经，https://cj.sina.com.cn/articles/view/6192937794/17120bb4202001r5cn。

③ IBGE, https://www.ibge.gov.br/en/home-eng.html.

根除。2021 年底，新冠病毒奥密克戎新变异毒株突然出现并快速蔓延，巴西新冠病毒感染人数重新显著增加，经济复苏仍然面临疫情的挑战。

面对低迷的经济形势，博索纳罗政府通过降低税收、增加投资、推进私有化等举措来提振经济，谋划疫后经济重振，但是成效有限，经济基础仍然脆弱，经济挑战严峻，再加上 2022 年“10 月选举季”的到来以及全球经济格局的动荡，巴西经济增长的不确定性和不稳定性风险上升，经济复苏步履维艰。

三　公共卫生危机、社会危机与环境危机集中呈现

自 2020 年 2 月 26 日巴西出现拉美地区首例新冠肺炎确诊病例以来，新冠肺炎疫情在巴西蔓延迅速，累计感染病例数在短时间内攀升至全球第三。面临疫情的肆虐，巴西公共医疗资源供给严重短缺，公共卫生医疗体系不堪重负，公共卫生危机凸显。与此同时，社会民生遭受疫情重创，各种社会矛盾和问题激化。为了提振经济，博索纳罗政府在环境问题上继续采取消极态度，巴西生态环境持续恶化，自然灾害频发。

（一）公共卫生系统不堪重负

自 2020 年 2 月新冠肺炎疫情在巴西暴发以来，由于博索纳罗总统及其领导的联邦政府重视不够，应对不力，疫情迅速蔓延至巴西全国。在不到 4 个月的时间里累计确诊病例数突破 100 万例，一年之后突破 1000 万例，攀升至全球第三。在疫情的高峰时刻，17 天就新增新冠肺炎确诊病例数 100 多万例。虽然巴西在应对公共卫生突发事件方面具备较为完善的机制和丰富的经验，但是面对来势汹涌、蔓延肆虐的疫情，巴西公共医疗资源供给严重短缺，资金和医护人员不足、资源分配使用不合理等问题凸显，公共卫生系统不堪重负，濒临崩溃。

在疫情高峰时刻，应急医疗设施和物资供应不足问题尤为突出，各地医院接诊超负荷现象频出。2020 年 3 月 15 日，巴西疫情首次达到高峰，全国 27 个州和联邦区中，有 25 个州的重症监护病床占有率同时亮起红灯，病床

占有率超过80%。[①] 2021年4月，巴西出现了第二波疫情高峰，平均每天新冠肺炎死亡病例数超过3000例，新增病例数超过70000例，各地接诊医院的新冠肺炎重症监护病床占用率大多超过了80%甚至是90%，一些医院只能在走廊上对患者进行治疗，许多感染者由于缺乏必要的治疗而去世。根据巴西全国私人医院协会的调查，全国每10家医院当中，有7家医院表示面临氧气和麻醉药短缺问题，库存只能保证一个星期或者更短时间。[②] 2021年1月，巴西亚马孙州首府马瑙斯市发生的医疗危机震惊了国内外。当地因出现伽马变异株病毒大流行导致新冠病毒感染人数激增，然而全市医院的床位以及氧气供应却严重不足，许多新冠肺炎感染者因缺氧而去世，全市医疗卫生系统崩溃。仅在2021年1月14日和15日两天里，该市就有31名新冠肺炎住院患者因医院氧气供应不上而死亡。[③] 马瑙斯市市长亚瑟·维吉利奥·内托（Arthur Virgílio Neto）在接受媒体采访时悲哀地讲道："这里就像演恐怖电影，我们不再处于紧急状态，而是处于绝对的灾难之中。人们正在家里死去，有些人是因为得不到医疗救助。"[④]

面对新冠肺炎疫情的肆虐，虽然医护人员加班加点工作，但是仍然满足不了实际需要。随着疫情的迅速蔓延，越来越多的医护人员感染新冠病毒，医护人员不足问题更加突出。与此同时，由于巴西工业生产能力不足，防护设备、呼吸机、核酸检测试剂、医用氧气等应急医疗设施和物资供应严重短缺。因核酸检测试剂供应严重不足，巴西各级政府无法组织大规模的民众核酸检测筛查，从而无法尽快尽早地切断病毒传播链。此外，由于检测能力的

---

① Vinícius Lisboa, "Ocupação de leitos de UTI covid-19 não passa de 80% em nenhum estado", 11/08/2021, https://agenciabrasil.ebc.com.br/saude/noticia/2021-08/ocupacao-de-leitos-de-uti-covid-19-nao-passa-de-80-em-nenhum-estado.

② 《"这是史无前例的灾难"》，环球网，https://baijiahao.baidu.com/s?id=16965276420 55558019&wfr=spider&for=pc。

③ Karla Mendes, "Famílias relembram dor vivida durante crise de oxigênio no Amazonas", 14/01/2022, https://g1.globo.com/am/amazonas/noticia/2022/01/14/familias-relembram-dor-vivida-durante-crise-de-oxigenio-no-amazonas-o-que-aconteceu-foi-um-crime.ghtml.

④ 《巴西一城市疫情失控，医疗系统彻底崩溃，最严重的还在后头》，https://www.163.com/dy/article/FB045T0505313F80.html。

不足和混乱，实际上巴西新冠病毒感染病例数远高于政府公布的数据。巴西著名民调机构 DataFolha 于 2022 年 1 月 15 日发布的一项调查显示，自称感染过新冠病毒的巴西民众人数为 4200 万，是政府当局发布的新冠肺炎累计确诊病例数的两倍。①

（二）失业、贫困等社会问题愈发严重

受新冠肺炎疫情冲击，巴西经济遭受重创，通货膨胀高企，失业问题恶化。2019 年，巴西失业率为 12.0%。2020 年，受疫情冲击，巴西国内生产总值下降近 4%，失业率大幅攀升，高达 13.8%，为 2012 年有记录以来的最高值，约相当于 1340 万失业人口。2021 年，巴西失业率略有下降，但仍然高达 13.2%，未恢复到疫情前水平。② 就行业分布而言，在属于“非正规就业”的群体中，疫情导致的失业人数比例最高。③ 2021 年，巴西非正规就业人数增加了 366 万，较 2020 年增长了 9.9%，非正规就业率高达 40.1%。由于没有失业保险，又不受《劳工法》和其他社会保障机制的保护，大批非正规就业者在疫情期间丧失了经济来源，无法负担家庭最低限度的食物、住宿和穿衣需求，面临失业和生存问题。

由于失业人数的攀升、通货膨胀的高企和物价的不断上涨，巴西原本严重的贫困和不平等问题不断恶化。与此同时，疫情期间，许多扶贫类社会项目停摆，使得许多贫困家庭雪上加霜，无法得到及时救助和治疗。虽然疫情期间政府出台了紧急援助计划，但是杯水车薪，仍有四分之一的民众生活在贫困线下。④ 在巴西，超过 500 万户家庭生活在城市贫民窟。由于防疫物资

① Folha de São Paulo, “Brasileiros que afirmam ter contraído Covid são o dobro da cifra oficial”, https://www1.folha.uol.com.br/equilibrioesaude/2022/01/brasileiros-que-afirmam-ter-contraido-covid-sao-o-dobro-da-cifra-oficial.shtml.

② IBGE, https://www.ibge.gov.br/en/home-eng.html.

③ Wanessa da Silva de Almeida et al., “Mudanças nas Condições Socioeconômicas e de Saúde dos Brasileiros durante a Pandemia de COVID-19”, *Revista Brasileira de Epidemiologia* [online], vol. 23, 2020.

④ IBGE, “Síntese de Indicadores Sociais: Uma Análise das Condições de Vida da População Brasileira 2021”, 2021, https://biblioteca.ibge.gov.br/visualizacao/livros/liv101892.pdf.

的缺乏、生活空间的狭窄、卫生设施的不足，贫民窟成为新冠肺炎疫情的“重灾区”。泛美卫生组织（PAHO）的马科斯·埃斯皮纳尔博士指出，“拉丁美洲是世界上最不平等的地区，这一现实使健康和经济增长之间难以平衡，数以百万计的人在隔离、宵禁和停工期间面临更大的贫困”。[①] 对于贫困人口而言，所受疫情打击更为严重，不仅面临失业、生存问题，而且新冠病毒感染率、致死率更高。巴西权威医学研究机构奥斯瓦尔多克鲁斯基金会（FIOCRUZ）发布的数据显示，社会阶层超过了人们所熟知的年龄因素，成为预测巴西新冠病毒致死率最相关的指标。[②]

在新冠肺炎疫情的打击下，巴西社会治安恶化，暴力犯罪数量有所回升。2020 年 7 月巴西国家公共安全部门公布的数据显示，尽管当前处于疫情隔离期间，民众外出活动大幅减少，但是圣保罗州 2020 年上半年所记录的凶杀案件和抢劫案件却不减反增，治安问题堪忧。2020 年上半年，该州记录了 1460 起凶杀案，比 2019 年（1394 起）增长了 4.7%；凶杀案中的受害者人数从 2019 年上半年的 1465 人升至 2020 年的 1522 人，增长了 3.9%。抢劫案件（抢劫案中有受害者死亡）从 2019 年上半年的 87 起增至 2020 年同期的 95 起，增长了 9.2%；抢劫案中的受害者人数从 2019 年上半年的 91 人增至 2020 年同期的 95 人，增长了 4.4%。[③]

（三）民生问题成为民众关注的热点

受新冠肺炎疫情肆虐和经济衰退的影响，巴西民众的关注重点有所改变。民众对腐败、公共安全议题的关注度有所下降，医疗卫生和就业议题成为民众关注的热点。[④] 巴西著名民调机构 DataFolha 发布的民调数据显示，2021 年末，医疗卫生（24%）排在首位，成为巴西民众最为关注的议题；

---

① 谢陶：《疫情失守，巴西陷入三重矛盾》，凤凰网，https：//finance.ifeng.com/c/7wqBY63D3vl。

② Fiocruz，http：//informe.ensp.fiocruz.br/noticias/48894.

③ 《圣保罗伴随疫情，治安问题日益严重!》，https：//www.sohu.com/a/410058462_669321。

④ DataFolha，“Avaliação do governo Jair Bolsonaro”，21/12/2021，http：//media.folha.uol.com.br/datafolha/2021/12/20/P2ri345r2353IV9ns894-343402iSP1x2r21_AVao Brzl.pdf.

就业（14%）、经济（12%）、饥饿和贫困（8%）、通胀（7%）、教育（7%）等民生议题的受关注度显著上升，腐败（4%）的受关注度持续下降。[①] 巴西热图里奥瓦加斯基金会（FGV）政治学教授费尔南多·阿布鲁西奥（Fernando Abrucio）分析，如今巴西社会的舆论氛围较 2018 年发生了明显转变，社会民生议题将成为 2022 年巴西总统大选的最重要议题。[②] 民调机构 DataFolha 负责人毛罗·保利诺（Mauro Paulino）表示，意识形态不再是 2022 年巴西总统大选的决定性因素，生存与食物才是关键。[③]

（四）社会抗议高频爆发

巴西之所以遭受新冠肺炎疫情重创，博索纳罗总统及其领导的联邦政府难辞其咎，抗疫不力，施政不佳，引起民怨。面临不断蔓延的新冠肺炎疫情和恶化的经济，巴西民众对博索纳罗政府的不满情绪日益高涨，多次走上街头掀起大规模的示威游行。2021 年 5 月 29 日，巴西全国 200 多个城市数万民众走上街头，抗议博索纳罗政府抗疫不力，要求政府恢复每月 600 雷亚尔的紧急救助金并提供更多的新冠肺炎疫苗，同时要求开启对博索纳罗总统的弹劾。7 月 3 日，巴西全国 26 州中的 20 州爆发了要求弹劾博索纳罗总统的示威游行活动，人数多达 80 万。10 月 2 日，全国各州府同时爆发了“博索纳罗下台全国运动（Fora Bolsonaro）”，示威者就新冠肺炎疫情应对失责等议题批评总统博索纳罗，要求对其弹劾。该运动在巴西全国 200 多个城市发生，获得了十多个巴西左翼政党和劳工团体的支持。

---

① DataFolha,“Reprovação a Governo Bolsonaro Fica Estável, em 53%”, 17/12/2021, http://media.folha.uol.com.br/datafolha/2021/12/20/P2ri345r2353IV9ns894 - 343402iSP1x2r21_AVaoBrzl.pdf.

② Aiuri Rebello,“Fernando Abrucio:‘Eleitor Evangélico Mostrou que não é Voto de Cabresto’”, *El País*, 01/12/2020, https://brasil.elpais.com/brasil/2020-12-01/fernando-abrucio-eleitor-evangelico-mostrou-que-nao-e-voto-de-cabresto.html.

③ Fernando Molica,“Para Chefes de Institutos de Pesquisa, Bolsonaro Terá Dificuldade para Retomar Popularidade”, *CNN*, 02/01/20222, https://www.cnnbrasil.com.br/politica/para-chefes-de-institutos-de-pesquisa-bolsonaro-tera-dificuldade-para-retomar-popularidade/.

（五）生态环境持续恶化

受疫情影响，巴西经济遭受重创。为了提振经济、扩大农矿产品出口，博索纳罗政府继续采取消极的环境政策，弱化环境监管部门职能，减小环境监察力度，放松环境监管；鼓励对亚马孙地区进行经济开发，大力推进采矿、伐木等经济活动；姑息亚马孙、塞拉多等地区非法毁林抢占公地活动，毁林占地问题愈演愈烈。

博索纳罗政府持续倒退的环境政策导致巴西毁林面积不断扩大，生态环境持续恶化。2019 年，巴西法定亚马孙地区（Amazônia Legal Brasileira，涵盖 9 个州，面积 110 万平方公里）的毁林面积高达 10129 平方公里，为该地区过去十年来最高毁林纪录；2020～2021 年，该地区毁林面积持续扩大，2020 年增至 10851 平方公里，2021 年攀升到 13235 平方公里，较之上年增加了约 22%。① 除了亚马孙地区外，巴西著名的“谷物带”，即生物多样性丰富的热带草原生态区“塞拉多地区（Cerrado）”同样毁林占地活动猖獗。根据巴西国家空间研究所（INPE）公布的数据，2000 年以来，塞拉多地区近一半的原生植被消失，面积约有 100 万平方公里。2019 年 8 月至 2020 年 7 月，塞拉多地区超过 7000 平方公里面积的原生植被消失，同比增加了 13.21%；2020 年 8 月至 2021 年 7 月，该地区消失的原生植被面积为 8351 平方公里，是 2015 年以来的最高历史纪录。② 在原生植被大面积消失的同时，亚马孙地区的牧场面积、塞拉多地区的大豆和玉米种植面积却不断扩大。

亚马孙、塞拉多地区毁林面积的大幅增加不仅有损巴西的国际环境形象，而且导致巴西的碳排放量陡增。与全球碳排放水平逐年递减的趋势相

---

① Carolina Dantas e Fabio Manzano, “Desmatamento na Amazônia passa de 13 mil km^2 entre agosto de 2020 e julho de 2021, apontam dados do Prodes”, https://g1.globo.com/meio-ambiente/noticia/2021/11/18/desmatamento-na-amazonia-passa-de-13-mil-km-entre-agosto-de-2020-e-julho-de-2021-apontam-dados-do-prodes.ghtml.

② Marta Salomon, “Metade do Cerrado sumiu”, 17/01/2022, https://piaui.folha.uol.com.br/mais-da-metade-do-cerrado-sumiu/.

反，巴西的碳排放量逆势上升。根据巴西温室气体排放和清除估算系统（SEEG）的统计数据，2020年巴西全国温室气体排放量同比增长了9.5%，达到21.7亿吨二氧化碳当量。伴随碳排放量的增加、生态系统的破坏，近年来巴西干旱、霜冻、泥石流、洪涝等自然灾害频发，极端天气频繁出现，严重影响了经济发展和社会民生。全球风险咨询公司怡安（AON）的报告显示，巴西仅2020年因自然灾害而承受的经济损失就高达40亿美元。①

四　外交面临“孤立”局面

作为西半球最大的发展中国家，巴西长期以来立足于发展中国家定位，秉持成熟稳健、平衡务实的外交传统。然而，2019年，随着极右翼势力代表博索纳罗的上台，巴西外交政策开始向“右”转，出现较大幅度调整。博索纳罗政府弱化南南合作，淡化多边主义，采取亲美亲西方的外交政策，奉行“意识形态外交”，极大地限制了巴西外交空间的拓展。2020~2021年期间，博索纳罗政府的对外政策仍然具有鲜明的意识形态特征。随着2021年拜登新政府的上台，巴美关系迅速降温，巴西外交“孤立”局面更为明显。

（一）排斥拉美国家左翼政府

作为极右翼势力的代表，博索纳罗上台执政后，从意识形态出发，对委内瑞拉、古巴、玻利维亚、阿根廷、尼加拉瓜等拉美地区的左翼政府采取排斥态度，不仅进行言语攻击，而且与之彻底划界，加深了巴西与拉美国家左翼政府之间的意识形态隔阂，加剧了拉美地区左翼和右翼意识形态的对立，不利于拉美地区的团结。例如，在对古关系上，博索纳罗政府支持美国对古巴实施的经济和商业封锁，全面叫停巴西与古巴的医疗合作项目“更多医

① AON, “Brasil perde mais de US $ 4 bi em desastres naturais em 2020”, https://jrs.digital/2021/05/21/brasil-perde-mais-de-us-4-bi-em-desastres-naturais-em-2020/.

生计划（Mais Médicos）”，指控该医疗合作项目是压榨古巴医生的“奴工条款”，严厉抨击派驻巴西偏远地区的数万名“古巴医生”，讽刺其“医术不入流”，掀起了巴西与古巴之间的外交风波。在委内瑞拉问题上，博索纳罗政府站队特朗普政府，对马杜罗政府采取敌视政策，否认其合法性，反而承认反对派领导人瓜伊多“临时总统”的合法性，支持“利马集团”对马杜罗政府官员采取制裁措施。在地区一体化建设方面，巴西秉持消极态度，不仅于 2019 年 4 月宣布退出南美洲国家联盟，而且于 2020 年 1 月以“拉共体不具备行动条件”为由宣布暂停参与拉共体的活动。2020 和 2021 年，博索纳罗总统连续缺席两届拉共体首脑峰会，抨击拉共体未能维护地区民主。总的来说，巴西成为拉美地区团结的“破坏者”和拉美地区一体化进程的“搅局者”。

（二）巴美关系迅速降温

2019~2020 年，在博索纳罗执政的最初两年，巴美关系迅速升温，进入蜜月期。这一时期，由于博索纳罗与特朗普在意识形态和政策理念上高度一致，博索纳罗政府执行亲美的外交政策，在外交上对特朗普政府亦步亦趋。一方面，巴西主动向美国示好，做出了一系列单方面的亲美举措，诸如给予美国公民免除入境签证待遇、提高自美进口乙醇和小麦免关税配额、允许美国商业卫星从巴西发射，等等。另一方面，在委内瑞拉危机、气候变化、中东和平等重要地区和国际事务上，博索纳罗政府试图与特朗普政府保持一致。然而，博索纳罗政府亲美的外交政策并未给巴西带来实质性的好处，相反损害了巴西与传统贸易伙伴国的关系，影响了巴西对外贸易的发展，限制了巴西外交空间的拓展，导致巴西在国际舞台上日渐孤立。

2021 年，由于特朗普连任失败、拜登上台执政，博索纳罗的意识形态外交因失去“美国榜样”而严重受挫，巴美关系迅速降温，两国政府高层互动较少。截至 2022 年初，拜登执政一年有余，然而两国总统尚未直接进行对话或会晤。拜登政府对巴西总体持“保持距离”的外交姿态。早在 2020 年美国大选期间，博索纳罗总统力挺特朗普，在拜登获胜后迟迟未给予承认，相反却大力支持特朗普关于“总统大选存在舞弊”的言论，使得拜登对博索纳罗态度冷淡。此外，拜登与博索纳罗在人权、民主、移民、环境、气候等议题上的理念和政策分歧较大。例如，在环境议题上，重视环境保护的拜登政府曾公开批评巴西的亚马孙毁林问题，利用环境问题向博索纳罗政府施压。2020 年 9 月，时任美国总统候选人的拜登宣称，如果巴西不控制森林砍伐，那么它可能要承受一定的经济后果。① 2021 年 4 月，美国驻巴西大使托德·查普曼（Todd Chapman）强调，巴西“在保护亚马孙雨林上的具体成果”是美国支持巴西加入经济合作与发展组织（OCDE）的必要条件。②

尽管拜登政府和博索纳罗政府在政策理念、意识形态方面存在分歧，双方保持了一定的距离，但是对于拜登政府而言，巩固与巴西的盟友关系对于美国而言具有重要的战略意义。从外交层面而言，美巴之间维持良好的政治关系，有助于美国维护“后院”的稳定，巩固美国在拉美的势力范围，制衡其他大国尤其是中国和俄罗斯在西半球日益扩大的存在态势。从经济层面而言，巴西是少数几个多年来一直对美国保持贸易逆差的国家之一，美巴经贸合作总体上有利于美国，美国从中获利颇多。根据美国人口普查局（U.S. Census Bureau）的数据，2020 年和 2021 年，美国和巴西之间的贸易顺差均超过 100 亿美元，巴西在美国保持贸易顺差的国家中位居第三。③ 此外，在投资方面，2019 年美国对巴西的直接投资额为-3.5 亿美元，出现投资逆流；2020 年，增加到-35.62 亿美元。④ 在拜登政府中，加强美巴经济合作的务实立场占据了上风。因此，拜登政府虽然与博索纳罗政府保持了一

① Daniel Runde, “Brazil's OECD Candidacy is Best Chance for Reform”, *The Hill*, 21/10/2020, https://thehill.com/opinion/international/522024-brazils-oecd-candidacy-is-best-chance-for-reform? rl=1.

② Arkady Petrov, “U.S. Ambassador Says Brazil will Have to Preserve the Amazon to Enter OECD”, *Rio times*, 12/04/2021, https://riotimesonline.com/brazil-news/brazil/us-ambassador-says-brazil-will-have-to-preserve-amazon-to-e.

③ U.S. Census Bureau, “Top Trading Partners”, https://www.census.gov/foreign-trade/statistics/highlights/top/index.html.

④ BEA, https://www.bea.gov/international/di1usdbal.

定的距离，但是从自身利益出发，巩固“与巴西的盟友关系”将是美国对巴政策的主基调。

（三）与欧盟主要成员国冲突频发

博索纳罗执政以来，巴西与欧盟主要成员国冲突频发。一方面，双方在环境政策、气候变化议题上分歧较大，尤其是巴西亚马孙毁林面积的增加遭到欧盟主要国家的广泛批评与指责。受此影响，南方共同市场（简称“南共市”）与欧盟签署的自贸协定迟迟未获欧盟成员国议会的批准。欧盟国家对《南共市-欧盟自贸协定》生效后可能带来的环境消极影响表示了疑虑和担忧，法国、奥地利、荷兰、爱尔兰等欧盟成员国议会以《南共市-欧盟自贸协定》将引起南共市对欧盟农产品出口暴增、加剧雨林破坏和气候变化等为由拒绝批准。2020 年 12 月，欧盟驻巴西大使表示，欧盟国家不信任博索纳罗政府，一直以来它们都在向巴西政府表达它们对环境问题的关注，并推迟批准欧盟与南共市之间的自贸协定。除非恢复对巴西政府的信心，否则该协定很难推进。① 2021 年，法国总统府消息人士透露，目前《南共市-欧盟自贸协定》没有任何批准的可能性，“重新推动批准该协定有很多重要的先决条件，但是目前有关国家没有任何可能性能满足相关条件”。②

另一方面，博索纳罗政府从意识形态出发，加强与欧洲右翼保守主义政党、政府之间的互动，从而增大了巴西与欧盟合作的难度。2020 年 2 月，博索纳罗明确表示将强化与全球右翼民粹主义政府之间的贸易关系，并吸引意大利、匈牙利、波兰投资巴西基础设施。③ 2021 年 7 月，博索纳罗总统会见德国极右翼政党“德国选择党”副主席贝娅特丽克丝·冯·施托希（Beatrix von Storch）。2021 年 11 月，博索纳罗赴意大利参加二十国集团峰

① 《欧洲不信任巴西，与南方共同市场贸易协定陷于瘫痪》，https：//www.sohu.com/a/438276395_ 751457。

② 《南共市-欧盟自贸协定批准进程障碍重重》，中国商务部官网，http：//www.mofcom.gov.cn/article/i/jyjl/l/202103/20210303042191.shtml。

③ Eliane Oliveira，“Bolsonaro quer reforçar laços e fazer negócios com países do Leste Europeu”，*O Globo*，28/02/2020.

会期间，与意大利极右翼领袖、意大利联盟党主席马特奥·萨尔维尼（Matteo Salvini）举行会晤。巴西学界认为“博索纳罗政府成为全球极右运动的先锋”。①

五　中巴务实合作稳步向前

2020~2021年，中巴双边关系总体平稳，两国在抗击新冠肺炎疫情、经济贸易、科技文化等领域的务实合作取得了新进展，尤其是疫苗合作和经贸合作成效显著，成为中巴关系的亮点。虽然博索纳罗政府的意识形态外交给中巴关系带来了一些杂音，但是难改中巴友好合作的大局。面对世纪疫情和百年变局的挑战，中巴共同利益广泛，合作韧性十足，内生动力强劲，双边关系稳步向前，务实合作前景可期。

（一）中巴政治关系逐渐回暖

尽管博索纳罗政府外交政策的右转给中巴关系带来了一些负面影响，友好合作仍然是两国关系的主流。中国始终从战略高度看待中巴关系，在抗击新冠肺炎疫情、抵御自然灾害、改善社会民生等多个方面向巴方施以援手，与巴方开展务实合作，推动中巴共同发展、合作共赢。在事实面前，博索纳罗总统不得不正面肯定巴中关系，与中方一起共同维护两国友好合作大局。

2020~2021年间，两国领导人保持交往，中巴政治关系逐渐回暖。2020年3月24日，习近平主席应约同博索纳罗总统通电话。习近平主席代表中国政府和中国人民向巴西政府和巴西人民抗击新冠肺炎疫情表示诚挚慰问和坚定支持。习近平主席表示，他十分关注巴西疫情发展，希望巴方尽早遏制疫情扩散，中方愿向巴方提供力所能及的帮助。博索纳罗总统表示，巴方感谢中方为巴西在华采购必要医疗物资提供便利，希望同中方加强防控经验交

---

① Thales Schmidt, “Encontro de Bolsonaro com extremista alemã expõe articulação global da extrema direita”, *Brasil de Fato*, 26 /07/2021.

流，共同抗击疫情，尽快遏制住国内疫情扩散。重申巴中友谊和巴中全面战略伙伴关系坚不可摧。巴方愿同中方加强双边合作，并加强在二十国集团等多边框架内的沟通协调，为抗击疫情和经济恢复发挥应有作用。① 2020 年 9 月 18 日，中国国务委员兼外长王毅应约同巴西外长埃内斯托·阿劳若通电话。2021 年 3 月，中国全国人大常委会委员长栗战书应约同巴西新任众议长亚瑟·里拉（Arthur Lira）举行视频通话。4 月 10 日，中国国务委员兼外长王毅应约同巴西新任外长卡洛斯·弗兰萨（Carlos França）通电话。弗兰萨表示巴中关系具有重要战略意义，感谢中方在疫情发生以来对巴方的无私帮助，希望中方继续给予大力支持，愿同中方加强数字经济、5G 领域合作，并就推动中拉合作保持密切沟通。② 10 月 21 日，国务委员兼外长王毅应约同巴西外长弗兰萨举行视频会晤。

（二）中巴经贸合作逆势增长

2020~2021 年期间，尽管全球经济受新冠肺炎疫情打击严重，中巴经贸合作仍然保持稳定，呈现逆势增长态势，中国继续保持巴西第一大贸易伙伴、第一大出口目的地和第一大进口来源国的地位。根据巴西经济部的统计数据，2020 年，巴中双边贸易总额约为 1026 亿美元，同比增长 3.2%；2021 年，巴中双边贸易总额达到 1354 亿美元，同比增长 32%。其中，巴西对华出口表现尤为亮眼。2021 年，巴西对华出口额约为 877.5 亿美元，同比增长 29.4%，中国在巴西总出口额的占比攀升至 31.3%；巴西从中国的进口额约为 476.5 亿美元，同比增长 32%，中国在巴西总进口额的占比达到 21.7%。③ 引人瞩目的是，巴西对华贸易长期保持高额顺差，近年来顺差额连年创历史新高。2021 年，巴西对华贸易顺差高达 401 亿美元，约占巴西

① 《习近平同巴西总统博索纳罗通电话》，人民网，http：//cpc.people.com.cn/n1/2020/0325/c64094-31646798.html。

② 《王毅同巴西新任外长弗兰萨通电话》，人民网，http：//world.people.com.cn/n1/2021/0410/c1002-32074684.html。

③ Ministério da Economia，https：//www.gov.br/economia/pt-br.

全年总顺差的70%，中国成为巴西疫后经济复苏的重要外部动力。

由于中巴资源禀赋的不同，中巴双边贸易具有高度互补性。2020~2021年间，巴西对华出口仍然以初级产品为主，仅大豆、铁矿石和石油三种产品就占巴西对华出口的80%左右；中国对巴西的出口产品以工业产品为主，主要分布在化工产品、橡胶、纺织品及原料、贱金属及制品、机电产品、运输设备、光学、钟表及医疗设备等领域。中巴产业结构和贸易格局的互补在一定程度上削减了巴西市场对中国产品的抵触。然而，两国贸易结构的不平衡也给中巴经贸合作带来了一些杂音，巴西国内一些人士批评中国造成巴西“去工业化”以及中国在巴西实行“新殖民主义”。面对中国产品的冲击，巴西对来自中国的产品频繁地发起贸易救济调查，阻碍中国产品出口到巴西，两国间的经贸摩擦时有发生。

尽管中巴经贸摩擦不断，中巴经贸合作的总体方向不会改变。紧密的中巴经贸合作成为巴西外贸的重要动力，为巴西经济发展注入了强大动力。依托中国市场的强劲需求，巴西外贸稳步恢复，为巴西应对疫情冲击、加速经济复苏提供重要助力。同时，中巴经贸合作也是两国关系的压舱石，具有较强韧性，为中巴关系行稳致远提供了最重要的推动力。巴西副总统汉密尔顿·莫朗（Hamilton Mourão）表示，巴中经济的互补性为进一步扩大双方多领域合作提供了坚实基础，中国市场对巴西经济的重要性不断增强。[①] 巴西外长弗兰萨讲道，中国是巴西最大的贸易伙伴，也是对巴投资最多的国家之一；我们对巴中关系继续发展充满信心。[②]

（三）中巴抗疫合作成效显著

新冠肺炎疫情自2020年初在巴西暴发以来，迅速蔓延至全国，巴西遭受疫情重创，成为拉美和全球疫情的新“震中”。为了帮助巴西民众走出疫情阴影，中国政府和社会向巴方施以援手，通过高层交流、舆论支持、物资

① 《2020年巴西对华出口逆势增长》，人民网，https://baijiahao.baidu.com/s?id=1688629916492105438&wfr=spider&for=pc。

② 《中巴经贸合作持续向好》，搜狐网，https://www.sohu.com/a/475738767_162758。

援助、经验分享及疫苗合作等形式，积极开展抗疫合作，成效显著，成为中巴合作的亮点。

疫苗是中巴抗疫合作的重要领域。中巴疫苗合作引人瞩目，被誉为两国“共同抗击新冠肺炎疫情中最突出的一抹亮色”。中国是首个与巴西开展疫苗合作的国家。2020 年 6 月 11 日，中国科兴公司与巴西布坦坦研究所（Instituto Butantan）达成开展疫苗合作的协议，助力巴西全国抗疫。7 月 6 日，科兴公司宣布与布坦坦研究所达成伙伴关系。此后，双方疫苗合作进展迅速，双方合作生产的克尔来福疫苗（CoronaVac）获得巴西社会的广泛认可且应用广泛。2021 年 1 月 17 日，巴西国家卫生监督局批准克尔来福疫苗在全国 18 岁及以上人群中使用。2022 年 1 月，巴西国家卫生监督局批准为 6~17 岁的儿童和青少年接种该新冠疫苗。根据 2021 年 4 月巴西卫生部公布的数据，克尔来福疫苗是巴西国内应用最广泛的疫苗，占巴西已接种疫苗的 83.3%，其余 16.7%为牛津阿斯利康（Astra Zeneca）疫苗。截至 2021 年末，除了中国科兴公司外，还有 4 家中国医药卫生机构与巴西开展了疫苗合作，中国成为巴西新冠疫苗和原材料的主要供应国。

中巴抗疫合作呈现合作频率高、形式多样、覆盖面广、影响大、成效显著的特点，获得巴西社会的赞誉。2021 年 1 月 26 日，巴西卫生部部长爱德华多·帕祖洛（Eduardo Pazuello）致函中国驻巴西大使，代表巴西总统博索纳罗感谢中国支持巴抗击新冠肺炎疫情。帕祖洛表示，自新冠肺炎疫情发生以来，中国向巴西提供了大量物资援助和宝贵的抗疫支持，推动两国疫苗合作取得积极进展，为巴西人民尽早摆脱疫情发挥了重要作用。巴方愿同中方进一步深化两国卫生等领域合作，共克疫情挑战。①

在肯定中巴抗疫合作成效的同时，我们也要看到，两国在抗疫的政策立场和防控理念上存在一定的差异。中国推行精准、严密的“零感染”防控措施，而巴西轻视病毒风险，坚持将自由置于生命之上，博索纳罗总统拒绝

① 《巴西卫生部长致函感谢中国支持巴西抗疫：愿进一步深化两国合作》，环球网，https://baijiahao.baidu.com/s?id=1690048607169999248&wfr=spider&for=pc。

在公共场所佩戴口罩、主张放宽社交距离限制、反对社交隔离等防疫措施。不过，上述分歧不足以掩盖中巴抗疫合作取得的亮眼成就。两国抗疫合作虽仍存挑战，但发展趋势向好，前景可期。

（四）疫情之下巴西民众对华关注度大幅攀升

新冠肺炎疫情自2020年初在巴西暴发以来，蔓延迅速。面对疫情的肆虐，中国对不远万里的巴西施以援手，积极帮助巴西社会抗击疫情、共渡难关。受此影响，巴西民众对华关注度大幅攀升。以巴西《圣保罗页报》（*Folha de São Paulo*）、《环球报》（*O Globo*）、《时代报》（*O Tempo*）和《圣保罗州报》（*O Estado de São Paulo*）四家主流媒体为例，这四家主流媒体涉华报道的平均热度从2019年的82飙升至2020年的254，2021年为167，远高于疫前水平。在主题分布上，社会主题获得巴西民众关注最多。2020年，社会主题的涉华新闻平均热度为296，2021年为216，均为当年最受巴西民众关注的话题。除了社会、政治主题外，2020年，文化主题是巴西民众第三关注的涉华议题；2021年，中国体育健儿在东京奥运会上的耀眼表现、中国在太空探索上的重大突破、中国有关新冠研究的前沿发表、中国在科考事业上的最新发现，都吸引着巴西民众的目光，使得文化主题成为2021年热度第二高的主题，仅次于社会主题。

尽管巴西主流媒体在2020~2021年对中国的报道整体倾向较为消极，但是相较而言，积极、中立的涉华报道更受巴西民众欢迎，友好依然是巴西民众对华态度的主流。为了进一步深化中巴媒体合作、促进两国民心相通、提升中国在巴西的国家形象，需要以媒为介、以人为本，讲好中国故事，传递中国声音，联通民心，建议以传统媒体为基点，以新媒体为突破口，积极在巴西发出中国声音；扩大推进“民相亲”“心相通”，鼓励巴西媒体及媒体人深入走进中国；丰富葡语新闻内容资源，争取成为巴西媒体涉华报道首选信息源。

分 报 告

Sub Reports

Y.2

政治形势：动荡加剧

孙 怡*

摘 要： 自2020年初巴西确诊首例新冠病毒感染病例以来，新冠肺炎疫情在巴西迅速蔓延，各种社会矛盾相互叠加、集中呈现。面对卫生危机、社会危机和经济危机的三重打击，巴西国内政治动荡局势进一步加剧，主要表现为府州关系、三权关系持续紧张，执政联盟动荡加剧，左右政党博弈升温。加之2022年巴西总统大选年的日益临近，各方政治势力斗争将愈发激烈，政治极化、社会分裂趋势日益凸显。

关键词： 博索纳罗 新冠肺炎疫情 政治动荡

* 孙怡，湖北大学外国语学院葡语系教师，葡萄牙新里斯本大学国际关系专业博士在读，主要研究领域为葡语国家综合研究、中国与葡语国家关系。

一　新冠肺炎疫情下的巴西政治乱局

自2020年2月26日巴西出现首例新冠病毒确诊病例后，新冠肺炎疫情迅速在巴西国内蔓延，感染人数和死亡人数在短时间内均迅速攀升至全球第二。在此特殊背景下，各种社会矛盾和问题相互叠加、集中呈现。一是经济复苏乏力，通胀水平居高不下，失业率持续高企；二是医疗资源总量不足、分配不均，尤其是公共医疗资源供给严重短缺，社会不平等加剧；三是治安不断恶化，暴力犯罪有所回升，对少数族裔、妇女和青少年的影响尤甚。对于巴西民众而言，当前面临的主要问题包括医疗卫生（24%）、就业（14%）、经济（12%）、饥饿和贫困（8%）、通货膨胀（7%）、教育（7%）。[①] 相较2018~2019年的情况，医疗卫生和失业问题依然排在首要位置，腐败（4%）、公共安全（3%）问题的关注度有所下降，取而代之的是经济衰退以及与之相关的饥饿和贫困、通货膨胀。[②]

面对卫生危机、社会危机和经济危机的三重打击，巴西民众对博索纳罗政府的不满情绪日益高涨，博索纳罗及其政府的民意满意度和信任度降至任内最低点。根据巴西最大的民意调查机构DataFolha在2021年12月公布的数据，[③] 对政府表现满意的民众占比为22%，较2019和2020年同期分别下降了8个百分点和14个百分点；对政府表现不满的民众占比为53%，较前两年同期分别提高了16个百分点和21个百分点。此外，对于博索纳罗总统的言论，仅有15%的受访者表示总是相信，26%表示

① DataFolha，"Avaliação do governo Jair Bolsonaro"，21 de dezembro de 2021，http：//media.folha.uol.com.br/datafolha/2021/12/20/P2ri345r2353IV9ns894 - 343402iSP1x2r21_AVaoBrzl.pdf.

② DataFolha，"Avaliação do governo Jair Bolsonaro"，21 de dezembro de 2021，http：//media.folha.uol.com.br/datafolha/2021/12/20/P2ri345r2353IV9ns894 - 343402iSP1x2r21_AVaoBrzl.pdf.

③ DataFolha，"Avaliação do governo Jair Bolsonaro"，21 de dezembro de 2021，http：//media.folha.uol.com.br/datafolha/2021/12/20/P2ri345r2353IV9ns894 - 343402iSP1x2r21_AVaoBrzl.pdf.

有时相信，而60%表示从不相信，这一比例较2020年同期提高了23个百分点。

此外，巴西全国范围内多次上演大规模的示威游行活动。2021年5月29日，在全国200多个城市的数万民众走上街头，抗议政府抗疫不力，要求政府恢复每月600雷亚尔的紧急救助金并提供更多的新冠肺炎疫苗，同时要求开启对博索纳罗总统的弹劾。7月3日，巴西全国26州中的20州爆发要求弹劾博索纳罗总统的示威游行活动，人数多达80万。10月2日，全国各州府同时爆发了“博索纳罗下台全国运动”。值得注意的是，该抗议活动主要由左翼政党、10个工会中心以及数十个社会运动组织共同发起，至少有20个政党加入游行队伍中，包括中间派政党以及部分曾经支持博索纳罗上台的右翼团体。这表明，博索纳罗政府的施政不力“不仅为左翼等传统反对派提供了武器，而且使自己的执政阵营出现了分裂，特别是中间派民意的‘倒向’是个危险信号”。[①]

截至目前，博索纳罗总统本人及其家属和主要内阁成员正面临多项腐败、贪污或违规指控，巴西左翼、中间派政党、民间组织已经向众议院提交了上百份“诉状”，要求弹劾博索纳罗总统。2021年4月27日，巴西参议院正式成立“新冠调查委员会（CPI da Covid）”，专门调查联邦政府在新冠肺炎疫情期间是否存在失职问题。历经6个月的调查，委员会得出的结论是：巴西新冠病毒感染者的死亡应归咎于博索纳罗总统的失败政策，建议对其提起包括“渎职”等在内的9项刑事指控。[②] 2021年10月27日，巴西参议院11名参议员代表对新冠调查委员会提交的最终调查报告进行了投票，最终以7票赞成、4票反对通过了调查报告。尽管该报告并非用于对博索纳罗总统的正式起诉，但报告将被送至巴西总检察长办公室、众议院、各州政府和联邦警察局，作为今后检察院起诉和众议院启动对总统

① 孙岩峰：《博索纳罗政府遭遇最大执政困境》，《世界知识》2021年第13期，第48~50页。

② UOL，“Leia a íntegra do relatório final da CPI”，20 de março de 2022，https：//noticias.uol.com.br/politica/ultimas-noticias/2021/10/26/leia-a-integra-do-relatorio-final-da-cpi-da-covid.htm.

弹劾程序的重要依据。[①]

由此可见，如果博索纳罗政府不能妥善处理好本次的公信力危机，巴西恐将陷入更大的社会动荡和政治斗争，博索纳罗本人也将面临被弹劾的风险。

二　2020~2021年巴西政治形势的主要变化

（一）总统防疫立场争议不断，府州关系、三权关系持续紧张

巴西自2020年2月26日出现首例新冠肺炎确诊病例以来，新冠肺炎疫情迅速蔓延至全国。截至2022年2月，巴西新冠肺炎累计确诊病例数超过了2800万例，位居全球第三，仅次于美国和印度；累计死亡病例数超过了65万例，仅次于美国居于全球第二。与此同时，巴西联邦、州和市三级政府防疫政策冲突不断，特别是博索纳罗总统一系列令人费解的操作在国内外社会引起了广泛争议。巴西著名智库瓦加斯基金会（FGV）和美国密歇根大学的一项联合研究认为，巴西本具有应对流行病的丰富经验和必要机制，但总统的“错误选择”使巴西对新冠肺炎疫情做出了最差的反应。[②] 诚然，造成巴西抗疫失败的原因是多方面的，但总统“不科学、不严谨、不认真的防疫态度”以及混乱无序的防疫政策无疑是关键因素。[③]

新冠肺炎疫情暴发初期，由于担心抗疫冲击经济，博索纳罗不顾世界卫生组织和公共卫生专家的警告，坚持消极抗疫，不仅口头上淡化新冠肺炎疫情的威胁，称之为“小感冒”，还公开反对社交隔离措施，推广未经科学证实的特效药，接连辞退两位主张科学防疫的卫生部部长；在疫情攀升期，大

---

① 《巴西参议院投票通过新冠疫情调查报告》，新浪网，http：//k. sina. com. cn/article_ 5035304660_ 12c20a6d402000z9uw. html。

② Carta Capital，“Bolsonaro atrapalhou o combate à pandemia，comprova estudos”，abirl de 2021，https：//www. cartacapital. com. br/saude/bolsonaro－atrapalhou－o－combate－a－pandemia－comprova-estudo/.

③ 周志伟：《巴西季评》2021年第15期，第1页。

肆鼓吹复工复产，不戴口罩参与反隔离集会，并干扰各州、市地方政府隔离措施的推进。由于仓促推动重启经济，巴西疫情加速恶化，仅用三个月的时间就一跃成为仅次于美国的全球第二大疫情重灾区，确诊人数和死亡人数持续呈指数级增长。这不仅使全国医疗卫生系统濒临瘫痪，更给经济复苏带来沉重打击。此后，随着疫情的不断恶化，博索纳罗总统虽然意识到了问题的严重性，但仍反对社会隔离政策，坚持开展经济活动。值得一提的是，巴西针对抗击新冠肺炎疫情的全国委员会直到 2021 年 3 月才正式成立，此时距离巴西首例确诊病例发现已经一年之久。在应对新冠肺炎疫情危机方面，博索纳罗的消极防疫理念与美国前总统特朗普十分相似，都想通过力保经济来避免新冠肺炎疫情对其执政业绩可信度的削弱，但效果却适得其反。巴西国家地理统计局的数据显示，巴西经济在 2020 年经历了深度衰退，国内生产总值较 2019 年下降了 4.1%，是 1996 年以来的最大跌幅，特别是第二季度国内生产总值下滑 9.7%，创下 2008 年全球金融危机以来最大季度跌幅。[①]

相较于博索纳罗总统的消极抗疫理念，巴西国会、联邦最高法院以及大部分州、市地方政府都更倾向于听从时任卫生部部长路易斯·恩里克·曼德塔（Luiz Henrique Mandtta）的防疫建议。在曼德塔被解职后，巴西国会两院议长、20 个州的州长都曾以联名信的形式公开批评博索纳罗总统的激进防疫主张。联邦最高法院也驳回了博索纳罗总统关于禁止各州限制人们活动并取消要求教堂遵守卫生条例的命令，认为联邦政府无权干涉州、市的防疫限制。值得注意的是，根据巴西联邦分权的原则，虽然州、市政府拥有一定程度的公共政策自主制定权，但立法权和财政权依然集中在联邦层面，这种较为中央集权的联邦制设计使得州、市政府在推行抗疫措施时，如果缺少联邦政府的支持和统一协调，不免会陷入政策和资源调配的困境。[②] 如前所述，巴西州、市政府颁布的防疫措施常常受到联邦政府及其支持者的反对，导致巴西防疫政策陷入混乱，甚至需要联邦最高法院进行判定和调解，这严

① UOL，"Com pandemia，PIB do Brasil cai 4，1% em 2020，pior queda em 24 anos"，3 de março de 2021，https：//economia. uol. com. br/noticias/redacao/2021/03/03/pib-brasil-2020-ibge. htm.

② 周燕：《巴西：新冠疫情加剧政治与经济危机》，《区域观察》2021 年第 1 期。

重阻碍了巴西防疫抗疫进程的推进和成效的取得。

在国际抗疫合作方面，博索纳罗总统及其部分内阁成员也一度紧跟特朗普的步伐，发表了一系列不当言论，如扬言退出世界卫生组织、将新冠病毒源头与中国挂钩、抹黑中国疫苗等，将抗疫问题政治化。这些极端言论一方面是博索纳罗政府极右、亲美意识形态偏见的体现，另一方面更是巴西国内政治分歧和权力斗争的体现，而后一点在购买中国疫苗的问题上尤为明显。巴西卫生部部长帕祖洛和圣保罗州州长若昂·多利亚（João Doria）于2020年10月20日宣布将购买中国科兴公司生产的克尔来福新冠疫苗，并将其纳入国家免疫计划。但此后一天，博索纳罗总统就在社交媒体上公开表示不会购买中国生产的疫苗。分析人士普遍认为，博索纳罗的这一行为实际上是对圣保罗州州长多利亚的一种政治报复。因为两人一直存在较大的政治观念分歧，同时多利亚也是博索纳罗总统在2022年总统竞选中的有力对手之一。不过，博索纳罗总统的这一言论很快遭到了巴西各界人士的强烈批评，纷纷谴责其将疫苗问题政治化，不顾巴西人民的整体利益和生命健康。最终，在各方压力之下，博索纳罗态度反转，主动公开感谢中国伸出援手。

（二）内阁人事变动频繁，技术阵营、军人阵营动荡加剧

自2019年博索纳罗执政以来，巴西内阁人事变动频繁。据统计，自2020年以来，部长级官员调动有20多次，已有16名部长辞职。2021年3月29日，博索纳罗更是一天之内撤换了6名部长级官员，这是博索纳罗2019年执政以来规模最大的内阁改组。博索纳罗如此频繁地更换内阁要员，一方面凸显了其执政联盟面临的协调困境，另一方面更反映出其执政联盟的力量支柱正在发生重要变化。

1.技术阵营出现裂痕

博索纳罗的技术阵营主要由三大支柱组成：一是主张新自由主义议程的经济支柱，二是主张打击腐败和犯罪的司法支柱，三是主张亲美意识形态的外交支柱。目前，这三大核心支柱都出现了不同程度的裂痕，主要体现在以下三个方面。

第一，司法支柱出现裂痕。前司法部部长莫罗因不满总统解职联邦警察总长莫里西奥·瓦莱索（Maurício Valeixo）而愤然辞职。莫罗认为，博索纳罗之所以罢免瓦莱索，是为了便于他自己接触各类调查报告，特别是阻止该机构对其家庭成员的调查，是一种“干扰司法”的违法行为，并向最高法院提出了起诉。随后，最高法院针对博索纳罗总统涉嫌腐败和妨碍司法的行为展开调查。值得注意的是，莫罗因领导巴西最大规模的反腐运动“洗车行动”而被民众奉为“反腐英雄”，是博索纳罗内阁中最受民众欢迎的部长，也是博索纳罗政府“黄金组合”中的重要支柱。因此，莫罗的离职不仅给政府的形象带来负面影响，也使博索纳罗的执政基础进一步弱化，特别是那些支持“洗车行动”的政治力量。分析人士指出，莫罗的离职在某种程度上代表了博索纳罗政府的“转向”，即从“通过倚靠技术专才实现竞选承诺”转为“向国会政党靠拢以确保继续执政”。①

第二，外交支柱出现裂痕。外交部前部长阿劳若是博索纳罗总统意识形态外交立场的代表人物，奉行亲美的外交政策，且立场十分激进。例如，在全球层面，巴西紧跟美国的立场，反对多边主义和全球化，坚持“巴西优先”，使巴西在国际社会中日渐孤立；在地区层面，巴西消极对待南美区域一体化，排斥委内瑞拉、古巴、玻利维亚、阿根廷等左翼政府，使巴西“从地区矛盾协调者退化为地区麻烦制造者”；② 此外，在中东政策、对华政策、对欧盟政策等的制定方面，巴西也试图与美国保持一致，这一度损害了巴西与传统贸易伙伴国的关系，因此遭到了农业部、经济部、国防部等重要政府部门的反对。可见，博索纳罗政府一味亲美的外交政策“转向”并未给巴西带来实质性的好处，相反却使巴西的外交空间不断收缩，并且影响到了巴西政府所关注的经济以及进出口贸易领域。此外，由于特朗普连任失败、

---

① O Popular, “O que significa a saída de Moro do governo?”, abril de 2021, https://opopular.com.br/noticias/politica/o-que-significaria-a-sa%C3%ADda-de-moro-do-governo-veja-análise-de-especialistas-1.2041080.

② 王慧芝：《巴西外交政策右转：原因及前景》，《和平与发展》2021 年第 2 期，第 99~114 页。

拜登当选美国总统，博索纳罗的意识形态外交也因失去“美国榜样”而严重受挫。在内外双重压力下，博索纳罗不得不重新调整其外交优先项，正如众议院对外关系及国防委员会主席埃西奥·内维斯（Aécio Neves）所言，“阿劳若的离开是改变巴西外交政策行为的机会，以寻求与世界更大程度的融合”。[①]

第三，经济支柱出现裂痕。经济部部长保罗·盖德斯（Paulo Guedes）是博索纳罗政府的“超级部长”，也是奉行博索纳罗新自由主义经济议程的关键人物，主张减少国家对经济的干预、减少公共开支，以缓解财政压力，促进经济增长。然而，受多种因素影响，特别是新冠肺炎疫情的暴发，巴西政府面临的公共财政压力不断加大，公共债务存量居高不下。根据巴西央行的数据，2020 和 2021 年，巴西公共债务占国内生产总值的比重分别达到 88.6%和 80.3%。[②] 2021 年初，政府更因财政困难一度停止为应对新冠肺炎疫情而向失业者和自由职业者提供的“巴西援助金计划（Auxílio Brasil）”。为了寻求更大的财政预算空间，博索纳罗政府和国会议员着力推动通过了《联邦法定债务的宪法修正案》，预计可为 2022 年的财政预算开辟出 1061 亿雷亚尔的空间，从而使“巴西援助金计划”得到资金保障。[③] 但值得注意的是，盖德斯的经济团队对该法案的态度并不统一。新法案将调整政府财政支出上限的计算方式并允许延迟支付政府法定债务，也就是说，以变相增加政府公共开支的方式拓展预算空间，这与盖德斯及其经济团队所捍卫的削减公共开支等结构性改革措施背道而驰。因此，2021 年 10 月 21 日，在众议院特别委员会批准该法案后，经济部下属的 4 位财政秘书长集体辞职。

---

① Agência Câmara de Notícias, “Saída de Ernesto Araújo é oportunidade de mudança na política externa, diz deputado”, 29 de março de 2021, https://www.camara.leg.br/noticias/740974-saida-de-ernesto-araujo-e-oportunidade-de-mudanca-na-politica-externa-diz-deputado/.

② Terra, “Dívida pública fecha 2021 em 80.3% do PIB, depois de atingir recorde de 88.6% em 2020”, 31 de janeiro de 2022, https://www.terra.com.br/economia/divida-publica-fecha-2021-em-803-do-pib-depois-de-atingir-recorde-de-886-em-2020,00b8f08b16e31a0d94dfbeb5682b8ad8r3af9bta.html.

③ UOL, “Câmara conclui votação, e Congresso já pode promulgar PEC dos Precatórios”, 15 de dezembro de 2021, https://economia.uol.com.br/noticias/redacao/2021/12/15/camara-aprova-em-2-turno-pec-dos-precatorios-que-banca-auxilio-brasil.htm.

此外，在环境领域，前环境部部长萨勒斯同样奉行博索纳罗总统的新自由主义理念，主张弱化环境监察力度、放松环境管理规定，以加强对亚马孙地区的经济开发。然而，这种“经济优先”的政策选择带来了一系列不良的环境后果，在巴西国内饱受诟病。例如，亚马孙地区的森林砍伐量和森林火灾数量屡创历史新高，非法砍伐、非法采矿、入侵原住民土地事件不断增加。根据巴西国家空间研究所公布的数据显示，亚马孙森林砍伐面积在2021年3月达到810平方公里，较上年同期飙升了216%，是巴西近十年来的最高纪录；2020年一共记录22万起火灾记录，较2019年增长了12%，创下自2010年以来的最高纪录。[①] 此外，巴西针对亚马孙地区的环境政策在国际层面也引起了广泛争议，这主要是因为博索纳罗政府在全球气候变化议题、亚马孙地区环境保护问题上紧跟特朗普政府的消极立场，包括退出《巴黎气候变化协定》。但随着美国白宫换届重返《巴黎气候变化协定》，拜登政府转而就保护亚马孙雨林问题多次向巴西政府施压。因此，受内外双重压力的影响，博索纳罗不得不作出妥协和调整。

2. 军人阵营出现动荡

在军人阵营方面，同样出现了一些不和谐的声音。在国防部部长费尔南多·阿泽维多·席尔瓦宣布辞去部长一职后的第二天，巴西陆海空三军将领也同时宣布辞职。据悉，这是1985年以来巴西陆海空三军将领首次在任期未满之前同时辞职。[②] 巴西媒体报道称，博索纳罗不满前国防部部长阿泽维多·席尔瓦与他意见相左。阿泽维多·席尔瓦在辞职信中说，他“维护了武装部队作为国家机构的身份”，这被解读为阿泽维多·席尔瓦将坚持军方将领不介入政治的立场。[③] 分析人士认为，博索纳罗希望武装部队成为政府

---

① Imazon, “Desmatamento chega a 810 km^2 na Amazônia Legal em março de 2021, aponta Imazon”, 19 de abril de 2021, https://imazon.org.br/imprensa/desmatamento-chega-a-810-km2-na-amazonia-legal-em-marco-de-2021-aponta-imazon/.

② 《内阁大换血、三军将领辞职：博索纳罗和巴西将向何处去?》，搜狐网，https://www.sohu.com/a/458703140_260616。

③ 《刚换了外长和防长，陆海空三军司令又集体辞职　巴西发生了什么?》，搜狐网，https://www.sohu.com/a/458530569_120952561。

机关，而以阿泽维多·席尔瓦为代表的军官则希望武装部队成为国家机关，因此并不认同博索纳罗总统企图将军队政治化的想法。值得注意的是，阿泽维多·度尔瓦是最早加入博索纳罗内阁的成员之一，也是军人阵营在政府内阁的重要代表，因此他的离开被外界普遍视为联邦政府、内阁军人阵营以及军队三者间关系的“沟通误解”，但尚未达到关系破裂的程度。事实上，在博索纳罗的新政下，军人的政治参与度得到了前所未有的提升。根据研究报告《巴西公共行政的军事化》（*A Militarização da Administração Pública no Brasil*）的统计数据，截至 2020 年底，博索纳罗政府内阁中有 10 个部长职位由军人担任，而由军人控制的文职职位高达 6157 个，较 2016 年增加了 108.22%。① 不难看出，出于维系和巩固现任政府合法性的考量，军人阵营仍将是博索纳罗重要的执政盟友。

3. 中间党派影响力得到提升

博索纳罗通过调整政府机构、部委负责人等方式，提升了中间党派在内阁中的影响力。例如，新增设的通信部、劳动和养老金部两个部长职位都委派给了国会中支持博索纳罗的中间派政党代表。在 2020 年 3 月 29 日的人事调整中，总统府秘书处、总统府民事办公室、公民部等重要部长级职务也改由中间派政党的国会议员出任。通过这一系列动作不难看出，博索纳罗正在逐渐改变自己的结盟策略，从依靠政策专才、军人集团和国会中的特定利益集团，转而向中间党派靠拢。分析人士认为，向中间党派的靠拢，一方面有利于改善总统与国会的关系、巩固执政根基，但另一方面也将导致支持博索纳罗的政治社会力量出现分化。②

（三）左右政党博弈升级，迎战2022年总统大选

2021 年 3 月 24 日，巴西最高法院推翻了此前对左翼前总统卢拉贪腐案

① Rede Brasil Atual, “Mais de 6 mil militares atuam em cargos civis no governo Jair Bolsonaro”, 18 de maio de 2021, https://www.redebrasilatual.com.br/politica/2021/05/militares-governo-bolsonaro-6-mil-cargos-civis/.

② Gazeta do povo, “O que bolsonaro busca ao se aproximar do Centrão”, 23 de abril de 2020, https://www.gazetadopovo.com.br/republica/bolsonaro-aproximacao-centrao/.

的定罪，使其重获政治权利和参选资格，这对整个巴西政坛来说无疑是一个重要的转折点。此前，卢拉曾多次公开对博索纳罗政府抗疫的糟糕表现提出严厉批评。在2020年9月7日巴西独立日的讲话中，卢拉指出，“感染新冠病毒死亡的绝大部分民众都是被这个国家抛弃的穷人、黑人、脆弱群体”，而这些死亡“本来是可以避免的”。[①] 同时，他透露出重返政坛的信号，希望能够再次和“巴西人民，尤其是工人们和被排除在外的人们”一起“重建巴西”。2021年12月8日，卢拉在参加圣保罗市冶金工会会议时，正式表态愿意成为2022年总统候选人。此外，卢拉还在2021年11月访问欧盟以为其竞选造势，并获得了法国总统马克龙、西班牙首相桑切斯、时任德国副总理兼财政部部长（现任德国总理）朔尔茨和欧盟社会党领导人的接见。西方媒体认为卢拉此行获得了欧盟的“认可”，欧盟看好卢拉在巴西东山再起。[②] 根据巴西民调机构IPEC在2021年12月14日公布的调查数据，在多个候选人组合的情况下，卢拉在首轮投票的潜在得票率为48%，而其他候选人的得票率总和为38%；在第二轮投票中，卢拉的潜在得票率为49%，而另一位候选人的得票率为38%。[③] 该调查机构指出，卢拉的潜在得票率大幅高于其他对手，甚至有望在第一轮投票中胜出。鉴于卢拉的超高人气、执政成就、个人魅力，以及劳工党依旧稳固的执政根基，可以说卢拉是目前最具竞争力的总统候选人。

与此同时，面对来自疫情、经济和司法追责等多重压力，博索纳罗总统放弃了“无党派人士”的身份，决定加入右翼党派来扩充政治势力。在与多个中间党派领导人进行了一系列会晤后，博索纳罗总统在2021年11月

---

① Brasil247, “Em discurso histórico, Lula se coloca à disposição do povo para voltar a ser presidente”, 7 de setembro de 2020, https://www.brasil247.com/poder/em-discurso-historico-lula-se-coloca-a-disposicao-do-povo-para-voltar-a-ser-presidente.

② 《获欧盟“认可”？西媒：卢拉为明年参选总统访欧造势》，参考消息网，http://www.cankaoxiaoxi.com/world/20211121/2460500.shtml。

③ 根据巴西《选举法》规定，若首轮投票未有竞选者取得超过半数的选票，则得票最高的两人将进行第二轮投票。UOL, “Eleições 2022: Pesquisa Ipec aponta que Lula vence em primeiro turno”, 14 de dezembro de 2021, https://noticias.uol.com.br/politica/ultimas-noticias/2021/12/14/pesquisa-ipec-eleicao-2022-lula-bolsonaro.htm.

30日宣布正式加入巴西右翼政党自由党（PL），将以自由党候选人的身份参加2022年的总统选举。巴西自由党成立于2006年，原名“共和党”。从政党规模来看，该党在参议院中占有4个席位，在众议院中占有43个席位，是参议院第八大政党、众议院第三大政党，仅次于社会自由党（PSL）和劳工党（PT）；在最近一届市政选举中，该党的市长人数从297人增加到345人，是拥有市长席位数量最多的第六大政党。① 随着博索纳罗一派的加入，自由党在众议院所占议席有望进一步攀升，这也意味着他们将获得更多竞选资源，如电视演说时间、竞选经费。② 根据国会通过的2022年预算，竞选基金会经费和党派基金会经费金额加起来高达60亿雷亚尔，而2018年大选时这两笔经费总额约为25亿雷亚尔，增幅140%。③ 从政党立场来看，自由党是中右翼政党，与博索纳罗的政治理念总体一致，同时又不属于极右政党，便于博索纳罗继续争取介于左翼和极右翼之间的中间派政党的支持。但从目前全国民调结果来看，博索纳罗寻求连任之路并不乐观，其个人支持率维持在20%~25%，大大落后于对手卢拉。④

值得注意的是，“第三条道路”也在积极筹划自己的候选人名单。“洗车行动”主审法官莫罗于2021年11月10日加入“我们能党（Podemos）”，成为该党备选总统候选人；11月28日，圣保罗州州长多利亚在社会民主党2022年总统候选人内选中胜出；民主工党很大可能将确定副主席西罗·戈麦斯（Ciro Gomes）再次成为该党的总统候选人。其他“第三条道路”的备选候选人还包括民社党的罗德里戈·帕切科（Rodrigo Pacheco，PSD）、民运党的西蒙尼·特贝特（Simone Tebet，MDB）、公民党

① Terra, “Bolsonaro no PL mostra esforço para romper isolamento”, 1 de dezembro de 2021, https://www.terra.com.br/noticias/brasil/politica/bolsonaro-no-pl-mostra-esforco-para-romper-isolamento,77ec4a9b41bcacea65a75b7eef2fe861ilxmvijq.html.

② 巴西竞选基金会经费的分配将根据各党派在众议院所占议席的比例来计算。

③ Veja, “Eleição de 2022 será a mais cara da história do Brasil”, 8 de janeiro de 2022, https://veja.abril.com.br/brasil/eleicao-de-2022-sera-a-mais-cara-da-historia-do-brasil.

④ UOL, “Eleições 2022: Pesquisa Ipec aponta que Lula vence em primeiro turno”, 14 de dezembro de 2021, https://noticias.uol.com.br/politica/ultimas-noticias/2021/12/14/pesquisa-ipec-eleicao-2022-lula-bolsonaro.htm.

的亚历山德罗·维埃拉（Alessandro Vieira，Cidadania）、新党的费里皮·达维拉（Felipe D'Ávila，Novo）和前进党的安德烈·哈诺内斯（André Janones，Avante）。

此外，体量庞大的中间派政党也成为影响巴西未来政党力量结构的重要因素。博索纳罗此前所在的巴西社会自由党（PSL）与另一右翼政党民主党（DEM）于2021年10月6日宣布正式合并为巴西联合党（União Brasil）。合并后的巴西联合党在巴西众议院513个席位中占有82席，已经超越了左翼劳工党成为众议院最大党派，其也是近二十年来巴西最大的右翼联合政党。鉴于巴西联合党宣布将推举自己的总统候选人参与2022年的巴西总统大选，该党成为"第三条道路"的主要争取对象。同时，巴西联合党中也不乏博索纳罗的支持者。《圣保罗州报》对巴西联合党参众两院88名议员的立场调查显示，56名议员表示可能会支持博索纳罗连任，只有5名议员明确表示不支持。[①] 加之2022年3月是国会议员改换党派的窗口期，这也为各党派就大选进行关系调整乃至阵营重组带来了更多可能性。

三　影响与前景展望

新冠肺炎疫情的肆虐不仅给巴西带来了公共卫生危机，更加剧了原有的社会经济矛盾，对巴西政治格局产生了深刻影响。对于博索纳罗及其政府而言，正面临执政以来的最大政治危机，寻求竞选连任的道路挑战诸多。主要体现在以下三方面。

（一）执政基础严重动摇

对内而言，由于抗疫不力，加之博索纳罗的极右翼激进立场，博索纳罗执政联盟的政治合作基础遭到了极大动摇。特别是支撑博索纳罗赢得2018

① Estadão，"Maioria do União Brasil admite apoio a Bolsonaro em 2022"，4 de novembro de 2021，https：//politica. estadao. com. br/noticias/geral，maioria－do－uniao－brasil－admite－apoio－a－bolsonaro－em－2022，70003888243.

年大选的三大联盟支柱，即经济支柱、司法支柱、外交支柱，都出现了不同程度的裂痕。对外而言，由于特朗普的下台，博索纳罗政府与美国的“意识形态盟友”关系宣告破裂，博索纳罗的亲美意识形态阵营已经名存实亡。在此情况下，博索纳罗将不得不重新审视与国会政党的关系，特别是争取更多中间偏右党派的支持，以此稳固和壮大执政根基。但这会使博索纳罗失去与“旧政治”切割的标签，引起博索纳罗昔日政治盟友们的不满。

（二）倒博阵营正在形成

一方面，作为反建制派代表上台的博索纳罗，政党根基本就薄弱，博索纳罗及其政府主要内阁成员与国会关系一直不太和谐，加之执政表现不佳，博索纳罗遭到了不少国会议员的强烈抵制，他们纷纷要求弹劾总统。另一方面，左翼领袖卢拉的强势回归，进一步加强了反对党的影响力，国会政党左右对抗程度进一步加剧，政治极化日趋严重。此外，博索纳罗曾经的政治盟友——前司法部部长莫罗、圣保罗州州长罗利亚——都有意参加 2022 年总统大选，这将进一步削弱博索纳罗的支持基础。

（三）民众态度极化严重

巴西政党层面的极化将不可避免地外溢到民众层面。多项民调显示，博索纳罗和卢拉的选民基础存在非常大的差异。家庭月收入和受教育水平越低，投票给卢拉的意愿越强烈；而家庭月收入和受教育水平越高，越倾向于现任总统博索纳罗。可以预见，为了赢得特定选民群体的支持，巴西左翼和极右翼政党之间的意识形态和政策立场的分歧将日益加大，巴西民众对领导人和公共政策的评价也将在激烈的政党竞争下变得愈加极化，这无疑将进一步增大巴西社会分裂的风险。

Y.3
经济形势：脆弱复苏

吴洪英*

摘　要： 2020 年，受新冠肺炎疫情影响，巴西经济大幅萎缩，国内生产总值出现近 4%的负增长，为近十年最低谷。2021 年，随着新冠肺炎疫情防控举措逐渐放松、疫苗接种率不断提高和外部环境相对有利，在消费、投资和出口"三驾马车"的共同拉动下，巴西经济出现了强劲的复苏态势，各项基本经济指数得到了不同程度的改善，国内生产总值增长率达到 4.6%，成为近十年巴西经济最高增速。然而，2021 年底，新冠病毒奥密克戎新变异毒株突然出现并快速蔓延，全球产业链、供应链继续"中断"，国际商品价格暴涨导致通胀压力持续升高，加上 2022 年巴西进入"10 月选举季"，巴西经济增长的不确定性和不稳定性风险上升，经济前景不容乐观，经济复苏之路将是"道阻且长"。

关键词： 巴西经济　新冠肺炎疫情　脆弱复苏　通胀高企

2020 年，受新冠肺炎疫情影响，巴西经济大幅萎缩，国内生产总值出现近 4%的负增长，为近十年最低谷。2021 年，巴西经济出现了强劲的复苏态势。如果说 2021 年世界经济强劲复苏是"春暖花开"，那么，巴西经济强劲复苏则是"乍暖还寒"或者"脆弱复苏"。2021 年，随着新冠肺炎疫情防控举措放松、疫苗接种率不断提高和外部环境相对有利，巴西经济出现

* 吴洪英，湖北大学区域与国别研究院院长，教授，博士生导师。

强劲反弹，经济基本面出现全面向好态势，经济增长速度达到近十年最高水平。然而，随着2021年底新冠病毒奥密克戎新变异毒株的突然出现并快速蔓延，全球产业链、供应链继续“中断”，通胀压力持续上升，加上2022年进入“10月选举季”，巴西经济前景不容乐观。

一　2020~2021年巴西经济：从低谷到强劲复苏

2020年，新冠肺炎疫情在巴西迅速蔓延，巴西新冠肺炎累计确诊病例数仅次于美国和印度，居全球第三；累计死亡人数仅次于美国，居全球第二，巴西成为拉美地区乃至全球新冠肺炎疫情的新“震中”。受疫情影响，巴西国内消费、出口均大幅下滑，出现负增长，外国投资也急剧减少，经济遭受重创，国内生产总值出现近4%的负增长，为近十年最低谷。在2020年经济大幅萎缩的基础上，2021年，巴西经济出现强劲反弹，国内生产总值增长4.6%，与2020年近4%的负增长形成鲜明对比，是巴西近十年最高的国内生产总值增长率。2021年，随着疫情防控措施逐步放松，疫苗接种率不断攀升，主要贸易伙伴强劲复苏，巴西经济活动日趋活跃，复苏势头逐步强劲。第一季度，巴西国内生产总值增长1.3%；第二季度增长6.5%，第三季度增长5.7%，第四季度增长4.6%。尤其第二季度增长强劲，达到全年增长最高峰值。① 显然，这种复苏势头之强劲远超预期，几乎所有遭受疫情重创的行业（如建筑业、商业、制造业以及交通和通信业等）均出现反弹性增长，可惜这种强劲复苏势头没有能够延续到下半年。从第三季度开始，巴西经济增速逐渐出现放缓迹象，主要行业（尤其是制造业、建筑业和商业等）的活动出现疲软。受通胀上涨压力对家庭收入的影响以及支持家庭举措相继退出的影响，第四季度巴西私人消费明显减速。

总体说来，2021年巴西经济出现了强劲复苏，主要表现为以下几方面。一是国内生产总值增速为近十年最高。2012~2020年间，是巴西经济增长非

① IBGE, https: //www.ibge.gov.br/en/home-eng.html.

常缓慢的一个时期，国内生产总值分别增长 1.9%、3.0%、0.5%、-3.5%、-3.3%、1.3%、1.8%、1.2%、-3.9%。然而，2021 年，随着内需增强和外部需求强劲，巴西经济出现强劲反弹。根据巴西国家地理统计局 2022 年 3 月 4 日发布的报告显示，2021 年巴西国内生产总值达到 8.9 万亿雷亚尔（约合 1.73 万亿美元），增长率为 4.6%，弥补了 2020 年新冠肺炎疫情造成的损失（当年国内生产总值增长为-3.9%）。[①] 根据联合国拉美经委会的统计数据，2021 年巴西国内生产总值增长 4.7%，与 2020 年近 4%的负增长形成鲜明对比，是巴西近十年最高的国内生产总值增长率。

不过，从整个拉美地区看，2021 年巴西经济表现属于中上水平，未能达到拉美国内生产总值平均增速（6.2%），远不如南美洲的增长率（6.4%），也赶不上中美洲和墨西哥的增速（6.0%），仅比加勒比地区的增速（1.2%）要好一些。从国别看，2021 年巴西的经济增速不如其他拉美大国，远比不上阿根廷（9.8%）、智利（11.8%）、哥伦比亚（9.5%）、墨西哥（5.8%）。从全球范围看，2021 年巴西的经济增速不如发达国家（5.2%）、美国（6%）、欧元区（5.2%）和英国（6.8%），也不如发展中国家（6.4%）。在金砖国家中，巴西经济增速更比不上中国（8.0%）和印度（9.5%）。[②] 显然，2021 年巴西经济表现只能说“比自己有余，比他国不足”。从人均国内生产总值看，2021 年巴西达到 40688 雷亚尔，实际增长 3.9%，与 2020 年的-4.6%形成鲜明对比。[③] 鉴于 2012~2020 年巴西人均国内生产总值增长率分别为 1.0%、2.1%、-0.4%、-4.4%、-4.1%、0.5%、1.0%、0.5%、-4.6%，2021 年 3.9%的增长率无疑也是巴西近十年的最高增速。[④]

二是主要经济部门普遍活跃。2021 年，从第一季度开始，巴西受疫情

---

① IBGE, https://www.ibge.gov.br/en/home-eng.html.

② CEPAL, "Preliminary Overview of the Economies of Latin America and the Caribbean", 2021, p. 12.

③ IBGE, https://www.ibge.gov.br/en/home-eng.html.

④ CEPAL, "Preliminary Overview of the Economies of Latin America and the Caribbean", 2021, pp. 128-129.

影响最严重的一些行业，包括建筑业、零售业、制造业及交通和通信业等，均出现不同程度的复苏迹象。进入第二季度，巴西其他所有经济部门都重新活跃起来，并带动了全国经济活动的扩张，尤其是服务业呈现了高速增长态势，其中交通、仓储与邮政增长 11.4%，信息与通信业增长 12.3%，其他服务部门增长 7.6%。从三大产业来说，2021 年巴西工业增长 4.5%，服务业增长 4.7%，两者构成国内生产总值的 90%；农业因受干旱和霜冻等恶劣天气的影响，增长率为-0.2%。[①] 此外，银行业总体保持稳定，银行营利能力有所恢复，不良贷款占总贷款的比例有所下降，银行资本水平符合监管规范，流动性相对充裕。

三是金融市场基本保持稳定。2021 年，无论是股市、汇市还是证券市场，基本保持稳健发展态势。虽有短暂波动，但很快平息下来，尤其较其他拉美国家金融市场的急剧动荡要好得多。从股市看，2021 年巴西股票交易风险指数从 2020 年的 356 点降至 2021 年的 305 点；而阿根廷股票交易风险指数从 2020 年的 3319 点攀升到 2021 年的 5139 点，成为金融市场最动荡的拉美国家。从汇市看，美元兑巴西货币雷亚尔汇率，从 2020 年 1 美元兑换 29.0 雷亚尔，到 2021 年 10 月降到 1 美元兑换 5.42 雷亚尔。[②] 从债券市场看，巴西主权债券发行量从 2020 年的 269.75 亿美元增加到 2021 年的 295.15 亿美元，巴西成为 2021 年拉美 33 国中发行主权债券最多的国家。相较之下，2021 年拉美国际债券发行量有所减少，从 2020 年的 1452.86 亿美元减至 2021 年的 1375.13 亿美元，其中国家主权债券发行量也有所减少，从 2020 年的 1403.33 亿美元减至 2021 年的 1325.41 亿美元。[③]

四是政府财政赤字状况有所改善。2021 年，包括巴西在内的拉美国家的公共支出普遍减少，主要得益于用于补贴和经常性转移支付的公共开支减

① IBGE, https: //www.ibge.gov.br/en/home-eng.html.

② CEPAL, "Preliminary Overview of the Economies of Latin America and the Caribbean", 2021, p. 111.

③ CEPAL, "Preliminary Overview of the Economies of Latin America and the Caribbean", 2021, p. 140.

少和公共收入（尤其是税收收入）的恢复增长，政府财政赤字普遍减少。2021 年，拉美国家中央政府总体赤字约占国内生产总值的 5.0%，低于 2020 年的 6.9%；基本赤字占国内生产总值的 2.4%，明显低于 2020 年的 4.2%。2021 年，巴西货币政策率从 2020 年的 2.8%增到 2021 年的 4.1%，借贷率从 33.8%降到 33.2%。①

五是外汇储备增多。2021 年巴西外汇储备明显增加，从 2020 年的 3556.2 亿美元增加到 2021 年的 3693.8 亿美元，占拉美地区外汇储备（9434.7 亿美元）的 39.2%，比拉美外汇储备第二多的墨西哥（2115.9 亿美元）整整多出 1577.9 亿美元，成为拥有外汇储备最多的拉美国家。②

六是劳动力市场渐趋恢复。2021 年，巴西劳动力市场从新冠肺炎疫情的强烈冲击下逐渐恢复过来。巴西劳动参与率从 2020 年 1~9 月的 59.2%升到 2021 年 1~9 月的 60.8%。其中男性劳动参与率从 69.7%增到 71.3%，女性劳动参与率从 49.4%增到 51.1%。从就业率看，2021 年巴西就业率有所上升，从 2020 年的 51.2%升到 2021 年的 53.2%，其中男性就业率从 61.5%升到 63.2%，女性就业率从 41.5%增到 42.2%。2021 年巴西就业人口达到 913 万。但若与整个拉美地区相比，巴西就业情况稍显逊色。2021 年 1~9 月，拉美就业率从 2020 年 1~9 月的 51.9%升至 55.0%，其中男性就业率从 63.3%升至 67.1%，女性就业率从 41.3%增至 43.8%。③ 从失业率看，巴西失业率略有下降，从 2020 年的 13.8%降到 2021 年的 13.2%，其中第四季度下降到 11.1%，较 2020 年第四季度失业率（12.6%）下降了 1.5 个百分点。虽然 2021 年失业率有所下降，但仍未达到疫情前水平，2019 年巴西失业率为 12.0%。④ 相较之下，2021 年拉美失业率从 2020 年 1~9 月的 10.6%降到

① CEPAL, "Preliminary Overview of the Economies of Latin America and the Caribbean", 2021, p. 154.

② CEPAL, "Preliminary Overview of the Economies of Latin America and the Caribbean", 2021, p. 141.

③ CEPAL, "Preliminary Overview of the Economies of Latin America and the Caribbean", 2021, p. 147.

④ IBGE, https://www.ibge.gov.br/en/home-eng.html.

2021 年 1~9 月的 10. 0%，其中男性失业率从 9. 4%降到 8. 3%，女性失业率从 12. 2%增到 12. 3%。[①] 可见，2021 年巴西劳动力市场虽有所恢复，但相较其他拉美国家仍然存在差距。

二　2021年巴西经济强劲复苏的主要原因

一般来说，一国经济增长通常受消费、投资和出口“三驾马车”共同影响。2021 年巴西经济强劲复苏，正是得益于“三驾马车”同时发力。此外，疫苗接种率的不断提高，也有助于减轻新冠肺炎疫情对巴西经济的影响。

从消费看，2021 年巴西国内需求的所有方面均出现令人欣喜的增长。巴西国家地理统计局最新数据显示，2021 年，巴西家庭消费增长率从 2020 年的-5. 4%升至 3. 6%，政府消费增长率从 2020 年的-4. 5%增至 2. 0%。尤其是私人消费，成为 2021 年推动巴西经济强劲复苏的主要驱动力，为全年经济复苏作出了积极、重要的贡献。

从投资看，2021 年，受建筑业和国内资本货物生产的影响，巴西投资出现强劲回升。巴西固定资本构成占国内生产总值的比重从 2019 年的 16. 9%增加到 2021 年的 17. 2%；投资率从 2020 年的 16. 6%升至 2021 年的 19. 2%；储蓄率从 14. 7%升至 17. 4%。[②] 从外国直接投资看，与 2020 年第四季度相比，2021 年第一季度巴西外国直接投资有所增加，特别是对大宗商品部门的投资恢复明显。不过，第三季度外国直接投资增长势头有所减弱。2021 年巴西外国直接投资达到 581. 5 亿美元，极大地扭转了 2020 年的下滑势头。巴西成为 2021 年吸收外国直接投资最多的拉美国家。[③]

---

① CEPAL, “Preliminary Overview of the Economies of Latin America and the Caribbean”, 2021, p. 145.

② IBGE, https://www.ibge.gov.br/en/home-eng.html.

③ CEPAL, “Preliminary Overview of the Economies of Latin America and the Caribbean”, 2021, p. 137.

从出口看，巴西出口增长率从 2020 年的-1.8%升至 2021 年的 5.8%，进口增长率从 2020 年的-9.8%升至 2021 年的 12.4%。[①] 正是由于国内经济不断升温，巴西进口增速超过出口增速。具体而言，巴西对外贸易额从 2020 年的 4671.37 亿美元增至 2021 年的 5937.64 亿美元。其中，巴西对外出口 3152.39 亿美元，进口 2785.25 亿美元；货物出口从 2107.07 亿美元增至 2858.06 亿美元，货物进口从 1783.37 亿美元增至 2225.71 亿美元；服务出口从 285.76 亿美元增到 294.33 亿美元，服务进口从 495.17 亿美元增到 559.54 亿美元。显然，2021 年，巴西贸易额较 2020 年增幅高达近 1300 亿美元。同时，2021 年，巴西对外贸易额占拉美贸易总额（23576.15 亿美元）的 25.18%；其中，巴西出口占拉美出口总额（12125.71 亿美元）的 25.99%，进口占拉美进口总额（11450.44 亿美元）的 24.32%。巴西可谓是拉美“名副其实”的贸易大国，但就贸易规模来说，仍然不及墨西哥（10626.65 亿美元），是拉美 33 国中的第二大贸易国家。值得一提的是，巴西贸易盈余从 2020 年的 114.28 亿美元增至 2021 年的 367.14 亿美元，经常转移差额盈余从 23.44 亿美元增到 28.73 亿美元，经常项目差额赤字从 259.23 亿美元降至 49.50 亿美元。[②] 在出口产品方面，石油提炼、天然气、基本金属、机动车辆、金属产品表现突出；而进口产品则主要集中在化学用品、电子机械和用具、汽车和金属产品等方面。

2021 年巴西出口之所以增长明显，主要得益于价格和数量的增长以及贸易条件的改善。随着 2021 年拉美主要贸易伙伴（包括中国、美国和欧盟）经济的强劲复苏，它们对巴西等拉美国家商品的外部需求有所增加，推动了国际大宗商品价格上涨，从而为巴西经济复苏创造了有利的外部条件。尤其是 2021 年，石油价格屡创新高，金属、大豆价格一度上涨 50%左右。[③] 国际大宗商品价格上涨，导致巴西铁矿石、石油和大豆等一系列出口

---

① IBGE, https://www.ibge.gov.br/en/home-eng.html.

② CEPAL, “Preliminary Overview of the Economies of Latin America and the Caribbean”, 2021, p. 132.

③ IMF, “Regional Economic Outlook for Western Hemisphere”, October 2021, p. 4.

产品价格上涨。2021 年，包括巴西在内的南美国家出口上涨 28%，出口值增长 34%，出口量增长 6%。[①] 因此，2021 年，拉美贸易条件平均增长约 5%，其中巴西贸易条件增长 19%。[②] 若以“2010 年 = 100”计算，2021 年拉美货物贸易条件从 2020 年的 95.3%增到 2021 年的 100.3%，其中巴西货物贸易条件从 2020 年的 93.2%增到 2021 年的 111.3%。显然，巴西还是拉美贸易条件增幅最大的国家。[③]

此外，2021 年，巴西疫苗接种范围不断扩大，疫苗接种率不断提高。到 2021 年中，巴西疫苗接种率已经超过 40%，高于 33.5%的世界平均水平。[④] 根据美国霍普金斯大学跟踪统计，截止到 2022 年 2 月 21 日，巴西接种疫苗人次达到 4.31 亿，接种两剂疫苗的民众占比达到 87.3%。[⑤] 疫苗接种率的提高和抗疫举措的放松，无疑有助于减轻新冠肺炎疫情对巴西经济的不利影响。

总之，消费上升、投资增加、出口增长和疫苗接种率提高四者的结合，共同构成了 2021 年巴西国内生产总值强劲增长的主要动力。

三　巴西经济复苏的脆弱性

尽管 2021 年巴西经济实现了强劲复苏，各项基本经济指数表现不俗，取得近十年最高的增长速度，但仔细分析就会发现，从表面看，这种强劲复苏是在 2020 年大幅下滑基础上的强劲反弹；从深层看，这种复苏的基础是十分脆弱的。

---

① CEPAL, “Preliminary Overview of the Economies of Latin America and the Caribbean”, 2021, p. 12.

② CEPAL, “Preliminary Overview of the Economies of Latin America and the Caribbean”, 2021, p. 48.

③ CEPAL, “Preliminary Overview of the Economies of Latin America and the Caribbean”, 2021, p. 132.

④ IMF, “Regional Economic Outlook for Western Hemisphere”, October 2021, p. 1.

⑤ https: //www. gov. br/pt-br.

首先，新冠肺炎疫情作为制约巴西经济持续增长的最大因素仍未根除，且疫情形势仍然十分严峻。2021 年，随着抗击疫情限制措施的不断放松，尤其是接种疫苗人数的不断增多，巴西疫情似乎正从非常严重的死亡人数水平开始下降；到 2021 年上半年，新增的感染人数和死亡人数均有所下降，但与新冠病毒的战斗仍未结束。根据美国霍普金斯大学的跟踪统计，截止到 2021 年 12 月 18 日晚 11 点 21 分，巴西新冠肺炎疫情确诊人数从 2021 年 7 月 3 日晚 7 点 21 分的 18687469 例增至 22250218 例，死亡人数从 521952 例增至 618797 例，其中确诊人数占拉美地区的 47.0%，死亡人数占拉美地区的 39.8%，而巴西人口（2.14 亿）仅占拉美人口（6.51 亿）的 32.8%。显然，巴西是拉美疫情最为严重的国家。然而，截止到 2022 年 3 月 6 日下午 1 点 20 分，巴西新冠肺炎疫情确诊人数又增至 29040800 人，死亡人数又增至 652216 人。可见，从 2021 年 12 月中旬到 2022 年 3 月初短短的两个多月里，巴西确诊人数增加了 679 万例，死亡人数增加了 3.34 万例。特别要指出的是，巴西新冠肺炎累计确诊人数仅次于美国和印度，居全球第三；死亡人数仅次于美国，居全球第二。随着 2021 年 11 月下旬比德尔塔更具传染性的奥密克戎变异毒株的出现并迅速传播，巴西新冠肺炎疫情感染人数重新显著增加。毋庸置疑，巴西严峻的疫情形势并没有得到根本性扭转，经济复苏前景仍然面临疫情的严峻挑战。巴西复苏之路似乎变得更加漫长而曲折。

其次，作为推动经济复苏的“三驾马车”不同程度的疲软，也使得经济增长动能减弱。尽管 2021 年巴西经济在消费、投资和出口“三驾马车”共同拉动下出现强劲增长，但随着时间推移，消费因通胀压力挤压而有所疲软，投资因美国加息预期和俄乌冲突而变得谨慎，出口因主要贸易伙伴增长减缓而遇阻，因此，巴西经济增长潜能明显不足。从消费看，巴西平均工资水平和就业人数有所下降，严重影响私人消费。例如，以“2010 年工资指数=100”，巴西实际工资水平从 2020 年 1~9 月的 115.3%降到 2021 年 1~9 月的 110.6%。[①]

① CEPAL, “Preliminary Overview of the Economies of Latin America and the Caribbean”, 2021, p. 149.

2021 年巴西非正规就业工人人数增加 366 万，较 2020 年增长 9.9%，非正规就业率从 2020 年的 38.3%增至 40.1%。非正规就业人数增多，意味着工作质量下降，工人收入减少。从投资看，2021 年巴西国内信贷增长率从 2020 年的 15.5%降到 2021 年的 13.0%。[①] 2021 年巴西财政差额赤字占国内生产总值的比重从 2019 年的 5.7%升到 2020 年的 13.8%。[②] 从出口看，中国、欧盟、美国等主要贸易伙伴经济发展增速呈现减缓迹象，这势必影响巴西大宗商品的出口，进而影响巴西经济的持续复苏。

再次，不断上升的通胀压力成为制约经济稳健增长的“怪兽”。受新冠肺炎疫情造成的全球供应链“中断”、国际商品价格不断上涨、拉美货币贬值及美国加息预期等多重因素影响，巴西通货膨胀自 2020 年下半年以来一直呈上升趋势，仅 2021 年 12 月通胀率就增长了 0.73%，是自 2016 年 1 月以来通胀率增幅最高的月份。2021 年，巴西通胀率从 2020 年的 10.06%升至 10.38%，远远超出目标通胀率（3.5%）。相较之下，2021 年拉美通胀率从 2020 年的 3.0%升到 6.4%，为近十年最高水平。显然，巴西通胀率远高出拉美地区平均水平。[③] 同时，巴西消费价格指数从 2020 年的 10.16%升到 2021 年的 10.60%，其中仅 12 月就增长 0.73%，是自 2016 年 1 月以来消费价格指数增幅最高的月份。其中，2021 年 12 月食品价格上涨 0.76%，非食品价格上涨 0.72%。巴西已成为拉美地区通胀率最高的国家之一。为了应对通胀压力，巴西中央银行被迫不断提高政策利率，从 2020 年 12 月的 7.75%上调到 2021 年 12 月的 9.25%。此外，巴西本币雷亚尔不断贬值。根据巴西中央银行的统计，2020 年 12 月 23 日巴西汇率是 1 美元兑换 5.174 雷亚尔，到 2021 年 5 月 14 日 1 美元兑换 5.27 雷亚尔，到 10 月 4 日 1 美元兑换 5.42 雷亚尔，到 12 月 13 日 1 美元兑换 5.636 雷亚尔。可见，巴西雷亚

---

① CEPAL, “Preliminary Overview of the Economies of Latin America and the Caribbean”, 2021, p. 147.

② CEPAL, “Preliminary Overview of the Economies of Latin America and the Caribbean”, 2021, p. 153.

③ CEPAL, “Preliminary Overview of the Economies of Latin America and the Caribbean”, 2021, p. 127.

尔贬值趋势一直贯穿2021年全年。

复次，沉重的债务负担妨碍国民经济快速进入持续稳健的增长轨道。从公共债务看，根据巴西中央银行公布的数据，2021年巴西中央政府公共债务总额占国内生产总值的比重达到80.29%，中央政府公共债务净额占国内生产总值的比重达到57.24%。从非金融公共部门公共债务看，2020年拉美非金融公共部门公共债务总额占国内生产总值的比重从2019年的61.4%升到2020年的76.5%。其中，2020年巴西非金融公共部门公共债务总额占国内生产总值的比重从2019年的74.3%升到2020年的88.8%。[①] 从外债看，2020年巴西外债总额虽有所减少，但仍然高达6393.08亿美元，比拉美外债负担第二沉重的墨西哥（3730.77亿美元）还要多出2600多亿美元。显然，巴西是拉美地区外债负担最沉重的国家。随着国际金融流动性收紧，还债期限临近，巴西面临的债务危机风险不断增大。[②]

最后，经济前景普遍不被国际机构看好，影响经济增长信心。联合国拉美经委会最新报告预测，2022年巴西国内生产总值增长0.5%，从2021年4.7%的强劲复苏急转下滑，既未达到拉美平均增速（2.1%），也未达到南美增速（1.4%），不如中美洲（3.3%），更赶不上加勒比地区（6.1%）。从国别看，巴西2022年国内生产总值增速不如墨西哥（2.9%）、阿根廷（2.2%）、哥伦比亚（3.7%）、智利（1.9%），是拉美主要经济体中增速最缓慢的国家。[③] 而且，巴西经济增长前景不被国际社会看好，几乎所有国际评级机构对巴西经济发展前景均评价不高。例如，2021年12月，穆迪对巴西经济评级为Ba2，标准普尔评级为BB-，惠誉评级为BB-。[④] 除主权信用评级不

---

① CEPAL, "Preliminary Overview of the Economies of Latin America and the Caribbean", 2021, p. 160.

② CEPAL, "Preliminary Overview of the Economies of Latin America and the Caribbean", 2021, p. 127.

③ CEPAL, "Preliminary Overview of the Economies of Latin America and the Caribbean", 2021, p. 122.

④ CEPAL, "Preliminary Overview of the Economies of Latin America and the Caribbean", 2021, p. 52.

高外，按照全球新兴市场债券指数（EMBIG）来衡量，巴西主权风险也一直处于小幅上升轨道。2021 年 10 月巴西主权风险一度达到全年最高水平。

显然，2021 年巴西经济强劲复苏是建立在脆弱、复杂的基础之上。一旦国内外有任何风吹草动，都会对巴西经济产生不利的影响。

四　经济前景不容乐观

展望 2022 年，在新冠病毒奥密克戎变异毒株快速传播，各国重新实施社会流动限制，大宗商品价格尤其是能源价格暴涨和供应链“中断”导致通胀压力不断增大的多重冲击下，巴西宏观经济环境将变得更加不确定和充满挑战。伴随国内新冠肺炎疫情继续恶化、通胀压力持续上升及“10 月选举季”临近，巴西经济前景不容乐观。联合国拉美经委会预计，2022 年拉美经济从 2021 年的较强劲增长转向严重疲软，全年国内生产总值增长 0.5%。显然，这种增长速度明显难如人意，加上投资和生产率水平较低，非正规就业率居高不下，不平等和贫困现象严重，2022 年巴西经济前景似乎不太乐观。不过，纵观巴西经济前景，主要取决于以下六大因素。

其一，新冠肺炎疫情的演变。关于抗击新冠肺炎疫情，国际社会有一个共识，即目前阻止新冠肺炎疫情蔓延最好的办法就是不断提高疫苗接种率。疫苗接种率越高，就越能有效控制疫情，越能减少新冠病毒新变异毒株的出现。反之，疫苗接种率越低，就越难以控制疫情，越难以避免新冠病毒新变异毒株的出现。一旦出现更具传染性和更致命的新冠病毒新变异毒株，将可能导致巴西感染人数的再次上升。果然不出所料，新冠病毒奥密克戎新变异毒株登陆巴西并快速蔓延，使巴西感染人数重新快速上升，死亡人数重新增多。显然，对于巴西这样一个 2 亿多人口的大国来说，必须增加第三剂加强针的接种人数，否则，新冠肺炎疫情将继续对巴西经济增长、就业活动和社会发展产生负面影响。奥密克戎新变异毒株的迅速传播，正在给 2022 年及之后的巴西经济增长蒙上阴影。

其二，世界经济和国际贸易的走势。巴西地大物博，能源、矿产资源和农业资源非常丰富，是一个非常依赖初级产品出口的国家。因此，巴西经济发展既依赖于国际经济环境，也深受国际大宗商品价格的影响。联合国拉美经委会预计，2022 年世界经济增长率将从 2021 年的 5.8%降至 4.9%，其中发达国家增长 4.2%，美国增长 3.9%，欧元区增长 4.6%；新兴经济体和发展中国家增长 5.1%，中国增长 5.7%，印度增长 7.9%。[①] 同时，国际货币基金组织在 2022 年 1 月发表的《世界经济展望》（更新版）中对 2022 年世界经济也作了类似的预测。它指出，预计 2022 年世界经济增长率将从 2021 年的 5.9%放缓至 2022 年的 4.4%，比 2021 年 10 月预测下调了 0.5 个百分点。预计 2023 年世界经济增长率将进一步减缓至 3.8%。[②]。同时，根据世界贸易组织的估计，与世界经济增长放缓趋势一致，2022 年世界货物贸易增长也将放缓，增长率为 4.7%，较 2021 年 11%的高速增长大幅下滑。[③] 如果世界经济和贸易增速整体放缓，势必影响巴西经济宏观环境；尤其作为巴西主要贸易伙伴的中国、欧盟和美国，2022 年经济均出现不同程度的下降，这无疑会对巴西的出口产生不可低估的负面影响。此外，发达国家货币政策正常化速度快于预期，或风险态势突然变化，均有可能导致国际金融环境收紧，进而引发巴西资本外流和本币雷亚尔贬值，这将对巴西经济复苏和增长造成长远的深刻影响。

其三，国际大宗商品价格的涨跌。大宗商品价格的涨跌历来与包括巴西在内的拉美国家的实际国内生产总值增速有着密切的联动，尤其对于巴西这样一个大宗商品出口国更是如此。据国际货币基金组织估算，每当大宗商品价格上涨带来 1%的国内生产总值意外收益的增长，就会在全球范围内带来 0.1 个百分点的国内生产总值增长，而在拉美则会带来 0.5 个百分点的国内生产总值增长。显然，大宗商品价格对拉美国家尤其是对巴西经济非常重要。[④]

---

① CEPAL，“Preliminary Overview of the Economies of Latin America and the Caribbean”，2021，p. 12.

② IMF，“World Economic Outlook（update）”，2022，p. 1.

③ CEPAL，“Preliminary Overview of the Economies of Latin America and the Caribbean”，2021，p. 12.

④ IMF，“Regional Economic Outlook for Western Hemisphere”，2021，p. 10.

2022年国际大宗商品价格可能保持高位，尤其俄乌冲突紧张局势正在将这一价格推向历史新高。因此，如果2022年国际大宗商品价格涨幅明显，则可以在一定程度上助推巴西经济加快增长，但也会推高巴西的通货膨胀。如果国际大宗商品价格下跌，势必影响巴西出口，进而影响巴西的经济复苏步伐。

其四，全球供应链、产业链和价值链的“中断”或恢复。受新冠肺炎疫情的影响，尤其是奥密克戎新变异毒株的出现和快速传播，全球供应链、产业链和价值链继续处于“中断”状态。巴西作为外向型经济体和拉美制造业大国，非常依赖全球供应链、产业链和价值链。如果“三链”“中断”局面能够尽快全面恢复，巴西经济将会迎来“后疫情时代”的大发展。如果“三链”依然“中断”难连，势必给巴西经济带来不利影响。国际货币基金组织预计，全球通胀持续上涨，供应链持续“中断”和能源价格持续升高将可能贯穿整个2022年。[①] 对巴西来说，这无疑是一个不太好的消息。正如联合国拉美经委会所言，供应链“中断”构成了拉美国家的外部风险，成为影响拉美国家某些经济活动的外部障碍。[②]

其五，通货膨胀的走向。国际货币基金组织认为，拉美通胀前景存在很大的不确定性，一是百年罕见的新冠肺炎疫情导致全球产业链、供应链“中断”，使得拉美乃至全球通胀的动能高度不确定；二是包括巴西在内的一些拉美国家正在较快恢复生产，推动物价上涨；三是巴西等国喜欢采取工资和价格后向指数化的传统做法，可能会引发一轮更强劲、更持久的高于通胀目标的恶性通胀；四是全球金融环境收紧，伴随本币贬值，可能会增大拉美国家通胀压力。因此，在通胀压力不断增大和劳动力市场持续疲软的背景下，巴西央行面临两难选择：一方面，仍然需要出台政策支持经济增长和创造就业；另一方面，需要出台政策来缓解通胀压力和汇率波动。[③] 因此，2022年巴西政府不得不在追求经济增长和遏制通货膨胀之间进行货币政策

① IMF, “World Economic Outlook (update)”, 2022. p. 1.

② CEPAL, “Preliminary Overview of the Economies of Latin America and the Caribbean”, 2021, p. 61.

③ MF, “Regional Economic Outlook for Western Hemisphere”, 2021, p. 12.

的权衡。此外，在 2020 和 2021 年支撑巴西经济并有助于减少新冠肺炎疫情负面影响的财政刺激政策，预计在 2022 年将逐渐减少，这使得巴西经济复苏动力进一步减弱。因此，要想进一步促进经济复苏和预防金融风险，巴西政府有必要实施协调一致的一揽子宏观经济政策，尤其需要财政政策、货币政策和就业政策相互协调与配合，才能推动巴西经济步上稳健、可持续的增长之路。

其六，10 月大选的演进。10 月大选，无疑是巴西 2022 年最重要的政治事件。它既是一场左右力量之间的激烈对决，也是决定巴西发展方向何去何从的战略选择。因此，这场大选对于巴西各个政党、各种政治力量，乃至每个公民都非常重要。各种政治力量正在招兵买马，积聚力量，准备选战。目前，左翼代表人物、前总统卢拉与极右翼代表人物、现总统博索纳罗对决的态势似乎越来越明显。如果选举顺利，落败一方爽快承认选举结果，巴西民主制度和经济发展就会迎来一个新的发展时期；如果选举不顺，落败一方拒绝承认选举结果，并诉诸司法或街头斗争来颠覆选举结果，那势必会造成严重的政治骚乱、经济混乱和社会动荡，这对巴西来说无疑是一场 21 世纪的巨大灾难，也将是对巴西民主制度的生死考验。巴西能否经受这场考验，国际社会拭目以待。

总而言之，百年罕见的新冠肺炎疫情已经且正在并将继续对巴西乃至拉美地区的公民健康、政治、经济和社会等方面造成长期的负面影响。2021 年，经过多方努力，利用各种有利因素，巴西经济实现了强劲增长，但这种增长是反弹性的增长，是短暂的增长，是脆弱的增长，因此，巴西若要获得中长期的强劲增长，必须最大限度地减少疫情造成的不利影响，尽快全面恢复正常的经济活动，努力回到疫情前设想的发展轨道，努力克服结构性问题（过度依赖大宗商品出口、去工业化、卫生系统薄弱、非正规就业普遍存在以及远程工作和远程学习机会较少等），努力缩小因疫情造成的贫富差距、行业差距、性别差距和地区差距，最终实现国家全面、稳健、均衡、包容和可持续的发展。

Y.4
社会形势：危机叠加

钟 点*

摘 要： 2020~2021 年间，巴西社会经历了自然灾害和新冠肺炎疫情的双重打击，物资严重短缺，社会不平等加剧，政府抗疫工作低效，巴西社会长期存在的脆弱性暴露无遗，多重危机叠加，民众生存环境恶化，生命安全受到威胁。以上问题均为巴西社会长期存在的痼疾，并被近年来巴西所奉行的短视的经济发展模式、反科学主义的公共政策所激化。未来，巴西社会能否脱离泥潭将取决于巴西政府及社会大众是否能够不受制于短期的经济增长压力，恢复社会主流价值观对科学的基本尊重，坚持社会公平的价值取向，制定出以人类生命为最高追求的社会治理方案，走上健康、可持续发展之路。

关键词： 自然灾害 新冠肺炎疫情 多重危机 社会治理

2020~2021 年，巴西社会处于自然灾害和疫情暴发引发的治理危机之中。频发的自然灾害和肆虐的新冠肺炎疫情像一场又一场的自然实验，暴露出巴西社会的脆弱性，凸显了巴西社会治理能力的严重赤字。本报告重点考察 2020~2021 年间巴西社会经受的种种考验，评估巴西政府与社会大众在应对这些考验时的努力和表现，并对巴西社会深陷治理危机的原因进行分析。

* 钟点，北京大学政府管理学院比较政治学博士研究生，主要研究领域为巴西政治与社会。

一　自然灾害与新冠肺炎疫情打击下巴西社会脆弱性凸显

2020~2021 年间，巴西社会经历了自然灾害和新冠肺炎疫情的双重打击，巴西民众面临生存环境恶化和生命安全威胁两大挑战，这暴露出巴西社会长期存在的脆弱性。

（一）自然灾害频发，生态系统面临失衡

自 2019 年反环保主义人士博索纳罗上台执政以来，巴西亚马孙森林一直处于水深火热之中。继 2019 年巴西亚马孙森林发生震惊世界的大火后，2020 年，其砍伐量年增长率高达 9.2%，达到 2008 年以来的最高水平。①

2021 年，巴西毁林现象仍未缓解：仅在 2021 年 3 月，亚马孙地区就有 367.61 平方公里的森林遭到破坏，这是巴西国家空间研究所监测平台自有记录以来亚马孙森林月砍伐面积的最大值。2021 年 5 月，亚马孙地区的森林砍伐警报再次触发，达到危险临界点。②

随着毁林现象的日益严重，亚马孙地区的火灾数量大幅增加。根据巴西国家空间研究所发布的数据，2020 年，亚马孙地区登记在册的火灾数量超过 10 万起，比 2019 年同期增加了 16%，达到近十年来的第二高纪录；被大火烧毁的森林面积累计为 76674 平方公里，比 2019 年增加了 5.8%。③ 亚马孙森林部分地区甚至开始出现植被“草原化”的危险趋势。④

毁林行为导致了巴西碳排放量陡增。巴西温室气体排放和清除估算系统

---

① O Globo, “Desmatamento na Amazônia cresce 9, 5% em um ano e passa de 11 mil km^2, aponta Inpe”, https: //g1. globo. com/natureza/noticia/2020/11/30/amazonia-teve-11-mil-km-de-desmatamento-entre-agosto-de-2019-e-julho-de-2020-aponta-inpe. ghtml.

② Bruno de Pierro, Pedro Roberto Jacobi, “Crise Ambiental e Pandemia: Descaminhos no Brasil e Rumos para uma Nova Governança”, *Fronteiras: Journal of Social, Technological and Environmental Science*, Vol. 10, No. 2, 2021, pp. 9-25.

③ https: //queimadas. dgi. inpe. br/queimadas/portal-static/situacao-atual/.

④ L. P. Sales et al., “Climate and Land-use Change will Iead to a Faunal ‘Savannization’ on Tropical Rainforests”, *Global Change Biology*, Vo1. 26, Issue 12, 2020.

显示，巴西全国温室气体排放量在 2020 年增长了 9.5%，达到 21.7 亿吨二氧化碳当量。① 与全球碳排放水平逐年递减的趋势相反，巴西"逆势而行"。碳排放量的变化带来降雨量、温度、水位和沿海水域成分的变化，进而造成植物物种、生物多样性和疾病传播源分布情况的变化。巴西生态系统面临失衡，极端天气频繁出现，自然灾害频发。近两年，巴西一些地区遭受大规模洪涝冲击，另一些地区则出现严重干旱。2020 年 1 月 27 日，巴西米纳斯吉拉斯州（Minas Gerais）遭遇连日暴雨，导致至少 47 人死亡，超过 3386 幢房屋被冲毁，超过 1.4 万人无家可归。② 2021 年，该州共遭受 6 次暴雨侵袭，138 个城镇先后宣布进入紧急状态。③ 同年 3 月，圣保罗州拜萨达桑蒂斯塔（Baixada Santista）地区发生了强降雨和山体滑坡，造成至少 42 人死亡、36 人失踪。④ 12 月，暴雨和洪灾侵袭巴西巴伊亚州，造成两处水坝溃决，7.3 万人流离失所，超过 81.5 万人受灾，163 个城镇宣布进入紧急状态。⑤ 与此同时，近两年，巴西内陆地区经历了史上罕见的高温干旱天气。2020 年 11 月至 2021 年 3 月的雨季期间，巴西全国降雨量减少到近二十年来的最低水平。2021 年 5 月 28 日，巴西联邦政府发出警告，称巴西 5 个州正面临 91 年来最严重的干旱情势。⑥

极端天气扰乱了巴西的农业和畜牧业生产活动，冲击了沿海地区的基础

---

① https://plataforma.seeg.eco.br/total_emission.

② O Globo, "Número de mortes por causa das chuvas em Minas sobe para 47 segundo Defesa Civil", https://g1.globo.com/mg/minas-gerais/noticia/2020/01/27/numero-de-mortes-por-causa-das-chuvas-em-minas-sobe-para-47-segundo-defesa-civil.ghtml.

③ Zu Moreira, Carolina Caetano, "Minas Gerais tem 138 cidades em situação de emergência devido à chuva", https://g1.globo.com/mg/minas-gerais/noticia/2022/01/09/cidades-da-grande-bh-ficam-debaixo-dagua-com-forte-chuva-na-regiao.ghtml.

④ Nonato Viegas, "Tragédia das chuvas: número de mortos chega a 42 na Baixada Santista", https://veja.abril.com.br/brasil/tragedia-das-chuvas-numero-de-mortos-chega-a-42-na-baixada-santista/.

⑤ O Globo, "Mais de 815 mil pessoas são afetadas pela chuva na Bahia", https://g1.globo.com/ba/bahia/noticia/2022/01/05/mais-de-815-mil-pessoas-sao-afetadas-pela-chuva-na-bahia.ghtml.

⑥ https://www12.senado.leg.br/radio/1/conexao-senado/2021/06/14/ultimas-da-internet-cinco-estados-brasileiros-enfrentam-a-pior-seca-em-91-anos.

设施，影响了自来水和电力资源的可及性，对城市环境和民众居所造成了破坏。据全球风险咨询公司怡安的报告统计，仅 2020 年，巴西因自然灾害而承受的经济损失就高达 40 亿美元。[①] 巴西是承诺减排的《巴黎气候变化协定》和联合国《2030 年可持续发展议程》的签署国。然而，就巴西政府的实际表现而言，可持续发展愿景并未被转化为巴西社会经济发展的优先事项，巴西政府在此方面既缺乏资源又缺乏意愿。

（二）政府抗疫不力，疫情迅速蔓延

自 2020 年中开始，南美洲成为全球新冠肺炎疫情的新“震中”，而在南美洲区域内，巴西新冠病毒累计感染人数和死亡人数均居首位。截至 2022 年 1 月 17 日，巴西共有超过 2300 万人感染新冠病毒，其中超过 62.1 万人死亡，死亡人数居世界第二。[②]

尽管巴西联邦政府表示将实施全国性抗疫行动，但事实证明，前者在遏制疫情蔓延方面缺乏专业性和执行力。疫情暴发初期，博索纳罗总统不仅没有就疫情对人们生命安全的威胁向民众发出警告，反而一再否认病毒的致命性，刻意弱化疫情带来的风险。虽然疫情暴发后不久，巴西议会就连续通过法案，努力阻止疫情的蔓延，但法案最后并没有真正得到落实。例如，第 13.979/2020 号法律授予地方政府实施强制隔离、规定社交距离、封锁边界等措施的权力，然而在颁布了相关规定的州市，最后常常由于“限制个人自由”的指控而不了了之。此外，第 14.019/2020 号法律规定在公共空间个人必须佩戴口罩，但博索纳罗总统本人一直拒绝佩戴口罩，这使得那些遵守防疫规则的人反而处境尴尬。[③]

---

① AON, “Brasil perde mais de US $ 4 bi em desastres naturais em 2020”, https://jrs.digital/2021/05/21/brasil- perde-mais-de-us-4-bi-em-desastres-naturais-em-2020/.

② Reuters, “Brazil registers 24934 new cases of coronavirus and 74 deaths”, https://www.reuters.com/article/health-coronavirus-brazil-toll-idINS0N2QW02J.

③ Alexsanderson Zanon de Oliveira Melo, Tauã Lima Verdan Rangel, “Covid-19 e População em Situação de Vulnerabilidade Social: Uma Análise sobre os Impactos e Comprometimentos ao Direito Constitucional à Alimentação”, *Múltiplos: Revista Científica Interdisciplinar*, Vol. 6, No. 3, 2021, pp. 60-74.

此外，在疫情面前，联邦各部门之间的统筹工作陷入混乱。2020～2021年间，巴西卫生部频繁更换部长和各部门主管，使得巴西公共卫生医疗系统在很长一段时间内群龙无首。同时，巴西科技、信息和创新部在实时构建全民疫情监测数字平台方面成果寥寥，巴西至今没有一个全国统一的个人出行记录和健康状况查询的线上软件，仅有部分州市自主开发了一些可供居民进行检测及疫苗预约的网站，但是这些网站极不稳定，曾因为数据更新不及时或者网站崩溃而使大批居民滞留在医护站。[①] 巴西卫生部门与其他公共管理部门之间缺乏沟通与协调，始终没有实现严格的社会隔离管控和全民接种疫苗，也没有在抗击疫情方面建立起跨地区、跨部门和全社会性的联合反应机制。

（三）公共卫生危机与自然灾害危机相互联系

在巴西，新冠肺炎疫情导致的公共卫生危机和错误的环保政策导致的自然灾害危机相互联系，两者有着共同的根源：政府所采取的短视的经济发展模式的产物，只顾最大限度地获取眼前的经济利益，而不考虑未来的可持续发展。

巴西作为全球最重要的生物群系栖息地之一，其广袤的亚马孙流域、大西洋热带雨林和潘塔纳尔湿地中不仅生存着地球上15%的动植物种，也潜藏着数千种未知病毒。进入21世纪，科学家们一直提醒各国政府要为应对流行病作好准备。然而，随着近几年非法砍伐森林现象的加剧、森林火灾的频发和植被的不断流失，巴西脆弱的生态平衡一再遭受冲击。[②] 平衡稳健的生态系统在防控人畜共病和媒介传播致病的过程中发挥着重要作用，因为植被的破坏会增加未知病毒与人类和动物宿主发生接触的风险。[③] 巴西大部分

---

① Pedro Knoth，“Falha em agendamento online para teste de COVID-19 causa aglomeração no Rio”，https：//tecnoblog.net/noticias/2022/01/10/falha-em-agendamento-online-para-teste-de-covid-19-causa-aglomeracao-no-rio/.

② Paulo Artaxo，“As Três Emergências que Nossa Sociedade Enfrenta”，*Estudos Avançados*，Vol. 34，No. 100，2020，pp. 60-74.

③ Pedro Brancalion et al.，“Emerging Threats Linking Tropical Deforestation and the Covid-19 Pandemic”，*Perspectives in Ecology and Conservation*，Vol. 18，No. 4，2020，pp. 243-246.

地区处于热带，野生动物种类繁多，这使其成为多种微生物（其中许多被认为是动物和人类疾病的病原体）的栖息地，其生态系统的极端变化有助于病原体的发展，使得巴西常年饱受疟疾、黄热病、登革热、寨卡病毒等虫媒病毒传染病的困扰，给民众健康带来了威胁，也使公共卫生医疗体系岌岌可危。① 鉴于流行病与气候变化和生物多样性问题相互交织，在双重危机面前，巴西社会乃至人类社会都需要重新思考人与自然的关系，走可持续发展之路。

二　巴西社会呈现明显的"风险社会"特征

在自然灾害和新冠肺炎疫情的打击下，近两年巴西呈现出德国社会学家乌尔里希·贝克（Ulrich Beck）所称的"风险社会"特征。② 贝克认为，随着人类社会进入"后现代"时期，以商品和服务的生产、分配为标志的工业社会将逐渐被"风险社会"所取代，后者的主要特征是人类持续面临着威胁其生存的、由其自身所制造的风险。然而，我们单靠科技的发展并不能应对风险的预测和控制——反过来，很多风险恰恰是科技进步的结果。从长远来看，它们所带来的不确定性变得不可逆转，气候变化就属于此种情况。与自然环境风险相伴随的还有复杂的社会风险，诸如人类生活条件的日益恶化、社会不平等的加剧、就业机会不确定性的增加，等等。自 2020 年新冠肺炎疫情在巴西大面积暴发后，巴西社会状况与上述描述越来越相符。在自然灾害与新冠肺炎疫情的打击下，巴西社会面临物资严重短缺、社会不平等加剧、政府抗疫工作低效等多重困境，呈现出明显的"风险社会"特征。

（一）物资严重短缺

自然灾害与新冠肺炎疫情将巴西社会的脆弱性完全暴露出来，对于处于社会最底层的人群而言，这一点尤为尖锐。数量众多的弱势群体面临被剥夺

---

① Thomas Heyd, "Covid-19 and Climate Change in the Times of the Anthropocene", *The Anthropocene Review*, Vol. 8, No. 1, 2020, pp. 21-36.

② 〔德〕乌尔里希·贝克：《风险社会》，何博闻译，译林出版社，2004。

基本食品、健康及生存权利的命运，物资短缺问题重新回到巴西社会治理问题清单上。一方面，自然灾害和新冠肺炎疫情给巴西的公共管理和公共卫生带来了巨大冲击，很多贫困家庭得不到及时救助和治疗，从而导致了自然灾害侵袭下巴西较严重的生命和财产损失，以及新冠病毒肆虐下巴西较高的死亡率；另一方面，巴西混乱、低效的抗疫措施使得本就在贫困线上挣扎的社会弱势群体雪上加霜，许多扶贫类社会项目的停摆威胁着无数巴西贫困家庭的生存。

全球抗疫经验表明，封锁措施对阻断病毒扩散具有显著的积极作用。但是，政府要想在最佳时机、以最合理的方式实施这一措施，以便发挥其最大效用，就需要将贫困人口、难民、残障人士、妇幼和老人等弱势群体的实际生活需求纳入考虑范围，将封锁措施给他们经济和社会生活带来的负担降至最低。同时，它还要求一个国家拥有基本完善的食物供应链、高效的物流基础设施、畅通的信息沟通渠道以及广泛的基层志愿者网络。然而，巴西在以上任何一个方面都展现出严重的不足：大多数州市实行“一刀切”的防疫措施，却没有提供必要的政策配套支持，这实际上将那些缺乏自我隔离条件和出于种种原因缺乏独立生存技能的人置于自生自灭的状态。许多无法负担租金而失去住所的民众并没有进行自我隔离和自我防护的条件，他们被迫流落街头、食不果腹；[①] 除却少数大城市以外，巴西大部分地区缺乏完整的供应链，根本无法保证居民的基本生存需求；[②] 疫情也使很多原本可以维持家庭开支的民众在一夜之间失去生计，大批失业人员无法负担家庭最低限度的食物、住宿和穿衣需求。[③]

此外，疫情导致的食物短缺使巴西数千万计的儿童面临饥饿和营养不良

---

① Luciana Travassos et al.，“The Virus，the Disease and the Inequality”，*Ambiente & Sociedade*，Vol. 23，2020，pp. 1-12.

② Delcy Alex Linhares，“O direito à alimentação adequada e as restrições decorrentes da pandemia”，https：//www.conjur.com.br/2020-abr-26/direito-pos-graduacao-direito-alimentacao-restricoes-decorrentes-pandemia.

③ Wanessa da Silva de Almeida et al.，“Mudanças nas Condições Socioeconômicas e de Saúde dos Brasileiros durante a Pandemia de COVID-19”，*Revista Brasileira de Epidemiologia* [online]，Vol. 23，2020.

的情况。疫情暴发后，多个州市的学校采取封校措施，校区食堂随即关闭，原本为巴西约4100万学生提供免费午餐的“全国学校供餐计划（PNAE）”暂时中断。对于许多学生而言，学校食堂供应的午餐是他们一天中能吃上的唯一一顿饭——这等于切断了巴西将近1400万未满14岁儿童的最重要的食物来源。[①] 此外，在转为线上教学期间，大量巴西学生因为缺乏电脑、网络等基础设施而处于事实上的失学状态。

2020年3月30日，巴西参议院批准法案，为每位非正式部门从业者提供600雷亚尔的紧急援助金。[②] 虽然这项拨款在疫情期间缓解了约1500万贫困人口最基本的温饱问题，但是当年巴西人类发展指数的世界排名还是下跌了5位，滑落到189个国家中的第84位。[③] 这说明，在风险社会的管理中，零星的单次拨款作用有限，因为它并不能降低贫穷家庭面临的系统性风险。人民的生活水平保障取决于一国是否具有完善的社会经济发展计划、是否能有序地实现全民社交隔离和全民接种疫苗等目标，巴西显然在这些方面缺乏准备。[④]

巴西联邦和地方政府在解决物资短缺方面力有不逮，在此情况下，巴西社会的各种民间团体和非政府组织在很大程度上承担起了互助和自救的任务。[⑤] 例如，巴西全国社会动员网（COEP）通过整合最新的疫情信息、推广个人防护措施、为抗疫必备物品筹集资金、组织居民互助志愿团体等方

---

① Thalles Gomes，“Direito à alimentação escolar em tempos de pandemia”，https：//www. brasildefato. com. br/2020/04/05/artigo-direito-a-alimentacao-escolar-em-tempos-de-pandemia.

② Flávia Said，“Senado aprova auxílio emergencial de 600 reais para trabalhadores informais”，https：//congressoemfoco. uol. com. br/temas/saude/senado-aprova-auxilio-emergencial-de-r-600-para-trabalhadores-informais/.

③ Heloisa Cristaldo，“Brasil fica em 84° lugar em ranking mundial do IDH”，https：//agenciabrasil. ebc. com. br/geral/noticia/2020-12/brasil-fica-em-84o-lugar-em-ranking-mundial-do-idh.

④ Aline do Monte Gurgel et al.，“Estratégias Governamentais para a Garantia do Direito Humano à Alimentação Adequada e Saudável no Enfrentamento à Pandemia de Covid-19 no Brasil”，*Ciência & Saúde Coletiva*，Vol. 25，No. 12，2020，pp. 4945-4956.

⑤ Ana Paula Silva，Danielle Leite，“Inovação no combate à covid-19：sociedade civil mostra a força de uma população unida”，https：//impactanordeste. com. br/inovacao-no-combate-a-covid-19-sociedade-civil-mostra-a-forca-de-uma-populacao-unida/.

式，为抗击疫情作出了重要贡献。[①] 同时，许多巴西科学家和研究者开始“兼职”成为免费的科普教育工作人员，通过社交媒体、电台、报纸等媒介传播被科学验证过的具有可信性的抗疫信息与相关知识。[②] 虽然巴西公民社会自下而上的自救行动在艰难时刻展现了巴西社会内部的凝聚力和互助精神，但在疫情的巨大威胁面前，这些显然并不够。疫情的整体防控需要国家层面的统筹安排和各部门之间的沟通协调，然而在这方面巴西仍然处于严重的治理赤字中。

（二）社会不平等加剧

巴西是世界上社会不公问题最严重的国家之一，其不同地理区域、不同收入群体、不同性别和种族之间都存在严重的不平等问题。由于巨大的内部异质性，不论是自然灾害还是新冠肺炎疫情给巴西社会所带来的冲击都在各项社会—经济指标上呈现不对称分布。

首先，从社会经济的角度来看，自然灾害和新冠肺炎疫情对巴西弱势群体的冲击更大。在洪涝灾害中，受灾最严重的人口是那些住房质量不佳或根本没有固定居所的人群；在新冠肺炎疫情中，处于收入水平最底端的人群受到病毒感染的概率、出现重症病例的概率和由新冠病毒导致的死亡率均明显高于其他群体。根据巴西权威医学研究机构奥斯瓦尔多克鲁斯基金会发布的数据，社会阶层甚至超过了人们所熟知的年龄因素，成为预测巴西新冠病毒致死率最相关的指标。[③]

其次，从地理分布的角度来看，新冠肺炎疫情对落后的边缘地区的贫穷人口造成了不成比例的冲击。疫情暴发初期，巴西几个大城市首当其冲。但是，随着疫情蔓延至全国，巴西农村和边远地区的社会脆弱性暴露无遗。在

---

① COEP, https://coepbrasil.org.br/.

② Bruno de Pierro, Pedro Roberto Jacobi, “Crise Ambiental e Pandemia: Descaminhos no Brasil e Rumos para uma Nova Governança”, *Fronteiras: Journal of Social, Technological and Environmental Science*, Vol. 10, No. 2, 2021, pp. 9-25.

③ Fiocruz, http://informe.ensp.fiocruz.br/noticias/48894.

亚马孙地区，由于疫情彻底失控，当地本已脆弱的印第安人社区有数万人感染了新冠病毒，近千人失去了生命，一些部落甚至面临灭族之灾。[①]

最后，从行业分布的角度来看，在属于“非正规就业”的群体中，疫情导致的失业人数比例最高。[②] 由于没有失业保险，又不受《劳工法》和其他社会保障机制的保护，大批非正式部门的个体经营者在疫情期间丧失了经济来源。

自然灾害和新冠肺炎疫情暴露了巴西社保系统中长期存在的供需不平衡问题，那些曾经在登革热、寨卡等流行病或自然灾害中受损最严重的人群，在面临新冠病毒威胁时，仍然处于孤立无援的窘况。在某种程度上，新冠肺炎疫情还加重了疫情前处于恶劣的工作条件和不利的社会经济状况中的人口的生存负担，使得巴西的社会不公问题进一步恶化。巴西社会以往的以地理分化、部门分化、阶层分化、种族和性别分化等为主的不平等，正在逐渐演变为以“强者”和“弱者”为界的生命权和生存权的不平等。

（三）政府抗疫工作低效

新冠肺炎疫情暴发初期，巴西联邦政府和卫生部反应迟钝，错失了防止疫情大规模扩散的最佳时机。2020 年 4 月 15 日，在新冠肺炎疫情趋于严重而巴西联邦政府迟迟无所作为时，巴西最高法院宣布将疫情防控的艰巨任务“委派”给各州、市地方政府。[③] 虽然在联邦制的巴西，各州拥有较大的自主治理权，但联邦政府在疫情的至暗时刻所谓的“放权”被巴西社会各界人士批评为推卸责任的做法。

---

① O Globo, “Indígena Aruká, último homem do povo Juma morre vítima da Covid-19 em Rondônia”, https://g1.globo.com/ro/rondonia/noticia/2021/02/17/indigena-aruka-ultimo-homem-do-povo-juma-morre-vitima-da-covid-19-em-rondonia.ghtml.

② Wanessa da Silva de Almeida et al., “Mudanças nas Condições Socioeconômicas e de Saúde dos Brasileiros durante a Pandemia de COVID-19”, *Revista Brasileira de Epidemiologia* [online], Vol. 23, 2020.

③ André Richter, “STF: estados e municípios podem fazer ações contra covid-19 sem União”, https://agenciabrasil.ebc.com.br/justica/noticia/2020-04/stf-estados-e-municipios-podem-fazer-acoes-contra-covid-19-sem-uniao.

联邦政府没有承担起指导全国抗疫行动的责任，同时包括总统博索纳罗在内的政府高官屡次表示，“不强求”民众实施自我隔离、佩戴口罩、注射疫苗等对抗击疫情至关重要的防护措施。2020 年 8 月，在疫情防控刚有起色、确诊病例数量稍有回落之时，博索纳罗总统就敦促各地商家不顾疫情进一步传播的风险，在隔离期间开门营业。[①] 这种鲁莽的行为不仅没有挽救巴西经济于水火之中，还在一定程度上引起了各地居民的困惑、误解和骂战，加大了地方疫情防控的困难。

此外，面临一系列棘手问题时，巴西政府官员不但不听取专业技术人士的意见，反而对其嗤之以鼻、公开诋毁。博索纳罗总统批评世界卫生组织提出的社会隔离建议，追随时任美国总统特朗普，固执己见地押注某些“灵丹妙药”。例如，在没有任何证据支持的情况下，博索纳罗总统坚称服用氯喹和羟氯喹可以免于感染新冠病毒。即使当科学研究指出这些药物在临床试验中并没有表现出任何疗效后，博索纳罗总统也没有撤回或修正自己的言论。[②] 事实上，在拒绝执行社会隔离措施方面，博索纳罗比特朗普有过之而无不及，这给巴西公众的防疫知识普及工作带来了难以想象的困难。除了总统本人的各种不合理举动外，巴西联邦政府在疫情实时数据更新、推进社会隔离政策和疫苗接种计划以及集结工商各界力量共同抗疫等方面也表现欠佳。直至今日，巴西联邦政府的抗疫工作仍然低效进行。

三　巴西社会深陷危机的深层次原因分析

（一）采取短视的经济发展模式

巴西疫情的恶化与其说是“天灾”，不如说是“人祸”。巴西社会许多

---

① Kelly Oliveira, “Em vídeo, Bolsonaro defende abertura do comércio”, https://agenciabrasil.ebc.com.br/politica/noticia/2020-08/em-video-bolsonaro-defende-abertura-do-comercio.

② Aline do Monte Gurgel et al., “Estratégias Governamentais para a Garantia do Direito Humano à Alimentação Adequada e Saudável no Enfrentamento à Pandemia de Covid-19 no Brasil”, *Ciência & Saúde Coletiva*, Vol. 25, No. 12, 2020, pp. 4945-4956.

问题的出现，是该国在生产和消费领域所采取的短视的经济发展模式所致，不仅牺牲了环境，也牺牲了人们的健康和社会公平。

自2019年博索纳罗执政以来，巴西开始实行“掠夺性”的经济发展模式，巴西国内环保机构面临持续威胁。2019年5月，巴西政府颁布法令，限制民间社会以及印第安人代表在国家环境委员会（Conama）[①] 中拥有的理事席位数量，从而导致巴西环境保护相关管制措施变得极为松弛。2020～2021年间，“亚马孙地区森林砍伐防控计划（PPCDAm）”被中断，包括巴西环境与可再生自然资源研究所（IBAMA）和奇科门德斯生物多样性保护研究所（ICMBio）在内的众多环境监测机构被架空，曾经为巴西环保事业作出卓越贡献的多个非政府组织被抨击为“激进组织”，并面临极大的舆论压力。[②] 在此背景下，监管部门的“空心化”给予不法分子以掠夺公共土地资源的空间和机会，非法砍伐森林现象和无节制矿产开采活动愈演愈烈，致使亚马孙地区河流污染、原生植被退化，针对印第安社区的暴力行为陡增。[③]

在疫情日益严重的情况下，政府仍然对非法采矿和非法森林砍伐等现象视而不见。事实上，巴西49%的环境立法削减发生在新冠肺炎疫情暴发后的前七个月内；在此期间，巴西环保类的罚款金额在短短五个月内减少了72%。巴西政府相关部门非但没有在疫情中反思人类与自然界的关系、维护巴西生态系统的平衡，反而利用媒体与公众舆论煽动民粹主义和狭隘的资源民族主义情绪。[④]

巴西仍然采取“先发展、后保护”的传统发展模式。无数研究证明，

① 该委员会是负责制定环境许可标准和规则、监控环境质量以及控制和维护巴西生态平衡的联邦机构。随着法令的颁布，其理事会中由民间社会代表占据的席位从22人锐减至4人。

② Bruno de Pierro, Pedro Roberto Jacobi, “Crise Ambiental e Pandemia: Descaminhos no Brasil e Rumos para uma Nova Governança”, *Fronteiras: Journal of Social, Technological and Environmental Science*, Vol. 10, No. 2, 2021, pp. 9-25.

③ Renato Antunes dos Santos et al., “Bolsonaro's Hostility Has Driven Brazil's Indigenous Peoples to the Brink”, *Nature*, Vol. 584, No. 7822, 2020, p. 524.

④ Mariana Vale et al., “The Covid-19 Pandemic as an Opportunity to Weaken Environmental Protection in Brazil”, *Biological Conservation*, Vol. 255, 2021.

破坏环境非但不能促进经济增长，还会对国民经济产生不利影响。巴西所谓的“密集增长策略”并没有带来预想的经济腾飞，反而进一步损害了巴西可持续发展的潜力。据估计，由于降水量的急剧减少、土地反照率的上升，巴西朗多尼亚州（Rondônia）、马托格罗索州（Mato Grosso）和帕拉州（Pará）的农业生产区域在过去二十年中，每年平均经济损失约 57 亿雷亚尔。[①] 此外，巴西政府忽视环保的行为遭到了欧洲等外部国家的抵制，给本国发展带来了间接的经济损失，降低了本土企业的国际竞争力。例如，欧盟即将通过一项法案，禁止进口来自森林砍伐地区的农产品。[②] 种种迹象表明，巴西的经济衰退并非源于隔离或资源开采不充分，而是对环境的破坏切断了可持续的农业发展道路，与此同时，肆虐的疫情拖累了正常的国民经济生产与生活。此外，巴西政府在抗疫中的消极态度和表现也延缓了该国医药业、服务业等部门的复苏，短期内巴西经济增长前景渺茫。

（二）盛行以“否定主义”为特征的反科学浪潮

在现代社会的风险管控中，知识是最有助于将不可预测的风险转化为可计算的风险手段，特别是在自然灾害与疫情频发的当下，巴西社会治理能力的提升取决于基于科学证据、具有长远规划眼光的公共政策的制定与执行。科学与技术应该在防灾抗疫公共政策的制定中发挥主导作用，然而在过去的两年里，巴西联邦政府的所作所为与这一原则相去甚远。博索纳罗总统对疫情防控采取抗拒态度，对科学证据视而不见，任凭自己不理性、意识形态化的偏见作祟。他先是否认疫情的致命性，后又虚张声势地表示自己掌握了驯服新冠病毒的方法，使得巴西社会充斥着相互矛盾而失实的信息，这不仅无助于人们的自我防护，还助长了重

① Argemiro Teixeira Leite-Filho et al., “Deforestation Reduces Rainfall and Agricultural Revenues in the Brazilian Amazon”, *Nature Communications*, Vol. 12, 2021, p. 2591.

② Eliane Oliveira, “Após União Europeia, outros países podem barrar produtos brasileiros alegando desmatamento”, https://oglobo.globo.com/economia/apos-uniao-europeia-outros-paises-podem-barrar-produtos-brasileiros-alegando-desmatamento-1-25280952.

要决策机构之间的冲突和分裂，导致巴西缺乏明确的、统一的、全面的抗疫计划。[①]

博索纳罗的反科学立场早在2019年初就已现端倪，并在其任期内持续。在上台后仅八个月，博索纳罗政府就大幅削减联邦公立大学和科学与教育部的预算。此外，巴西国家空间研究所所长、以揭示亚马孙非法砍伐问题而闻名的巴西著名科学家里卡多·加尔万（Ricardo Galvão）被解职，这一消息在巴西社会引起了广泛关注。加尔万被国际顶级自然科学杂志《自然》评选为当年的年度科学家，在巴西国内外享有很高的声誉。[②] 他领导的巴西国家空间研究所多年来的杰出工作得到了世界科学界的认可，但是这些未能阻止博索纳罗及其内阁对加尔万本人及其所属机构毫无根据的批评与干涉，凸显了巴西国内政治官僚与科学界研究者之间的尖锐对立。2021年4月，在疫情迟迟无法缓解、森林砍伐日趋严重之时，巴西联邦政府再次大幅削减科研机构的预算。巴西最重要的科研主管部门巴西科学技术与创新部（MCTI）及其直属的国家科学技术发展委员会（CNPq）将近一半的已获批预算拨款（108亿雷亚尔中的51亿雷亚尔）被冻结，还有12亿雷亚尔被划为"补充信贷"，需国会批准方能使用。不包括这些预算削减和固定支出，巴西科学技术与创新部2021年的预算为18亿雷亚尔，仅相当于2013年预算的16%。[③]

以上博索纳罗政府的一系列反科学行为与近几年在巴西盛行的"否定主义（Negacionismo）"浪潮相联系。"否定主义"是博索纳罗政府疫情防控政策的主要标志之一，具有盲目性、全盘否定等特点，在巴西主要表现为权威人物否认科学方法监测得出的数据和预测的结果，在话语中有意流露出对科学的不信任甚至刻意抹黑。

---

① André de Macedo Duarte, Maria Rita de Assis César, "Negação da Política e Negacionismo como Política: pandemia e democracia", *Educação e Realidade*, Vol. 45, No. 4, 2020.

② Veja, "Demitido por Bolsonaro, Ricardo Galvão é eleito 'cientista do ano'", https://veja.abril.com.br/ciencia/demitido-por-bolsonaro-ricardo-galvao-e-eleito-cientista-do-ano/.

③ Rodrigo de Oliveira Andrade, "Ciência à Míngua", *Pesquisa FAPESP*, n° 304, junho de 2021.

除了抗疫方面外，博索纳罗奉行的“否定主义”同样表现在环保领域。早在 2018 年 10 月，还处于竞选中的博索纳罗就表示，如果自己当选，巴西将退出《巴黎气候变化协定》。他还声称，该协定损害了巴西对亚马孙雨林的主权。值得庆幸的是，在 2021 年 11 月召开的《联合国气候变化框架公约》第 26 次缔约方大会上，缺席的博索纳罗授权巴西环境部部长若阿金·莱特（Joaquim Leite）承诺，巴西在 2030 年前将减少的温室气体排放目标由 43%提高到 50%，并将非法砍伐森林归零目标的达成时间从 2030 年提前到 2028 年。然而，此举在很大程度上是为了应对巴西面临的国际指控和舆论压力，修复巴西与欧洲大国的关系并为跟随美国拜登新政府的环保政策变化留出余地，并非巴西现任政府的思维转变。①

伴随巴西政府在疫情、环保以及社会经济领域的糟糕表现，以假新闻、阴谋论的大量传播为支撑的“否定主义”和伪科学甚嚣尘上，对巴西的环保和抗疫事业造成了严重破坏，甚至给巴西的基础教育带来了负面影响。②如今，巴西社会充斥着对科学知识的不尊重、不信任乃至敌视的气氛，而这又和过分推崇个人自由而忽视集体福祉的新自由主义价值观相互影响，为巴西政府种种短视的社会经济政策提供了庇护，③ 严重影响了巴西公共政策的制定和执行，极大地破坏了巴西的环保和抗疫事业。

四　结论

新冠肺炎疫情的暴发和自然灾害的频发给巴西民众带来了惨痛的生命和

---

① Rodrigo Caetano，“COP26：‘EUA quer voltar a conversar’，diz ministro do Meio Ambiente”，https：//exame. com/negocios/cop26-eua-quer-voltar-a-conversar-diz-ministro-do-meio-ambiente/.

② Samuel Fernandes，“Onda negacionista ameaça saúde e educação no Brasil，dizem brasileiros na Science”，https：//www1. folha. uol. com. br/ciencia/2021/11/negacionismo-e-cortes-na-ciencia-no-brasil-sao-temas-de-cartas-na-science. shtml.

③ Sandra Caponi，“Covid-19 no Brasil：Entre o Negacionismo e a Razão Neoliberal”，*Estudos Avançados* [*online*]，2020，Vol. 34，No. 99，pp. 209-224.

财产损失，进一步证明了将政府预算投入环保、生物保护和医疗健康领域并不是一种“昂贵而奢侈”的开销，而是一种投资未来的必要且理性的行为。巴西的惨痛教训表明，应对疫情和应对气候变化同等重要，对自然环境的保护与加强人类在病毒面前的抵抗力紧密相关。此外，人口健康还取决于社会、经济、环境等多方面因素，包括是否进行切实有效的环境治理、是否开展全民医疗覆盖、是否采取可持续的发展模式和公共政策，等等。作为公共政策的制定者，任何政府部门没有权力以经济发展为借口牺牲社会弱势群体的健康和尊严。

为脱离困境、重回正轨，巴西有必要加强科学家、管理者和其他社会参与者之间的纽带，重塑人们对知识的渴望和对科学造福人类的信心，并通过共同信念的凝聚力量应对日益严重的“风险社会”治理危机。然而，科学界信任危机的解决仅凭科学家的个人努力是远远不够的，还需要公共部门和社会大众的赋能。

未来巴西社会能否脱离泥潭，将取决于巴西政府及社会大众是否能够不受制于短期的经济增长压力，恢复社会主流价值观对科学的基本尊重，坚持社会公平的价值取向，制定出以人类生命为最高追求的社会治理方案，走上健康、可持续发展之路。

Y.5
外交形势：面临孤立

周志伟*

摘　要：　博索纳罗政府在外交层面仍然具有较强的意识形态化特征，随着美国政府的更迭，巴西外交的“孤立”局面更为明显。在拉美地区关系上，博索纳罗政府对左翼政府的敌视态度，加剧了拉美地区国家之间的政治对立，巴西在拉美地区一体化中的角色从以往的“引领者”转变为“搅局者”。在巴美关系上，特朗普执政期间，基于两国总统在意识形态上的一致，巴西外交呈现“跟随美国”的鲜明特征，但是自拜登执政以来，意识形态的差异使巴美关系迅速降温，双边合作领域收窄，气候变化和安全成为双边关系中的优先议题。在对欧关系上，博索纳罗的环境政策遭到欧盟国家的广泛质疑，受此影响，《南共市-欧盟自贸协定》在审批环节陷入僵局。与此同时，博索纳罗加强了与欧洲右翼政党、政府之间的互动，这在一定程度上反映出意识形态因素在博索纳罗政府外交中的优先位置。在亚太地区，巴西表示出与亚太多国开展自由贸易协定的意愿，体现出“向亚太看”的经济外交思路；中巴双边关系总体平稳，疫苗和经贸合作成为中巴双边关系的亮点。

关键词：　巴西外交　博索纳罗政府　意识形态　孤立局面

* 周志伟，中国社会科学院拉丁美洲研究所研究员、博士生导师、国际关系研究室副主任、巴西研究中心执行主任，主要研究方向为巴西国际战略、拉美地区一体化、中拉关系。

自2019年上台执政以来，博索纳罗政府在外交政策层面进行了较大幅度调整，淡化了巴西外交传统中重视地区一体化、优先南南合作、强调多边主义等重要内容，转而强化了基于保守主义的意识形态外交，极大地限制了巴西外交空间的拓展。在全球变局中的大国外交、多边外交之中，巴西处于“被边缘化”的角色，与21世纪初劳工党主政时期“积极且自信”的外交风格形成了巨大反差。2020年，在美国总统特朗普执政末期，巴西外交在多个维度都具有“跟随美国”的鲜明特征。但是，自拜登执政以来，巴美两国之间的外交联动明显降温，加之博索纳罗政府与拉美邻国以及欧盟主要国家存在较大的政策差异，巴西外交的“孤立”局面则体现得更加明显。

一　地区一体化：从“引领者”到“搅局者”

自1980年代以来，巴西一直是拉美（尤其是南美）一体化的主导国，不管是1990年代启动的南方共同市场（简称“南共市”），还是21世纪初建成的南美洲国家联盟、拉美和加勒比国家共同体（简称“拉共体”），巴西都发挥了不可或缺的“引擎”作用。但是，自2019年博索纳罗执政以来，由于对本地区左翼政府采取极端的排斥态度，巴西在地区关系和地区一体化中不仅没有扮演“引擎”和“引领者”的身份，甚至在某种程度上成为地区团结的“破坏者”，在地区一体化中扮演着“搅局者”的角色。

首先，巴西对拉美左翼政府持极度排斥态度。博索纳罗总统执政后，全面叫停了与古巴的“更多医生计划”双边合作项目。与此同时，承认委内瑞拉反对派领导人胡安·瓜伊多“临时总统”的合法性，否认马杜罗政府的合法性，与“利马集团”其他成员国一道向马杜罗政府施压，支持“利马集团”对委内瑞拉马杜罗政府官员采取制裁，冻结他们在“利马集团”成员国的资产，停止与委内瑞拉的军事合作。另外，博索纳罗还对墨西哥、阿根廷、尼加拉瓜等国左翼政府采取排斥政策，进行言语上的攻击，加深了巴西与拉美左翼政府之间的意识形态隔阂。

其次，博索纳罗的“退群”行为直接造成地区一体化的停滞。在地区一体化建设层面，博索纳罗总统相继采取“退群”的做法，这与巴西优先推进区域整合的外交传统存在巨大反差。2019 年 4 月，巴西宣布退出南美洲国家联盟。2020 年 1 月，巴西以“拉共体不具备行动条件”为由宣布暂时停止参与拉共体的活动。在 2020 和 2021 年连续两届拉共体首脑峰会上，博索纳罗总统均未出席。尤其是 2021 年 7 月举行的拉共体外长会议，拉美地区 32 个国家均派外长、副外长、高级别代表出席，唯独巴西缺席了本次外长会议。这也充分体现出博索纳罗执政以来巴西在地区一体化进程中的角色从原来的“引领者”转变为“搅局者”，从而严重影响了拉美地区一体化的活力与效力。

再次，博索纳罗政府对南美洲地区一体化的忽视。2021 年以来，南共市的政策一致性规则与成员国政策分歧之间的矛盾日益凸显，尤其在进口关税减免和对外自贸谈判这两大议题上体现得更加明显。针对进口关税减免问题，巴西和乌拉圭在 2021 年 7 月召开的第 58 届南共市首脑峰会上提议，将所有产品的进口关税统一减少 20%，该提议虽得到巴拉圭的支持，但阿根廷政府主张对不同产品分类别、分级减税。针对对外自贸谈判的灵活性问题，根据南共市第 32 号决议，南共市只能以集体的形式谈判并与第三方签署自贸协定。巴西和乌拉圭支持各国自行与域外国家或组织签署自贸协定，即不再要求“集体一致”的谈判原则，尤其是乌拉圭表现出与中国开展自由贸易谈判的强烈意愿，希望南共市能够修改规则，以便每个国家都可以与其他国家或集团寻求一对一的贸易协议，但阿根廷、巴拉圭则倾向于坚持“集体一致”的谈判原则。

围绕这两大分歧，南共市成员国进行了多轮内部协商，但是并没有达到预期的共识。2021 年 10 月 8 日，阿根廷外长卡菲罗访问巴西，双方同意在南共市框架下加强合作，因而确定了南共市共同对外关税的范围，并同意与巴拉圭、乌拉圭合作，尽快批准南共市委员会决定，将对外共同关税降低 10%。尽管该主张得到了巴拉圭和乌拉圭的认可，但是乌拉圭仍然坚持同时推进对外共同关税减免和对外自贸谈判灵活的做法。因此，在 2021 年 12 月 17 日举行的第 59 届南共市首脑峰会上，由于未就对外自贸谈判问题达成一致，乌拉圭最终拒绝在本次会议的联合公报上签字。总体来看，由于成员国政治生态的不一致以及对外经济合作立场的差异，南共市面临着越来越严峻的挑战，内部危机已超出了外交所能解决的范畴，尤其是阿根廷与乌拉圭两国之间的意识形态分歧体现得更为明显。① 与此同时，作为地区大国，巴西在协调南共市内部分歧、凝聚集团共识层面的角色缺失，也体现出博索纳罗政府对南美洲地区一体化的忽视。②

最后，博索纳罗政府推动保守主义论坛建设，对拉美地区团结将产生长远影响。保守派政治行动大会（CPAC）是由美国保守主义联盟（ACU）在1974年创立的一个保守主义论坛。近几年来，随着全球右翼民粹主义的回潮，保守派政治行动大会逐渐获得其他国家保守力量的跟进和推广，博索纳罗促成了保守派政治行动大会落地拉美，2019和2021年先后在巴西召开了两次会议，除了邀请美国保守主义联盟主席马特·施拉普（Matt Schlapp）以及特朗普团队参会以外，还吸收了拉美国家保守主义代表人物的参与。受此影响，拉美地区在意识形态领域或将面临代表左翼的“圣保罗论坛”和代表右翼的“保守派政治行动大会”之间的对抗局面，这势必将加剧拉美国家及地区两个层面的意识形态对立，进而影响到拉美国家的共同身份构建。

二　巴美关系：从“跟随美国”到“距离外交”

2019~2020年，由于特朗普与博索纳罗在意识形态、政策理念上高度一致，巴西外交体现“跟随美国”的鲜明特征，在很多问题上与特朗普政府的外交形成联动配合，双边合作则更是体现出明显提速态势。然而，自2021年拜登执政以来，巴美双边关系出现了明显降温。由于博索纳罗总统

① Lisandra Paraguassu, “Cúpula do Mercosul termina sem declaração presidencial por divergências com Uruguai”, *Reuters*, 17 de dezembro, 2021.

② Alejandro Frenkel, Diego Azzi, “Jair Bolsonaro e a desintegração da América do Sul: um parêntese?”, *Nueva Sociedad*, setembro de 2020, pp. 124-136.

与特朗普团队依然保持互动，加之美国民主党内部“叫停对巴合作”的呼声，拜登政府对巴西总体持“保持距离”的态度。

2020 年 3 月，博索纳罗访问佛罗里达，这也是博索纳罗执政以来对美国的第四次访问。访问期间，博索纳罗非常罕见地访问了美国南方司令部，两国签署了《研究、发展、测试和评估协议》（RDT&E），旨在深化两国在新防务技术研发方面的信息共享，提高防务贸易便利化程度。巴西是首个与美国签署“RDT&T”协议的拉美国家，也是全球第 15 个与美国签署该协议的国家。根据巴西官方的表述，该协议有助于巴西的军事能力建设，并拓宽巴西武器出口市场，包括向美国和其他北约国家出口。① 时任美国南方司令部总司令克雷格·法勒强调，美国将深化与巴西在演习、训练、反扩散、禁毒合作、人道主义援助、人员交流、信息与技术共享等方面的防务合作，强化针对联合国维和开展技术对话，探索美巴两国在第三国维和中强化协作，尽快启动美巴两国在航天、科技创新领域的合作。另外，此次访美行程中，博索纳罗与美国两位共和党议员里克·斯科特（Rick Scott）和马可·卢比奥（Marco Rubio）进行了会晤。这两位都属于特朗普政府涉拉美事务的幕僚。尤其值得关注的是，卢比奥一直强调与巴西联合压制委内瑞拉，主张对巴西作出一些政策让步（增加对巴西投资、加强两国能源合作、支持巴西加入经合组织），争取巴西在委内瑞拉问题上作出更大的配合。总体来看，自执政以来，博索纳罗在外交上基本采取“跟随”特朗普的做法，加之特朗普授予巴西“非北约主要盟国”地位以及优先推荐巴西加入经合组织的做法，巴美两国的外交联动非常明显，巴西学界认为在特朗普和博索纳罗主政的重叠时段，巴美关系具有明显的“结盟”特征。②

在美国 2020 年大选期间，博索纳罗总统“挺特朗普、批拜登”的立场

① “BR-US：Íntegra Acordo RDT&E entre o Brasil e o EUA”，https：//www. defesanet. com. br/br_usa/noticia/36048/BR-US--Integra-Acordo-RDT%26E-entre-o-Brasil-e-o-EUA-/.

② J. P. Bigatão，M. G. Vitelll（org），*O Brasil, as grandes potências e a defesa. Observatório Brasileiro de Defesa e Forças Armadas*，https：//gedes-unesp. org/wp-content/uploads/2021/04/Informe-tematico-O-Brasil-as-grandes-potencias-e-a-defesa-2020. pdf.

非常明显，加之迟迟不承认拜登选举获胜的做法，造成美巴双边关系在2021年拜登执政后迅速降温。事实上，在具体政策理念上，博索纳罗与拜登存在明显分歧。比如，在民主问题上，博索纳罗的挺独裁、反民主言论曾遭到美国民主党的强烈抨击；在人权问题上，巴西当局对少数族裔、弱势群体的歧视政策也与拜登的政策导向存在巨大反差；在环境政策方面，博索纳罗甚至公开指责拜登侵犯巴西对亚马孙地区的主权，二人对待《巴黎气候变化协定》的态度更是截然相反。另外，拜登新任命的内政部部长德布·哈兰德（Deb Haaland）、国家安全委员会西半球事务负责人胡安·冈萨雷斯（Juan Gonzalez）曾公开批评博索纳罗的人权、环境政策，后者强调气候变化、民主、人权等议题是美国外交的优先议题。在拜登执政的2021年，美国与巴西在政府层面的互动频率不及拉美其他主要国家，这与巴西的地区大国身份明显不符，充分体现了拜登政府对巴西总体持“保持距离”的外交姿态。2021年，分量最重的外交活动主要是美国国家安全事务助理杰克·苏利文（Jake Sullivan）于8月初对巴西的访问，随行人员包括国家安全委员会西半球事务负责人胡安·冈萨雷斯和国务院西半球事务高级顾问里卡多·泽伊加（Ricardo Zúniga），以及国家安全委员会负责网络、国家安全和科技、巴西及南锥体等事务的官员。由此可见，安全和科技是苏利文此行访问巴西的核心关切。此行中，双方进一步明确了两国合作的重中之重涉及地区安全与民主、数字与信息安全、南大西洋合作、非法移民问题、气候变化等议题。①

尽管刻意与博索纳罗政府保持距离，拜登政府在执政初期还是通过不同渠道向巴西释放“加强盟友关系”的信号。2021年2月11日，两国外长互通电话，强调存在“深化伙伴关系”的很多机会；2月12日，美国国务院发言人克里斯蒂娜·罗萨雷斯（Kristina Rosales）表示，拜登政府对巴西不会采取打压政策，巩固“与巴西的盟友关系”将是美国政策的主基调。从

① “Visita do Conselheiro de Segurança Nacional Jake Sullivan ao Brasil”, https: //br. usembassy. gov/pt/visita-do-conselheiro-de-seguranca-nacional-jake-sullivan-ao-brasil/.

具体议题来看，气候变化、安全、抗疫合作是2021年巴美双边关系的重点。

在气候变化问题上，两国内阁高层的多次对话都释放出“环境问题是拜登任内对巴西的优先议题”的信号。针对环境问题，在过去三个多月，美巴两国开展了多次磋商会议，涉及内容包括火情监控、生态经济、印第安人保护等。总体来看，美国采取的是“胡萝卜加大棒”的做法。一方面，提出给予巴西10亿美元的资金承诺，协助巴西解决亚马孙雨林保护问题，发展生态经济；另一方面，美国不同意巴西提出的“资金先到位”方案，要求巴西必须先兑现“毁林面积减少40%”的政策目标。另外，美国还强调，环境政策是美国评估“巴西加入经合组织”的先决条件，旨在向博索纳罗政府施压，最终迫使其分别就碳达峰、碳中和提出具体时间表。

在安全议题上，巴美双边会晤多次强调地区安全、信息安全、南大西洋安全、非法移民、联合国安理会合作等内容。此外，巴西于2021年加入美国的“登月计划”，成为全球第12个、拉美首个加入该计划的国家。2021年11月底，美国新任的南方司令部总司令劳拉·J. 理查德森（Laura J. Richardson）访问巴西，明确了安全合作在双边关系中的优先位置，延续了其前任克雷格·法勒“通过安全利益捆绑，限制中国技术输入”的政策逻辑。

在抗疫合作上，一方面，美国政府和私人部门累计向巴西提供医疗设备、食品、卫生用品和个人防护器材等物资援助；另一方面，支持巴西政府与辉瑞、强生公司的疫苗合作。根据美国驻巴西使馆公布的数据，截止到2021年11月，美国向巴西捐赠了300万剂强生疫苗和218.73万剂阿斯利康疫苗。① 此外，美国国际发展署（USAID）在2021年11月底宣布向巴西额外提供总额为1820万美元的紧急新冠援助款，帮助巴西地方政府卫生部门（尤其是亚马孙地区）对最弱势群体的防疫抗疫救助。②

① “Fact Sheet: U. S. -Brazil Health Cooperation”, https: //br. usembassy. gov/u-s-brazil-health-cooperation/.

② “U. S. Government Provides Additional USD $ 18. 2 Million for Urgent COVID-19 Assistance in Brazil”, https: //br. usembassy. gov/u-s-government-provides-additional-usd18-2-million-for-urgent-covid-19-assistance-in-Brazil/.

三　巴西与欧洲关系：贸易协定遭遇阻力

2019 年 6 月，南共市与欧盟就签署自由贸易协定达成一致，这是巴西和南共市对外关系取得的重大突破。但是，双方之间的最终协议至今仍未敲定，其主要障碍在于欧盟对巴西环境政策的不认同以及南共市自身内部的危机。

2019 年 8 月，亚马孙雨林火灾引起了国际社会的广泛关注。法国总统马克龙当时将亚马孙森林火灾定性为“国际危机”和“紧急事件”，呼吁“七国集团”将其确定为优先议题。马克龙的表态遭到了博索纳罗总统的强硬回击，他一方面强调亚马孙雨林火灾属于巴西内政，他国无权干涉；另一方面表示亚马孙雨林火灾被非政府组织严重夸大。[①] 2020 年 7 月，根据巴西国家空间研究所公布的监测数据，亚马孙地区的火灾着火点在 2020 年 6 月和 7 月同比分别增长了 20%和 28%，[②] 这进一步加剧了欧盟成员国对巴西环境政策的不满。2020 年 8 月，时任德国总理默克尔表示，由于巴西亚马孙地区存在的生态环境问题，她对欧盟与南共市之间自由贸易协定的未来持“严重怀疑”态度。与此同时，比利时、法国、爱尔兰、卢森堡也表达了对巴西环境政策的担忧，而奥地利、荷兰等国议会则直接否决了欧盟与南共市的自由贸易协定。[③] 2020 年 10 月 7 日，欧洲议会以 345 票赞成、295 票反对通过了一项不具法律效力的修正案，要求欧盟委员会与南共市重新商议

① “Queimadas na Amazônia São ‘crise internacional’, diz Emmanuel Macron”, *Exame*, 22 de agosto, 2019, https://exame.com/mundo/queimadas-na-amazonia-sao-crise-internacional-diz-emmanuel-macron/.

② Phillippe Watanabe, “Amazônia registra novo aumento de quimadas em julho”, *Folha de São Paulo*, 1 de agosto, 2020, https://www1.folha.uol.com.br/ambiente/2020/08/amazonia-registra-novo-aumento-de-queimadas-em-julho.shtml.

③ “Merkel diz ter ‘sérias dúvidas’ sobre acordo com Mercosul após encontro com Greta Thunberg”, *Folha de São Paulo*, 21 de agosto, 2020, https://www1.folha.uol.com.br/mercado/2020/08/merkel-diz-ter-serias-duvidas-sobre-acordo-com-mercosul-por-causa-de-queimadas-na-amazonia.shtml.

贸易协定中的相关内容，尤其是与气候变化和环境保护相关的内容。此外，2020 年 12 月，巴西本国超过 100 家非政府组织联署公开信，反对南共市与欧盟之间的自贸协定，要求巴西国会针对自贸协定所带来的环境和气候影响开展更细致的评估，因为不对称的贸易结构将对巴西的生态环境造成诸多潜在风险。①

2021 年 2 月，针对《南共市-欧盟自贸协定》，法国提出了一个讨论草案，对包括巴西在内的南共市成员国提出了更高的环保标准，比如投资更多资金减少毁林、建立对出口产品原产地监测等。但是，此举遭到了巴西政府的强烈反对，巴西外交部表示“不可接受”，并称法国完全是“殖民主义”作风。② 2021 年 9 月，法国总统马克龙在国际自然保护联盟（IUCN）大会上再次表示，法国反对欧盟与南共市之间的自贸协定，因为该协定与法国所追求的气候和生物多样性议程不兼容。另外，法国、德国一直质疑巴西政府对环境问题的承诺。欧盟农业部门担心与南共市国家开放自由贸易将破坏自身的竞争力，而环保主义者要求自贸协定中包含明确、严格的生产规定，以便保护环境。③ 2022 年 1~6 月，由于法国担任欧盟轮值主席国，南共市与欧盟之间的自贸协定落实问题很难出现实质性的突破。

与欧盟主要成员国时有摩擦不同，博索纳罗政府与欧洲右翼政府保持着密切互动。2019 年 4 月，博索纳罗总统之子、联邦众议员爱德华多·博索纳罗（Eduardo Bolsonaro）曾访问匈牙利，并将此行定性为“加强世界反社会主义运动”。2019 年 5 月，巴西外长阿劳若出访意大利、匈牙利和波兰，旨在扩大巴西向这些国家的武器出口。2020 年 2 月，博索纳罗明确表示将强化与全球右翼民粹主义政府之间的贸易关系，并吸引意大利、匈牙利、波

---

① Gustavo Rocha, Lucas Tasquetto, Mikael Servilha, Kayque Ferraz e Ricardo Alves, “Acordo Mercosul-União Europeia: por onde anda?”, *Carta Capital*, 3 de agosto, 2021.

② Janaína Figueiredo, “Desafeto de Bolsonaro, Macron mira política ambiental do Brasil e sugere à União Europeia impor condições a acordo com Mercosul”, *O Globo*, 9 de fevereiro, 2021.

③ “French President against EU - Mercosur deal over environmental concerns”, *Merco Press*, September 4th 2021, https://en.mercopress.com/2021/09/04/french-president-against-eu-mercosur-deal-over-environmental-concerns.

兰投资巴西基础设施建设。[①] 2020 年 11 月 17 日，匈牙利政府与巴西航空工业公司（Embraer）签署了购买两架 KC-390 多功能运输机的订货合同。另外，匈牙利政府对《南共市-欧盟自贸协定》、对巴西加入经合组织都表示支持。[②] 巴西与波兰的双边关系同样有所强化。2020 年 5 月，两国举行了“波兰移民巴西 100 周年”纪念活动，在联合声明中强调两国具有共同的保守主义价值观。2021 年 9 月，在参加联合国大会期间，博索纳罗总统与波兰总统安杰伊·杜达（Andrzej Duda）举行会晤，博索纳罗表示两国有着一致的价值观，并请求波兰支持巴西加入经合组织。

除政府层面的互动以外，巴西与欧洲右翼政党之间也保持着紧密关系。2021 年 7 月，博索纳罗总统会见德国极右翼政党“德国选择党”副主席贝娅特丽克丝·冯·施托希，冯·施托希对“黑人的命也是命”以及同性恋群体进行了批判，并称巴西能够成为德国的“战略伙伴”。2021 年 11 月，博索纳罗在赴意大利参加二十国集团峰会期间，与该国极右翼领袖、意大利联盟党主席马特奥·萨尔维尼举行了会晤。因此，巴西学界认为“博索纳罗政府成为全球极右运动的先锋”。[③] 事实上，作为巴西极右保守势力的标志性人物，爱德华多·博索纳罗在 2020 年 10 月支持创建“马德里论坛”的提议，旨在强化全球（尤其是伊比利亚美洲）极右保守力量的整合，强化对左翼进步主义（尤其针对拉美的“圣保罗论坛”和“人民论坛”）的对抗。西班牙极右翼政党 VOX 领导人圣地亚哥·阿巴斯卡尔（Santiago Abascal）在其中发挥了重要的引领作用。截至 2022 年 1 月底，马德里论坛发布的《马德里宪章》得到了 9600 多名保守人士的联署签名支持，其中多数为拉美右翼保守人士，包括爱德华多·博索纳罗，覆盖绝大多数拉美国家。联署名单还包括来自美国、加拿大、法国、西班牙、葡萄牙、瑞典、荷

① Eliane Oliveira, “Bolsonaro quer reforçar laços e fazer negócios com países do Leste Europeu”, *O Globo*, 28 de fevereiro, 2020.

② Ricardo Della Coletta, “Bolsonaro deve encontrar Orbán, líder ultranacionalista da Hungria”, *Folha de São Paulo*, 19 de janeiro, 2022.

③ Thales Schmidt, “Encontro de Bolsonaro com extremista alemã expõe articulação global da extrema Direita”, *Brasil de Fato*, 26 de Julho, 2021.

兰、希腊、意大利等国的保守人士。①

在过去两年间，巴西与俄罗斯的关系总体较为平淡。2021 年 6 月，在圣彼得堡国际经济论坛视频会议上，博索纳罗表示，巴西与俄罗斯可以进一步挖掘贸易潜力，巴西希望与俄罗斯开展诸如纳米技术、先进材料、人工智能、生物技术等领域的合作，并强化两国在科技、防务、太空、能源、医疗等领域的伙伴关系。② 2021 年 11 月，巴西新任外长卡洛斯·弗兰萨访问俄罗斯，两国外交部签署了《2022～2025 年政治协商规划》。2021 年 12 月，普京在接受巴西驻俄罗斯新任大使罗德里戈·苏亚雷斯（Rodrigo Soares）递交国书时表示，俄罗斯将继续强化与巴西在贸易、能源、科技等领域的合作，并且普京对俄巴关系给予了很高的定位，称“巴西是俄罗斯最重要的战略伙伴之一”，两国在金砖国家和二十国集团框架下保持合作，表示随着巴西担任 2022～2023 年联合国安理会非常任理事国，俄罗斯希望与巴西在联合国框架下针对全球性事务深化合作。此外，普京还向博索纳罗发出了访问俄罗斯的邀请。③

四　巴西与亚太关系：经济外交与对华合作成亮点

2020～2021 年，巴西与亚太地区的关系呈现新动向。其一，巴西表现出与亚太国家签署自由贸易协定的意愿，体现出巴西“向亚太看”的经济外交思路；其二，与中国的疫苗合作对巴西抗疫发挥了重要作用，同时双边经贸合作延续高效态势。

自博索纳罗执政以来，巴西贸易政策开放度有所扩大。在亚太地区，巴西已启动南共市与新加坡、韩国、黎巴嫩等国的自由贸易谈判。2020 年 12 月，南共市重新启动与黎巴嫩的自贸谈判，巴西外交部表示希望能

① “Carta de Madrid”, *Fundación Disenso*, https://fundaciondisenso.org/carta-de-madrid/.

② https://www.gov.br/planalto/pt-br/acompanhe-o-planalto/discursos.

③ “Putin invites Brazil's Bolsonaro to visit Russia”, *TASS*, 1 December 2021, https://tass.com/politics/1369429.

够在2022年完成谈判；2021年9月，南共市与韩国完成了第7轮贸易谈判；2021年12月，南共市与新加坡开展了新一轮贸易谈判。此外，巴西也在2021年12月宣布启动南共市与印度尼西亚、越南的自由贸易谈判。

受疫情影响，巴西与亚太地区国家之间的高层互访频率明显下降。在过去两年间，有三次较为重要的高访值得关注。第一，2020年1月，博索纳罗访问印度，两国签署了15个合作备忘录，涉及生物能源、石油和天然气、医药、文化交流、网络安全、科技、地质与资源、贸易和投资、畜牧和乳品业等领域。两国政府提出"双边贸易规模到2022年达到150亿美元"的目标。另外，巴西枪械制造商陶鲁斯枪械（Taurus Armas）与印度钢铁厂家金达尔集团（Jindal Group）达成在印度合资建厂的协议。第二，2021年1月，时任日本外相茂木敏充访问巴西，双边协商的重要议题涉及贸易和投资、数字经济、科技创新、环境保护、多边机制协商、捍卫共同价值观等。另外，双方还签署了4个合作协议，涉及的具体内容包括：铌和石墨烯的生产及使用技术合作项目、亚马孙生物多样性可持续利用项目、用于可持续农业的传感器和精准农业平台项目、改善亚马孙雨林非法砍伐的雷达及人工智能项目。[①] 第三，2021年11月，博索纳罗总统访问阿联酋、巴林、卡塔尔三个中东国家，旨在吸引投资，尤其是在基础设施、可再生能源和农业等领域的投资，并扩大对中东国家的农产品出口。

2020~2021年，中巴双边关系总体平稳，疫苗和贸易成为两国合作的重要亮点。2021年3月，巴西前外长阿劳若辞职后，中巴两国政治关系回归正轨。2021年4月10日，巴西新任外长弗兰萨与中国国务委员兼外长王毅通电话，弗兰萨表示巴中关系具有重要战略意义，两国在各领域进行了良好和健康的合作。巴西希望进一步深化发展同中国的和谐关系，开展长期合作，加强战略对话，推动双边关系不断走向深入。另外，弗兰萨感谢中方在疫情发生以来对巴西的无私帮助，中国是世界上重要的医药原料生产国，希

① Ministério das Relações Exteriores, "Official Visit of the Minister of Foreign Affairs of Japan, Toshimitsu Motegi, to Brazil", https://www.gov.br/mre/en/contact-us/press-area/press-releases.

望中方继续在疫苗和医疗物资方面给予大力支持。同时，巴西愿同中方加强数字经济、5G 领域合作，并就推动中拉合作保持密切沟通。[①] 4 月 28 日，弗兰萨与中国驻巴西大使杨万明通话，双方一致表示，两国应共同努力，维护两国关系友好、健康的发展气氛，携手早日战胜疫情。2021 年 10 月 22 日，弗兰萨与王毅举行视频会晤。弗兰萨表示，巴方高度重视巴中全面战略伙伴关系，把加强对华合作视作优先事项。巴方感谢中方向巴抗疫提供的大力支持，愿同中方继续扩大包括疫苗在内的合作。巴方也愿意推动巴中经贸、投资、农业、太空、科技、气候变化等领域的合作稳步发展。在 5G 技术方面，巴方重申不会排除任何一个设备供应商。巴方相信中方一定会办好北京冬奥会。巴中应加强多边机制中的战略协调。[②]

中国是首个与巴西开展疫苗合作的国家。2020 年 7 月，巴西卫生监管机构巴西国家卫生监督局批准由中国科兴公司开发的克尔来福新冠疫苗在巴西开展三期临床研究，该研究的巴西合作伙伴为巴西布坦坦研究所。2021 年 1 月7 日，布坦坦研究所公布临床测试结果，克尔来福新冠疫苗在抗击新冠病毒方面显示出 78%的有效性（2021 年 4 月为 83. 7%）。1 月 17 日，巴西国家卫生监督局批准克尔来福新冠疫苗的紧急使用权，当日巴西启动克尔来福新冠疫苗的接种。根据巴西卫生部的统计，截至 2021 年 12 月 8 日，巴西总共向中国科兴公司采购了 1 亿剂克尔来福疫苗。[③] 中国还向巴西提供了多批次疫苗原液。在中国的支持下，巴西成为拉美首个拥有疫苗生产能力的国家。此外，中国还向巴西提供了多批次的医疗物资援助，双方开展了形式多样的防疫抗疫经验交流会，为巴西联邦、州、市三级政府防疫抗疫发挥了积极作用。2021 年 12 月 14 日，巴西国会举行抗击新冠肺炎疫情表彰大会，该活动由巴西国会新冠肺炎疫情危机应对委员会、国会国际贸易和投资阵线共同举办，旨在表彰中国地方政府、医院、企业及巴西华侨华人。众议院政府党团副领袖、国会新冠肺炎疫情危机应对委员会协调人德梅洛众议员表

---

① http：//www. gov. cn/guowuyuan/2021-04/10/content_ 5598858. htm.

② https：//www. fmprc. gov. cn/ce/cebr/chn/dsxx/dshd/t1916368. htm.

③ https：//www. gov. br/saude/pt-br/vacinacao.

示，来自中方的大量援助和疫苗为护卫巴西民众健康发挥了重要作用，彰显了两国人民团结互助、共克时艰的真挚情谊。巴西将铭记中国各界雪中送炭的人道主义善举。[①]

经贸合作是近两年中巴双边关系的另一亮点。根据巴西经济部的统计数据，2020 年，中巴进出口贸易额约为 1026 亿美元，同比增长 3.2%；2021 年，双边贸易额达到了 1354 亿美元，较 2020 年增长 32%。其中，2021 年，巴西对华出口额约为 877.5 亿美元，同比增长 29.4%，中国在巴西总出口中的占比进一步攀升至 31.3%；巴西从中国的进口额约为 476.5 亿美元，同比增长 32%，中国在巴西总进口中的占比达到 21.7%。中国继续保持巴西第一大贸易伙伴、第一大出口目的地和第一大进口来源国的地位，尤其值得关注的是，巴西在对华贸易中拥有超高顺差，2021 年顺差规模高达 401 亿美元，约占巴西全年总顺差的 70%。[②] 在投资方面，根据巴中企业家委员会（CEBC）的统计，2007~2020 年，中国对巴西的意向投资总计为 1106 亿美元，其中确认的投资额合计为 661 亿美元，投资落实率约为 59.8%。[③] 总的来看，2007~2020 年，中国在巴西的投资产业分布如下：电力占 31%、油气开采占 23%、金属矿开采占 11%、农业占 9%、冶金占 6%、汽车制造占 4%、化工占 4%、金融服务业占 4%、基础设施占 3%，剩余 6%分布在其他 14 个产业。

由此可见，在最近两年全球疫情肆虐下，中巴经贸关系呈现逆势增长态势，并且成为巴西疫后经济复苏的重要外部动力，加之中巴两国在经贸层面具有高度互补性和关联性，中巴经贸合作在下一阶段仍能保持较强韧性，从而有效规避政治因素和国际环境的干扰。

五 结语

总体来看，博索纳罗总统是全球极右保守主义的代表性人物，其对外政

---

① http：//br.china-embassy.org/sgxx/sghd/202112/t20211216_10470456.htm.

② http：//comexstat.mdic.gov.br/pt/comex-vis.

③ Tulio Carielo, *Investimentos Chineses no Brasil: Histórico, Tendências e Desafios Globais (2007–2020)*, CEBC, Agosto de 2021, p. 22.

策呈现鲜明的意识形态化特征。在地区层面，博索纳罗政府对左翼政府均持排斥态度，尤其针对委内瑞拉、古巴、阿根廷等国，敌视态度更为强烈，这直接加剧了拉美地区的政治对抗。在拉美一体化问题上，巴西的角色弱化显著。受此影响，巴西通过地区一体化组织开展跨区域对话、参与全球治理的能力出现萎缩。在美巴关系方面，拜登政府对巴西持“保持距离”的态度。尽管如此，拜登又不愿放弃美巴关系在特朗普时期所实现的突破，强化巴西在美国对拉美政策中的支点作用。在对欧政策方面，由于巴西与欧盟主要国家在环境政策上存在巨大差异，南共市与欧盟之间的自贸协定审批陷入僵局，与此同时，博索纳罗与欧洲极右保守主义政党、政府之间的互动频繁，也将进一步增大巴西与欧盟合作的难度。在亚太地区，巴西则采取务实的经济外交思路，推进与亚太国家的贸易谈判成为巴西外交较显著的动向。与此同时，中巴关系呈现持续改善的趋势，在政治关系逐渐回暖的局势下，疫苗和经贸合作成为中巴双边关系的重要亮点。

专题报告

Special Reports

Y.6

新冠肺炎疫情在巴西的肆虐与联邦政府的应对

〔巴西〕Luís Antonio Paulino　〔巴西〕Marcos Cordeiro Pires *

摘　要： 在拉美国家中，巴西所受疫情打击最为严重，是拉美乃至全球疫情的新“震中”。从 2020 年 2 月 26 日确诊首例新冠肺炎病例开始，新冠病毒在较短时间内迅速席卷巴西全国。截至 2022 年 2 月，巴西新冠肺炎累计确诊病例数超过 2800 万例，位居全球第三，仅次于美国和印度；累计死亡病例数超过了 65 万例，仅次于美国居全球第二。面对新冠肺炎疫情的肆虐，尽管巴西拥有时间优势和运行良好的全国统一医疗体系，却未能有效抗击新冠肺炎疫情。究其原因，博索纳罗总统不负责任的言论、行为及其领导的联邦政府在应对疫情时的疏忽、不作为极大地降低了巴西的抗疫成效。新冠肺炎疫情给巴西留下了巨大的经济和社会债务，

* Luís Antonio Paulino，经济学博士，巴西圣保罗州立大学玛利亚校区哲学与科学学院教授，巴西圣保罗州立大学孔子学院巴方院长；Marcos Cordeiro Pires，经济学博士，巴西圣保罗州立大学哲学学院政治与经济系教授。

未来巴西发展困难重重，任重道远。

关键词： 新冠肺炎疫情　博索纳罗政府　公共卫生危机

一　引言

国际货币基金组织认为新冠肺炎疫情是“一场史无前例的危机”，它与以往的历次危机相比，具有很大的差异。一方面，新冠肺炎疫情引发了二战以来最严重的经济衰退，在同一时间撼动了世界上所有国家。正如历史学家亚当·图兹（Adam Tooze）所讲，“它使大部分世界经济体陷入瘫痪”。[①]另一方面，更为重要的是，从性质上来讲，新冠肺炎疫情与以往的危机完全不同，几乎影响到了人类社会的每一个领域，远远超出了我们的想象，并且催化了人类社会结构的变化，这些变化在新冠肺炎病毒大流行之前就已在酝酿之中。“新冠病毒只是导火索。在我们还不知道新冠病毒会袭击我们的时候，我们已有理由认为2020年可能会是动荡的一年。”[②] 新冠肺炎疫情在未来某一时刻终会结束，但是它所引发的诸多变化将会持续下去，世界已回不到过去。

然而，需要注意的是，新冠病毒尽管袭击了所有国家，却不是以同样的方式和强度产生影响的。实际上，不同国家所受影响差别很大，因此新冠肺炎病毒大流行创造了朝相反方向前进的两个世界。在一些富裕国家里，由于新冠疫苗的广泛供应和接种，新冠病毒引发的感染和死亡人数总体上呈现下降趋势。然而，在贫穷国家里，则出现了相反趋势。新冠病毒大流行在全球直接造成了600多万人死亡，其中大部分发生在贫穷国家和

① Adam，Tooze，Portas Fechadas，*Como a Covid abalou a economia mundial*，São Paulo：Todavia，2021，p. 9.

② Adam，Tooze，Portas Fechadas，*Como a Covid abalou a economia mundial*，São Paulo：Todavia，2021，p. 9.

发展中国家。如果这些国家能够及时获得新冠疫苗，那么许多死亡本可以避免。目前，全球已经生产了约100亿支新冠疫苗，这足以为世界上所有成年人接种。但是，在最贫穷的一些国家，疫苗接种率仍然低得惊人。截至2021年12月，全球已接种疫苗99.3亿剂，41亿人接种了疫苗，相当于全球人口的52.6%。[①] 然而，仍有30亿人没有接种疫苗，其中大部分位于贫穷国家和发展中国家。在一些非洲国家，疫苗接种率不到5%，诸如埃塞俄比亚为1.4%、尼日利亚为2.5%、苏丹为3.3%、乌干达为4.4%。在其他非洲国家，情况略好，但疫苗接种率仍然很低，例如科特迪瓦为8.5%、肯尼亚为9.5%、几内亚为9.9%、加纳为10.1%、阿尔及利亚为13.2%、安哥拉为13.8%、利比亚为14.0%、津巴布韦为22%、南非为27.7%。在非洲以外，还有几个国家处于类似情况，疫苗接种率很低，例如叙利亚为5.3%、阿富汗为9.9%、伊拉克为15.5%、孟加拉国为35.7%。[②] 与之相反，在富裕国家，疫苗不仅供应充足而且还有剩余，其中一些人没有接种疫苗，并不是因为缺乏，而是因为他们自己不想接种。

除了感染和死亡人数存在很大差异外，新冠病毒大流行给不同国家带来的经济和社会影响也差异很大。在富裕国家，由于政府对企业和失业者给予了一定的补助，因此疫情对贫穷人口的经济影响被降到最低。然而，在一些发展中国家，政府并未给予贫困人口足够的补助，因此贫困人口受到新冠肺炎疫情的影响最大，很多人食不果腹。在拉丁美洲，极端贫困人口达到近二十年来的历史最高水平，目前约有2.09亿人生活在贫困之中，占该地区总人口的约三分之一。[③]

巴西在拉美国家中所受疫情打击最为严重，成为全球疫情的新“震中”。截至2022年2月，巴西新冠肺炎累计确诊病例数超过了2800万例，位居全球第三，仅次于美国和印度；累计死亡病例数超过了65万例，仅次

① “Coronavirus（COVID-19）Vaccinations”, https://ourworldindata.org/covid-vaccinations.

② “Coronavirus（COVID-19）Vaccinations”, https://ourworldindata.org/covid-vaccinations.

③ Gombata, Marsílea, “Pobreza extrema atinge o maior nível em 20 anos na América Latina”, *Valor Econômico*, 05/03/2021.

于美国居全球第二。巴西之所以出现如此悲惨的局面，博索纳罗总统及其领导的联邦政府难辞其咎。本报告以巴西政府、媒体发布的信息为基础，重点评析 2020~2021 年新冠肺炎疫情在巴西的传播和博索纳罗总统及其领导的联邦政府应对疫情的情况。

二　新冠病毒在全球的传播和影响

新冠病毒大流行使世界陷入极大的不确定性之中。在世界现代历史上，只有 1929~1933 年的世界经济大危机和 20 世纪的两次世界大战能与之相比。自新冠肺炎疫情暴发以来，居家隔离、保持社交距离、封锁公共场所等已成为控制新冠病毒传播的常见措施，然而这无疑降低了全球生产和消费，并使许多制造业产业链受到重创。“在现代资本主义的历史记录中，从来没有像 2020 年上半年那样，全球近 95%的经济体的人均国内生产总值同时出现萎缩。”① 根据世界银行的统计，受新冠肺炎疫情影响，全球超过 30 亿成年人被解雇或居家上班，16 亿青年人的教育被迫中断，因人力资本损失而导致的终身收入损失高达 10 万亿美元。② 除了经济上的损失，更为重要的是，新冠病毒威胁到人类生命，造成了大量人员死亡。截至 2021 年底，新冠病毒大流行导致全球超过 4 亿人感染，超过 600 万人死亡。

实际上，目前发生的许多事情与新冠病毒大流行并没有直接关系。新冠肺炎疫情只是一场已经酝酿多年的新的全球经济危机的导火索。世界经济论坛每年发布的《全球风险报告》在其 2019 年 1 月版中就已经指出，全球经济危机爆发的先决条件已经具备，这主要是因为为了克服上次发生的经济危机，世界主要国家的中央银行采取了扩张性政策，导致政府、企业和家庭负债累累。然而，这些扩张性政策并没有从根本上解决上次危机中总需求减少

① Adam, Tooze, Portas Fechadas, *Como a Covid abalou a economia mundial*, São Paulo: Todavia, 2021, p. 13.

② Adam, Tooze, Portas Fechadas, *Como a Covid abalou a economia mundial*, São Paulo: Todavia, 2021, p. 13.

的核心问题，同时却极大地促进了西方主要工业化国家收入的集中化，加剧了劳动力的不稳定性。

尽管所有国家都受到新冠肺炎疫情的侵袭且损失严重，但是各国的反应和应对不同，带来的结果也迥然有别。面对新冠肺炎疫情，那些收入分配更加均衡、提供更加平等的全民医疗服务的国家比那些收入分配极端不平等、公共服务完全商品化的国家的表现要好得多。即使在发达国家内部，市场经济国家（如英国和德国）和市场社会国家（如美国）之间也存在巨大的差异。更不用说在贫穷国家，除了缺乏物质资源外，其政治制度建立在极端不平等的社会结构之上，大部分贫困人口受到了新冠肺炎疫情的致命打击。在新冠肺炎疫情的影响下，这些国家社会不平等的现象日益加剧。根据世界银行的估计，2021 年全球极端贫困人口的数量增加了 1. 19 亿~1. 24 亿人次。此次新冠肺炎疫情危机凸显了全球经济存在的一系列薄弱之处，虽然随着新冠肺炎疫情的结束，这些问题将会得到一定程度的缓解，但是并不会就此消失，未来在一些因素的影响下可能会变得更加严重。

三　巴西的新冠肺炎疫情暴发和蔓延

（一）新冠肺炎疫情在巴西的暴发和蔓延

自 2020 年 2 月初以来，关于新冠病毒大流行的话题开始在巴西社会引起越来越多人的关注。2020 年 2 月 26 日，一名曾去过意大利的 61 岁巴西男子被确诊感染了新冠病毒，成为巴西首例新冠肺炎确诊病例。两天后，巴西卫生部发起了预防新冠病毒的宣传活动，在电视、广播和互联网上播放相关宣传片，引导巴西民众预防感染新冠病毒，养成用肥皂水洗手、使用 70% 的酒精凝胶消毒、不共享个人物品等习惯。实际上，在确诊首例新冠肺炎病例之前，巴西一共有 182 个疑似病例处于监测中，尚未有死亡记录。

2020 年 3 月 5 日，首次记录到新冠病毒在巴西国内形成传播，在此之前巴西所有的新冠肺炎确诊病例均与从欧洲返回的人群有关。第二天，巴西卫生部宣布扩大防疫措施，增加抗击新冠肺炎疫情的医疗援助，例如加强初级响应、延长卫生中心的开放时间、增加医生人数、提供远程医疗等。

2020年3月11日，世界卫生组织宣布暴发新冠病毒大流行，并估计在接下来的几周内，新冠病毒感染人数、死亡人数和受影响的国家数量将大幅增加。同日，巴西卫生部与立法机构协商，拿出高达50亿雷亚尔的资金用于抗击新冠肺炎疫情，主要用于初级响应和住院治疗。

2020年3月13日，巴西卫生部规定了卫生部门对疑似或确诊的新冠病毒感染者应采用的隔离和防疫标准。同日，巴西首位新冠肺炎确诊患者成功治愈。

2020年3月16日，里约热内卢州在巴西全国率先宣布进入紧急状态以遏制新冠病毒大流行，随后其他州纷纷效仿，决定暂停一切非必要的课程和活动，但实施效果不佳，因为在人口较多的地方，遵守保持社交距离的人口占比仅为30%，而理想状况应该是超过60%。

2020年3月17日，巴西出现了首例新冠肺炎死亡病例。逝者是一名62岁的巴西男子，具有糖尿病和高血压病史，此前曾在圣保罗一家私人医院住院治疗。两天后，即3月19日，巴西新冠肺炎死亡病例达到6例，确诊病例为621例。

2020年3月20日，巴西国会参议院通过了巴西政府提交的有关公共灾难状态的法令，巴西当天直接进入公共灾难状态。该法令有效期持续到2020年12月31日。根据这一法令，巴西政府可以增加公共开支，无需完成本年度财政目标。在同一天，巴西卫生部宣布新冠病毒在全国社区传播。

2020年3月27日，巴西加入世界卫生组织发起的“团结实验”。“团结实验”是世界卫生组织及其合作伙伴发起的一项国际临床试验，旨在帮助找到有效治疗“2019冠状病毒病”的方法。一共有100多个国家已经参加或表示希望参加“团结实验”。

2020年4月2日，巴西卫生部开始建议民众佩戴口罩，作为防止感染新冠病毒的屏障。然而，由于缺乏口罩，人们不得不在家中自制布口罩。此外，巴西卫生部还推出了一个在线平台，人们可以随时查询每个州可用的病床、口罩和手套数量。

2020 年 4 月 8 日，博索纳罗总统主张使用羟氯喹治疗新冠肺炎。巴西卫生部部长路易斯·恩里克·曼德塔不同意博索纳罗总统的这一主张，而是遵循世界卫生组织和巴西国内科学界的建议，与州政府、市政府协调开展防疫工作。不久以后，即 4 月 16 日，曼德塔部长被解职，接替他的是肿瘤科医生纳尔逊·泰奇（Nelson Teich）。

2020 年 5 月 3 日，巴西新冠肺炎确诊病例数突破了 10 万例，死亡病例数超过了 7000 例。六天后，死亡病例数突破了 1 万人大关。

2020 年 5 月 10 日，博索纳罗总统从发展经济的目的出发，将工业活动、民用建筑、美容院、健身房和理发店列入了必要活动清单，这与巴西各州、市政府实施的保持社交距离的政策相抵触。巴西各州长和市长基于公众健康的考虑，并没有遵循博索纳罗总统的意见，仍然对上述活动予以禁止。

2020 年 5 月 13 日，博索纳罗总统再次为使用羟氯喹治疗新冠肺炎而辩护。两天后，由于不同意博索纳罗总统坚持使用羟氯喹治疗新冠肺炎合法化的要求以及放宽社交距离限制的主张，刚上任的新卫生部部长纳尔逊·泰奇辞职，接替他的是爱德华多·帕祖洛将军。帕祖洛将军虽然不了解卫生专业知识，却拥护博索纳罗总统的决定和主张。帕祖洛将军上任后，迅速按照博索纳罗总统的意见签署了一份使用羟氯喹治疗新冠肺炎的协议。2020 年 5 月 31 日，巴西新冠肺炎累计确诊病例数超过 50 万例。

为了避免新冠肺炎疫情新闻带来的负面影响，巴西联邦政府试图隐瞒每日新增新冠肺炎确诊病例数。2020 年 6 月 4~8 日，巴西官方统计的新冠肺炎确诊病例数据以及发布这些数据的门户网站出现了遗漏情况或者改变了统计方法。在此情况下，巴西主要媒体开始直接从各州、市卫生部门收集新冠肺炎疫情相关数据进行公布，以便让公众了解巴西新冠肺炎疫情的最新进展和真实情况。几天后，巴西联邦最高法院迫使联邦政府恢复对新冠肺炎确诊病例数的真实披露。

2020 年 6 月 11 日，博索纳罗总统在互联网直播中呼吁其拥护者入侵公立医院和野战医院，检查急诊床位是否被占用。在同一天，巴西新冠肺炎累计死亡病例数超过了 4 万例，累计确诊病例数超过了 80 万例。仅过八天，即 2020 年 6 月 19 日，巴西新冠肺炎累计确诊病例数突破了 100 万例大关。两天后，即 6 月 21 日，累计死亡病例数超过了 5 万例，达到 50617 例。

从 2020 年 6 月至 2021 年 1 月 17 日，巴西新冠肺炎疫情愈加严重，确诊病例和死亡病例迅速增加。公立医院因接收大量病人而变得拥挤不堪，许多感染者由于缺乏必要的治疗而去世；在许多私立医院，大量感染者接受了没有科学依据的无效治疗，如基于氯喹、羟氯喹、阿奇霉素和伊维菌素等药物的所谓“新冠组合套装”。氯喹、羟氯喹在过去几十年里长期用于治疗疟疾、风湿性关节炎和狼疮等疾病，被美国前总统特朗普视为治疗新冠肺炎的希望，曾多次推荐使用。博索纳罗总统紧跟特朗普的步伐，力主使用氯喹、羟氯喹治疗新冠肺炎。然而，世界卫生组织、美国食品和药物管理局等机构纷纷表示，羟氯喹和氯喹“不大可能”对治疗新冠肺炎患者有效，并且可能有严重的副作用。

面对国际权威机构和医学界的科学声明，博索纳罗总统仍不遗余力地宣传使用羟氯喹和氯喹治疗新冠肺炎。在博索纳罗总统的竭力主张和施压下，巴西卫生当局被迫购买了大量羟氯喹和氯喹。博索纳罗总统甚至命令巴西陆军化学和制药实验室加大氯喹的生产力度。该实验室 2020 年生产了 225 万片 150 毫克的氯喹药片，而前三年的产量总和为 26.5 万片。根据巴西联邦药学委员会（CFF）的调查，“新冠组合套装”中的另一种药物伊维菌素长期以来适用于治疗寄生虫，但在 2020 年 5 月至 2021 年 5 月，由于博索纳罗政府的宣传和推动，该药物被用于治疗新冠肺炎，在巴西国内的消费量增加了 857%。①

2021 年 1 月，由于亚马孙州出现的医疗混乱事件，在内外压力下，巴西卫生部部长帕祖洛将军辞职，接替他的是马塞洛·奎罗加（Marcelo Queiroga）医生。从 2021 年 1 月 18 日起，巴西开始在全国范围内开展疫苗接种工作。

① Natália André, “Venda de ivermectina cresce 857% no último ano”, *CNN Brasil*, https://www.cnnbrasil.com.br/saude/venda-de-ivermectina-cresce-857-no-ultimo-ano/.

（二）新冠病毒在巴西迅速传播的原因分析

从2020年2月26日发现首例新冠肺炎确诊病例开始，新冠病毒在较短时间里蔓延至巴西全国，传播迅速。在不到四个月的时间里，截至2020年6月19日，巴西新冠肺炎累计确诊病例数突破了100万例。从新冠肺炎累计确诊病例数达到500万例起，巴西每增加100万例病例用时不断缩短，从900万例增加至1000万例仅用时21天。2021年2月18日，巴西新冠肺炎累计确诊病例数突破了1000万例，成为继美国和印度之后，全球第三个累计确诊人数超过1000万例的国家；累计死亡病例数位居全球第二，仅排在美国之后。截至2021年12月，巴西新冠肺炎累计确诊病例数超过了2000万例，累计死亡病例数超过了60万例。（见表1）

表1　2021年全球新冠肺炎累计死亡病例数最多的十个国家

单位：例

排名	国家	累计死亡病例数	累计确诊病例数
1	美国	873564	66995533
2	巴西	621099	23006952
3	印度	486482	37380253
4	俄罗斯	321320	10803534
5	墨西哥	301334	4349182
6	秘鲁	203376	2562534
7	英国	151990	15220981
8	印度尼西亚	144170	4271649
9	意大利	141104	8706899
10	伊朗	132075	6221033

资料来源：https：//www. worldometers. info/coronavirus/。

由于检测能力的不足，实际上巴西新冠病毒感染病例数比政府公布的数据要多得多。巴西知名民调机构DataFolha于2022年1月15日发布的一项调查显示，自称感染过新冠病毒的巴西民众人数为4200万，是巴西联邦政府发布的新冠肺炎累计确诊病例数的两倍。① 与此同时，巴西新冠肺炎疫情的信息发布并不顺畅。2020 年 6 月，由于新冠病毒感染人数大幅增加，为了减少负面影响，巴西卫生部试图隐瞒新冠病毒感染病例数。2021 年 12 月，当奥密克戎变异株导致新冠病毒感染病例数迅速增加时，巴西卫生部网站处于瘫痪状态，导致各州、市政府无法及时地更新新冠病毒感染病例的统计数据。在没有正确的统计数据的情况下，要采取有效策略来抗击新冠肺炎疫情会变得更加困难。尽管如此，在各州、市等政府部门的努力下，巴西在接种新冠疫苗方面取得了重大进展，78%的人口接种了一剂疫苗，超过了英国、美国、德国等许多发达国家。由于大部分人口接种了新冠疫苗，自 2021 年 12 月以后巴西新冠肺炎死亡病例数的增幅有所下降，目前最严重的新冠病毒感染病例仅限于老年人以及未接种疫苗的人群。

2020 年初，当新冠肺炎疫情在巴西暴发时，实际上巴西在应对疫情方面拥有一定的优势条件，其中有两点尤为突出。一是巴西具有时间优势。新冠肺炎疫情在 2020 年初暴发，向世界其他国家敲响了警钟。因此，疫情随即在巴西暴发时，巴西对此并不是一无所知，而是已经意识到了新冠病毒的致命性。

二是巴西拥有世界上最大、最复杂的公共卫生系统之一即统一医疗体系（SUS），其为全国人口提供免费的公共医疗服务。统一医疗体系由卫生部、州和市政府组成，每一级政府部门都各司其职。尽管在抗击新冠肺炎疫情的过程中，巴西各级政府部门缺乏协调，制约了统一医疗体系作用的充分发挥，但是该体系仍然发挥了重要且不可替代的作用。从理论上讲，统一医疗体系有助于巴西快速有效地应对疫情冲击。

然而不幸的是，实际情况并非如此。巴西深受新冠肺炎疫情的打击，这并不是统一医疗体系自身的问题，而是其运行受到了外界因素的干扰和破坏，尤其是博索纳罗总统及其领导的联邦政府应对不力。博索纳罗总统否认、弱化新冠病毒的严重性，提倡使用羟氯喹、氯喹等无效药物治疗新冠肺

① "Brasileiros que afirmam ter contraído Covid são o dobro da cifra oficial", *Folha de São Paulo*, https://www1.folha.uol.com.br/equilibrioesaude/2022/01/brasileiros-que-afirmam-ter-contraido-covid-sao-o-dobro-da-cifra-oficial.shtml.

炎，蔑视和贬低保持社交距离的防疫政策，拒绝在公共场所佩戴口罩，诋毁并反对接种新冠疫苗，故意拖延购买新冠疫苗，等等。面对新冠肺炎疫情的肆虐，虽然巴西拥有一定的优势条件，但受这些外界因素尤其是总统及其领导的联邦政府的干扰和破坏，巴西统一医疗体系难以充分发挥其效用，因而新冠病毒迅速蔓延至巴西全国。

四 联邦政府的消极抗疫及受到议会的调查

博索纳罗总统及其领导的联邦政府在抗击新冠肺炎疫情过程中不负责任的言论和行为受到巴西国内外社会的广泛关注和批评，尤其是 2021 年 1 月，发生在亚马孙州马瑙斯市的医疗混乱事件震惊了国内外。当时该市许多新冠肺炎感染者因缺氧而去世，同时医院还使用氯喹和羟氯喹这种不恰当且低效的治疗方案。亚马孙州当地居民绝望的画面、博索纳罗总统及其最亲密的顾问团的灾难性发言引起国内外舆论哗然。在国内外社会的压力下，巴西联邦参议院对博索纳罗政府犯下的错误、罪行和不作为展开了深入的调查。2021 年 4 月 13 日，新冠调查委员会正式建立。4 月 27 日，委员会在联邦参议院正式启动，展开调查工作。10 月 26 日，委员会的调查工作结束，向参议院提交了最终报告并进行投票表决。委员会重点调查了面对新冠肺炎疫情，巴西卫生当局是否以谨慎和专业的方式行事，是否有不作为行为，是否未制订应急计划，是否从人民利益的角度出发，根据卫生危机严重性的要求，有计划、全面地采取必要的提前准备措施。

新冠调查委员会的工作吸引了巴西媒体和民众的广泛关注。委员会的工作会议由参议院电视台播出，并由专门报道新闻的主要电视频道进行转播。听证会揭示了联邦政府犯下的多种多样的罪行。例如，联邦政府官员在购买印度生产的科瓦克辛疫苗（Covaxin）时的贪污企图；联邦政府故意拖延购买疫苗，无论是购买中国科兴公司生产的克尔来福疫苗还是美国辉瑞公司生产的复必泰疫苗（Comirnaty）；一些所谓的专家给出了不恰当的新冠肺炎治疗建议，包括不赞同保持社交距离的隔离措施，积极为“群体免疫”

进行辩护，甚至开出了以氯喹、羟氯喹、阿奇霉素、伊维菌素等药物为基础的所谓的“新冠组合套装”，并声称这对早期治疗新冠肺炎有效，通过社交网络传播谎言，将新冠病毒大流行比作简单的“小流感”，认为新冠疫苗有害健康，等等。

新冠调查委员会在提交给参议院的最终报告中，建议根据《弹劾法》对博索纳罗总统所犯下的九项罪行进行起诉，这九项罪行包括《刑法》规定的普通犯罪和责任犯罪。[①] 报告还根据海牙国际刑事法院（ICC）的《罗马规约》引用了危害人类罪。除了博索纳罗总统外，还有其他 77 人也位列名单，包括博索纳罗总统的三个儿子，联邦政府的部长、前部长，联邦众议员、医生和企业家，还有巴西两家药企 Precisa Medicamentos 和 VTCLog。调查工作结束之际，新冠调查委员会一共起诉了 80 人。

联邦参议院在其官方网站上刊登了这份长达 1289 页的最终报告。[②] 根据该报告，新冠调查委员会详细地列举了博索纳罗总统领导的联邦政府在应对新冠肺炎疫情时的不作为、不诚实和无能表现，主要有以下八点。

一是存在平行内阁。新冠调查委员会收集的证据充分表明，巴西联邦政府在面对新冠病毒大流行时玩忽职守，不相信科学，以懒散懈怠的态度应对疫情，故意将巴西民众暴露在大规模感染的风险中。事实证明，在联邦政府之外，存在一个平行内阁，鼓吹通过自然感染（群体免疫）的方式使人口达到免疫，在没有科学有效性支持的情况下，优先考虑采用药物提前治疗，不鼓励采用保持社交距离、佩戴口罩等非药物措施。同时，在接种疫苗方面，存在故意拖延的情况，这显然是对人民生命的漠视。基于此，可以说，本应负有法律义务采取抗疫行动的联邦政府实际上默许了巴西民众的死亡。

经查证，平行内阁由医生、政客和企业家组成。该团体没有正式的公职

---

① 责任犯罪是指由公职人员所实施的一系列非法行为。与常见的非法行为不同，只有少数特定的公职人员可以被指控犯有责任罪行，如总统、国防部部长、州长、联邦最高法院院长、总检察长等。

② Senado Federal, “CPI da Covid, Relatório Final”, https://www12.senado.leg.br/noticias/arquivos/2021/10/26/relatorio_final-26102021-12h40-1.pdf.

任命，可以就如何应对新冠病毒大流行向博索纳罗总统提出建议，并参与到公共政策的决策中，且这些公共政策可以不遵守卫生部的技术指南。由于他们不属于任何公共行政部门，因此该团体的存在不仅阻碍了抗击新冠肺炎疫情种种措施的计划和执行，而且还对他们起到了保护作用，很难让他们为自己行为造成的后果负责。新冠调查委员会认为，平行内阁的主要目标之一是向博索纳罗总统建议在巴西通过自然感染实现群体免疫，这导致博索纳罗总统顽固地抵制实施非药物措施来应对新冠肺炎疫情，反而强调使用药物进行“早期治疗”。

二是强调群体免疫理论。为了通过自然感染实现群体免疫，联邦政府特别是博索纳罗总统，通过频繁、反复地操纵公共机构，鼓励巴西人民正常地进行日常生活，而不是提醒他们采取必要的防护措施，如保持社交距离、在公共场合佩戴口罩，等等。虽然通过自然感染实现群体免疫具有高风险性，但是博索纳罗总统仍然坚持这一做法。联邦政府将重心放在维持经济发展方面，鼓励继续开展商业活动，反对保持社交距离，宣称巴西不能停下来。其中，被新冠调查委员会起诉的联邦议员奥斯马·特拉（Osmar Terra）曾担任公民事务部部长，是群体免疫理论最积极的推动者之一。2021 年 2 月 8 日，奥斯马·特拉在推特上发表声明：“自 1 月以来，即使当前有感染性更强的新毒株，但是全球新冠肺炎新增确诊病例数和死亡病例数开始下降，这是群体免疫的作用，而不是接种疫苗的作用，因为接种疫苗的人口占比仍然很小，而且疫苗需要时间才能生效。”①

三是开具未经科学证实疗效的药物。随着新冠肺炎疫情在巴西的暴发和蔓延，联邦政府反复为使用氯喹、羟氯喹以及伊维菌素、阿奇霉素等药物治疗新冠肺炎进行辩护。即使在世界卫生组织和其他国家卫生部门的科学研究证明了这种治疗方法无效且具有极大副作用之后，即使自 2020 年中期以来

① Fundação Padre Anchieta, “Osmar Terra defende imunidade de rebanho e diz que vacinas não influenciam na redução de casos e óbitos”, *UOL*, https://cultura.uol.com.br/noticias/16392_osmar-terra-defende-imunidade-de-rebanho-e-diz-que-vacinas-nao-influenciam-na-reducao-de-casos-e-obitos.html.

世界其他国家已经抛弃了这种药物治疗方法，甚至联合国大会主席在最近的发言中也申明其无效之后，巴西联邦政府仍然坚持使用氯喹、羟氯喹、伊维菌素等药物治疗新冠肺炎，并为该药物进行辩护。巴西政府甚至创建了一个手机应用程序 TrateCov，协助医生开出“新冠组合套装”的药物处方。该应用程序于 2021 年 1 月 11 日在亚马孙州启动，当时正值新冠肺炎疫情住院人数和死亡人数的高峰期，时任卫生部部长帕祖洛将军出席了该应用程序的启动仪式。根据巴西卫生部的设定，该应用程序首先根据由患者症状设定的评分对患者作出诊断；诊断以后，该应用程序建议开出羟氯喹、氯喹、伊维菌素、阿奇霉素、多西环素等处方。治疗处方根据患者提供的数据而有所变化。[①] 由于联邦政府坚持使用这种被科学证实没有疗效的药物进行治疗，反而忽视保持社交距离、佩戴口罩等防疫措施，导致巴西新冠病毒感染人数和死亡人数迅速增加。

四是传播假新闻。新冠调查委员会发现，在抗击新冠肺炎疫情的过程中，存在大量误导巴西民众的假新闻，不但官方媒体在打击谣言和虚假信息方面存在疏漏，而且政府高层特别是博索纳罗总统本人及其领导的联邦政府在其中还起到了推波助澜的作用。例如，联邦政府毫无根据地反对保持社交距离的措施；认为佩戴口罩没有防疫效果；反对接种疫苗；鼓励使用羟氯喹、氯喹等药物进行“早期治疗”；对于新冠肺炎死亡人数进行错误地统计，等等。假新闻的传播在巴西民众中播下了不信任的种子，鼓励人们以轻率的态度行事，导致新冠病毒大流行期间更多的人失去了生命。

五是联邦、州和市各级政府部门之间缺乏协调。联邦政府与各州、市政府之间在购买医疗器械用品、制订抗疫战略行动计划等方面缺乏协调，导致出现资源浪费、腐败案件频发、医疗用品短缺、购买的产品过期、采购的产品数量超过现实所需等问题，从而降低了抗疫成效。

六是政府与公众之间缺乏有效的沟通。政府向公众传播及时、准确、易

① Estadão Conteúdo, “Ministério da Saúde lança aplicativo que estimula remédios sem eficácia Estado de Minas”, https: //www. em. com. br/app/noticia/nacional/2021/01/14/interna _ nacional, 1229011/ministerio-da-saude-lanca-aplicativo-que-estimula-remedios-sem-eficacia. shtml.

懂的信息对于危机管理至关重要。然而，在新冠肺炎疫情危急时刻，巴西联邦政府与公众之间缺乏有效的沟通，透明度也不够。其中，每日新闻发布会被叫停。每日新闻发布会是《新型冠状病毒人类感染国家应急预案》中规定的用于向公众澄清和提供信息的重要官方渠道之一。此外，由于缺乏全国性的核酸检测政策，巴西卫生部无法对新冠病毒在人群中的传播情况及其影响进行充分的监测。同时，卫生部并未制订具体的抗疫战略行动计划。一直到 2021 年 5 月中旬，在开展新冠病毒检测和筛查测试方面，联邦政府仍然缺乏明确的战略计划。更糟糕的是，联邦政府并不鼓励民众采取非药物措施预防感染新冠病毒，例如保持社交距离、佩戴口罩等。

七是故意拖延购买疫苗。购买、接种疫苗是防止感染新冠病毒、保护民众健康的主要措施，但是巴西联邦政府对此却并不积极，一再故意拖延购买疫苗。根据新冠调查委员会的调查，当巴西卫生部首次提出向中国科兴公司（与巴西布坦坦研究所合作生产疫苗）和美国辉瑞公司优先购买疫苗时，联邦政府一再拖延，迟迟未予以批准，对民众的疫苗接种计划造成了不利影响。与此同时，时任巴西卫生部部长帕祖洛将军和外交部部长阿劳若并没有优先考虑疫苗接种计划，而是对以氯喹、羟氯喹等无效药物治疗新冠肺炎抱有希望。

八是面对亚马孙州疫情的不作为。亚马孙州疫情的严重性震惊了国内外，引起了新冠调查委员会的特别关注。根据调查委员会收集到的证据，在第一波新冠肺炎疫情浪潮中，亚马孙州的卫生系统困难重重，几近崩溃，重症监护室的床位几乎全部被占用，大量新冠病毒感染病例因得不到救治而死亡，甚至该州的殡葬系统也不堪重负。2020 年圣诞节庆祝活动之后，第二波疫情浪潮到来。尽管亚马孙州卫生部门于 2020 年 12 月 30 日向巴西卫生部请求支援，希望卫生部能够派遣统一医疗体系的专业人员予以协助，然而巴西卫生部却迟迟未采取有效措施来减缓亚马孙州卫生系统可以预见的崩溃。一直到 2021 年 1 月初，巴西卫生部才向亚马孙州派遣了一个工作小组。

新冠调查委员会对博索纳罗总统及其领导的联邦政府的指控在巴西国内外引起了很大反响。世界主要媒体纷纷报道了新冠调查委员会对博索纳罗总统的指控，尤其是指控其犯下了“危害人类罪”，加剧了博索纳罗总统及其政府在国际上被孤立的局面，有损巴西的国际形象。

五　结论

自2020年初新冠肺炎疫情在巴西暴发以来，博索纳罗总统一直淡化新冠病毒的严重性，认为“这只是一场小流感”。博索纳罗总统及其领导的联邦政府将重心放在恢复经济上，对于抗击新冠肺炎疫情秉持疏忽、不作为的态度，最终让巴西民众品尝恶果。截至2022年2月，巴西新冠肺炎累计死亡病例数超过了65万例，仅次于美国居全球第二；累计确诊病例数超过了2800万例，位居全球第三。本拥有时间优势的巴西之所以遭受疫情重创，博索纳罗总统及其领导的联邦政府难辞其咎。博索纳罗总统及其领导的联邦政府忽视公共卫生和民众的健康安全，在应对疫情时并未将民众的生命权置于首位，严重失职。

新冠肺炎疫情危机犹如一面放大镜，凸显了巴西本国自身的脆弱性和长期以来存在的结构性弱点，以下三点尤为突出。

一是巴西多年来经历的去工业化进程。21世纪以来，随着巴西工业生产率的提高，闲置的经济资源向服务业转移，工业产值在巴西国内生产总值中的比重不断下降，巴西经历了去工业化进程，这使得巴西经济更容易受到新冠肺炎疫情等意外事件的影响。1980年代，制造业在巴西国内生产总值中的比重为33%，目前不到10%。在正常情况下，当进口的工业产品可以满足内需时，这种缺陷往往被人们所忽视，但是像现在这样，当国内需求的供应由于进口困难而受到严重影响时，人们很容易察觉到该弱点带来的巨大风险。巴西工业产品严重依赖进口，工业生产能力不足，当新冠肺炎疫情暴发，许多国家中断工业部门的生产时，巴西工业产品进口受到严重限制，其工业部门尤其是电气和电子工业受到了很大影响。更为重要的是，面对新冠肺炎疫情的侵袭，许多国家禁止医疗用品出口，以便满足本国所需。由于工业生产能力不足且无法通过进口获得，巴西在抗疫过程中一直缺乏防护设备、呼吸机、治疗新冠肺炎的药物等医疗物资，导致疫情蔓延迅速，抗疫效果不佳。

二是巴西社会存在的不平等。就人类社会发展的角度而言，社会平等是关乎社会正义的重要问题，它不仅指收入分配的平等，也指获得医疗、住房、卫生、教育、文化、休闲等资源的平等。在新冠肺炎疫情危机中，相较于富裕国家，贫穷国家所受影响和破坏更大，因为在贫穷国家，大部分民众缺乏医疗、住房、卫生设施、教育等资源。长久以来，巴西社会被贴上了极端不平等的标签，而新冠肺炎疫情的肆虐更让巴西民众明白，如果巴西社会不平等的问题没有得到很好的改善，那么巴西没有未来可言。在新冠肺炎疫情的冲击下，巴西贫困人口聚集的贫民窟的确诊病例数和死亡病例数均快速增长，其数量和增幅明显高于富人区。相较于贫困阶层，中上阶层受到疫情的影响较小，因为他们拥有保持社交隔离的可能性、完善的卫生设备、健康的食物、较好的卫生条件和住房条件。

三是巴西缺乏有组织的政治力量。自 1985 年恢复政治民主化以来，巴西遭遇了一系列政治危急和经济危机，政治内耗严重，政党碎片化，各党派为了自己的利益互相争斗，缺乏有组织的政治力量能够领导所有巴西民众携手向前，特别是在疫情危急时刻，放下成见，领导、团结全国民众携手共克时艰尤为重要。然而，巴西却缺乏这一有组织的政治力量。新冠肺炎疫情危机暴露了巴西存在的政治分裂和社会分裂，精英阶层和部分中产阶级对普通民众缺乏同情心。博索纳罗总统在面对日益增加的新冠肺炎死亡人数时曾冷漠地讲道：“那又怎样？”

面对新冠肺炎疫情危机，尽管巴西州、市等地方政府及联邦最高法院等机构积极抗疫，但是由于博索纳罗总统及其领导的联邦政府的疏忽、不作为，巴西社会遭受了疫情重创，不仅超过 65 万人丧生，而且超过 2500 万人处于失业状态。这场疫情危机也加深了巴西社会的极端不平等，给巴西留下了巨大的经济和社会债务，让本已低迷的巴西经济雪上加霜，未来巴西的社会发展困难重重、任重道远。

Y.7
巴西公共卫生体系在抗击新冠肺炎疫情中的作用与不足

吴志华*

摘　要： 巴西在应对突发公共卫生事件方面具有较为完善的机制和丰富的经验，建立了由国家卫生监督局、国家流行病学研究机构和统一医疗体系组成的“三位一体”的公共卫生体系。其中，统一医疗体系承担了巴西公共卫生医疗服务，全国各地的公立医院、慈善医院、社区诊所及通过合同而加盟的私营医院都被纳入这一体系，为全民提供免费的卫生医疗服务。自2020年2月新冠肺炎疫情在巴西暴发以来，统一医疗体系作为巴西公共卫生医疗领域的“国家队”，充分发挥其优势，在预防新冠肺炎传播、救治新冠肺炎病人、接种新冠疫苗方面发挥了骨干作用，为巴西应对这场史上最大规模的公共卫生危机作出了突出贡献。与此同时，新冠肺炎疫情肆虐也暴露出现行公共卫生医疗体系尚不完备，存在资源分配使用不合理、资金和医护人员不足、应急设施和应急物资供应短缺等问题。疫情之后，以统一医疗体系为骨干的公共卫生医疗事业将再次受到重视，进而通过进一步增强应对突发公共卫生事件的能力，在今后的防疫和抗疫斗争中发挥更大的作用。

关键词： 巴西　统一医疗体系　公共卫生　新冠肺炎疫情　抗疫

---

* 吴志华，《人民日报》国际部高级记者，《人民日报》驻巴西分社原首席记者。

与全球其他地区相比，拉丁美洲是新冠病毒传播抵达最晚的地区。2020年1月底，新冠病毒在亚洲、欧洲和非洲传播了一个多月，拉美国家刚刚度过狂欢节假期之后，巴西圣保罗、里约热内卢和米纳斯吉拉斯州陆续发现了新冠肺炎疑似病例。巴西卫生主管部门一方面开始着手部署防范新冠病毒传播的相关措施和计划；另一方面对本国应对突发公共卫生事件的能力充满信心，告知民众不必为新冠病毒的传播而感到恐慌。时任巴西卫生部部长曼德塔强调："没有理由感到恐慌。现在需要保持警觉。巴西拥有训练有素的专业人员队伍，他们经历过其他流行性疾病的疫情。巴西正在为应对疫情作准备。"① 巴西联邦议员、前卫生部部长亚历山大·帕迪亚（Alexander Padilha）也表示："几十年来，巴西已经建立了医疗卫生监督体系，拥有训练有素的专业人员和住院治疗机制。"②

巴西在应对突发公共卫生事件方面具备较为完善的机制和丰富的经验。从机制上看，巴西建立了由国家卫生监督局、国家流行病学研究机构和统一医疗体系组成的"三位一体"的公共卫生体系，对流行性疾病传播、预防和救治进行监测、研究并开展治疗。从经验上看，最近半个世纪，巴西多次成功应对了大规模流行性疾病的传播，如登革热、霍乱、艾滋病、寨卡等。2016年2月，当世界卫生组织宣布寨卡病毒流行成为"国际关注的突发公共卫生事件"时，巴西已是全球感染寨卡病毒的"重灾区"，到5月巴西寨卡病毒感染病例超过了13万例，而8月巴西即将举办举世瞩目的奥运会。面对严峻的疫情形势，包括统一医疗体系在内的公共卫生应急机制迅速启动，遏制和消除了寨卡病毒的传播，确保了奥运会如期顺利举行。整个奥运会期间，巴西没有出现一例寨卡病毒感染病例。2017~2019年，巴西还有效地阻止了甲型H1N1流感大流行。在历次突发公共卫生事件中，巴西逐步完

① Erick Gimenes, "Governo diz que não vai mudar ações já desenvolvidas antes e que não há motivo para pânico", 29/01/2020, https://www.brasildefato.com.br/2020/01/29/sobe-para-nove-numero-de-casos-suspeitos-de-coronavirus-no-brasil-diz-ministerio.

② Erick Gimenes, "Governo diz que não vai mudar ações já desenvolvidas antes e que não há motivo para pânico", 29/01/2020, https://www.brasildefato.com.br/2020/01/29/sobe-para-nove-numero-de-casos-suspeitos-de-coronavirus-no-brasil-diz-ministerio.

善了一套运作有效的公共卫生机制，包括预防宣传、接诊就治、医护人员培训、防护医疗物资准备等，由此积累了丰富的经验。

一　巴西政府对公共卫生体系的政策支持

伴随新冠病毒大流行，加强公共卫生体系成为巴西各级政府应对疫情前所未有的重任。为了确保感染新冠病毒的患者得到及时治疗、提高公共卫生的服务质量，巴西联邦政府积极推动国会立法，为统一医疗体系救治病人提供法律保障和财政支持；组建专家指导委员会，及时出台防疫和治疗指南，用于指导统一医疗体系的抗疫斗争。

第一，出台防疫和治疗指南，指导统一医疗体系的抗疫工作。疫情尚未到来之前，巴西卫生部敦促全国各地州、市政府更新《应对流行性疾病紧急计划》并报送卫生部备案，并要求在2020年3月18日前具备新冠病毒检测能力。2020年3月中旬疫情开始传播之际，巴西卫生部出台了《应对新冠肺炎疫情措施和行动的指南》，对如何采取隔离措施、设定隔离期、分诊处置等作出了明确的规定。例如，巴西卫生部规定，由初级医疗单位的医生根据患者病情作出居家隔离或转院治疗的诊断书，病人隔离期为14天。各地设定隔离期必须由州政府作出决定并在政府公报上颁布告示、由媒体进行宣传等。为了提高初级医疗单位和综合医院接诊新冠肺炎患者的能力，卫生部要求统一医疗体系延长接诊时间并召回5000名医生归队，参与初级医疗单位的接诊服务。

第二，提供资金支持，增强接诊能力。新冠肺炎疫情暴发后，政府为统一医疗体系提供了大量的资金支持，帮助统一医疗体系采购必要的各类防护物资和医疗检测设备，临时性地增加了重症监护病床、扩建了重症监护室，招聘了更多的医护人员参与医疗救治工作等。2020年，巴西卫生部向26个州和联邦区拨款1981亿雷亚尔，其中1339亿雷亚尔用于统一医疗体系常规服务，另有642亿雷亚尔是应对新冠肺炎疫情的专款。2021年，卫生部再次拨款162亿雷亚尔用于改善统一医疗体系网络化管理，增强应对疫情的快速反应能力。卫生部还协助地方政府采购并向统一医疗体系分配了3亿多件口罩、防护服、护目镜、卫生手套、酒精等个人防护用品，保护战斗在抗疫第一线的医护专业人员，确保公共卫生体系的安全和持续运作。① 此外，联邦政府拨出专款用于采购各类医疗物资，例如，批准采购或租赁1.5万多张重症监护病床，使统一医疗体系的重症监护病床从2.28万多张临时性增加到3.79万多张。卫生部2021年拨款69亿雷亚尔，解决统一医疗体系接诊110万人次新冠肺炎患者的住院治疗费用。②

第三，建立应急"接诊中心"，就地就近提供接诊服务。2020年5月，新冠病毒大流行首次达到高峰时，统一医疗体系按照卫生部指导意见，在偏远城市临时设立"接诊中心（Centros de Atendimento）"，在一些城市的贫民窟建立"社区中心（Centros Comunitários）"，专门接诊轻症病例或者流感患者。接诊中心的建立可以就地就近为新冠病毒感染者提供接诊服务，增加民众享受公共医疗服务的机会，避免轻症感染者直接去医院或初级医疗单位就诊而加重这些医疗机构救治重症患者的负担，同时改善患者在统一医疗体系内初级医疗单位、医院之间有序转院治疗的流动性，从而提高整个医疗体系应对疫情的能力。

接诊中心的日常运作由当地市政府管理。经过卫生部批准并在市政府注册的接诊中心每月可以得到联邦政府6万~10万雷亚尔的拨款，用于中心的日常开支。截止到2021年底，统一医疗体系在全国1829个城市建立了2076家接诊中心，在24个城市建立了58家社区中心。③ 联邦政府卫生部为此拨

① Rodrigo Vasconcelos, "Saúde realiza balanço de entregas para o combate à Covid-19", 14/01/2021 https://www.gov.br/saude/pt-br/assuntos/noticias/copy_of_saude-realiza-balanco-de-entregas-para-o-combate-a-covid-19.

② Ministério da Saúde do Brasil, "Ministério da Saúde investe mais de R$ 16 bi na estrutura do SUS em 2021", 29/12/2021, https://www.gov.br/saude/pt-br/assuntos/noticias/2021-1/dezembro/combate-a-pandemia-ministerio-da-saude-investe-mais-de-r-16-bi-na-estrutura-do-sus-em-2021.

③ Ministério da Saúde do Brasil, "Ministério da Saúde vai repassar mais R$ 136 milhões aos Centros que atendem a pacientes com sintomas de Covid-19", 29/12/2021, https://www.gov.br/saude/pt-br/assuntos/noticias/2021-1/dezembro/ministerio-da-saude-vai-repassar-mais-r-136-milhoes-aos-centros-que-atendem-a-pacientes-com-sintomas-de-covid-19.

出的专款超过23亿雷亚尔。鉴于这是一项应对新冠肺炎疫情非常重要的基本政策，2022年1月5日，卫生部再次拨出1.36亿雷亚尔专款，用于维持和提高接诊中心的服务能力。① 此外，疫情暴发之初，里约热内卢和圣保罗还建立了几家短期性方舱医院，用于紧急收治新冠肺炎患者。

二 公共卫生体系在抗击新冠肺炎疫情中突显优势地位

巴西实行公共卫生医疗机构为主、私立医疗机构为辅的全国卫生医疗制度。毋庸置疑，各地私立医疗机构在应对这场新冠肺炎疫情中也承担了收治和抢救重症新冠肺炎患者的重任。私立医疗机构设施完备，医务人员技术精湛，服务快捷周到，但是收费昂贵且过于集中在大中城市。对于家庭收入不高、居住在偏远地区的大多数民众来说，他们更愿意去统一医疗体系看病就医。2020年2月底，新冠肺炎疫情几乎遍及巴西全境。对于这样一场大规模的流行病疫情，公共卫生医疗体系的优势得到了充分发挥。

第一，初级医疗单位发挥突出作用。巴西卫生部初级医疗保健司司长拉斐尔·卡马拉（Raphael Câmara）认为，巴西全国有5万多个初级医疗单位，加强初级医疗保健服务能够降低成本，解决大多数人的卫生医疗问题。他强调："全国各个城市都有初级医疗保健服务。正是通过初级医疗保健，所有人都可以享受统一医疗体系的服务。"据巴西卫生部发布的数据，初级医疗单位承担了巴西80%的卫生医疗服务，每月接诊人次超过1700万。2021年，联邦政府用于初级医疗保健服务的投资超过了254亿雷亚尔。②

① Ministério da Saúde do Brasil, "Ministério da Saúde vai repassar mais R $ 136 milhões aos Centros que atendem a pacientes com sintomas de Covid-19", 29/12/2021, https://www.gov.br/saude/pt-br/assuntos/noticias/2021-1/dezembro/ministerio-da-saude-vai-repassar-mais-r-136-milhoes-aos-centros-que-atendem-a-pacientes-com-sintomas-de-covid-19.

② Ministério da Saude do Brasil, "Ministério da Saúde destina R $ 25, 4 bilhões para a atenção primária", 23/12/2021, https://www.gov.br/saude/pt-br/assuntos/noticias/2021-1/dezembro/balanco-2021-ministerio-da-saude-destina-r-25-4-bilhoes-para-a-atencao-primaria.

第二，提供免费就诊服务，满足低收入家庭筛查治疗疾病的需求。统一医疗体系作为国家公共卫生医疗单位，资金主要来自国家预算，为全民提供免费的医疗卫生服务，最大限度地解决了低收入家庭看不起病的问题。巴西约有10%的人口生活在住房简陋拥挤、环境卫生条件恶劣的贫民窟。在全国6329个贫民窟中，72%的居民收入微薄，家庭积蓄不能满足一个月的生活费用。① 新冠病毒大流行期间，绝大多数民众通过统一医疗体系进行免费就诊、做核酸检测或住院治疗，从而减缓了新冠病毒在更大范围的传播。

第三，拥有遍布全国的网络化医疗设施，满足偏远地区民众就诊治疗需求。巴西国土面积达851万平方公里，大多数人口集中在沿海城市。农村和内陆地区交通不便，地广人稀，基本上没有私立医院。统一医疗体系在这些地区建立了初级医疗单位、"水上医院"（医疗船）、家庭医疗服务队、巡回医疗队等，为当地民众特别是原住民印第安人提供医疗卫生服务。据统计，统一医疗体系现有99艘"水上医院"船只，服务于亚马孙河流域沿岸的居民；有50657支家庭医疗队、5296支卫生队和256支渔民家庭医疗队，走家入户为偏远地区和沿河两岸的居民及孤寡老人提供卫生医疗服务；有191支街头医疗队，活跃在大街小巷为当地居民提供卫生医疗服务；派出593支监狱医疗队，为关押在监狱里的犯人提供卫生医疗服务。② 在这场新冠肺炎疫情中，偏远地区居民、沿河流域居民以及监狱犯人的新冠肺炎筛查、治疗和疫苗接种基本上是通过这些医疗队实施的。

第四，为原住民印第安人提供特殊的医疗卫生服务。巴西全国有70多万印第安人，分布在5852个村落。这些村落大多集中在森林茂密、河道纵横、人迹罕至的亚马孙河流域。尽管印第安人居住区与外界联系不多，却难以免于新冠病毒的传播。鉴于印第安人免疫力低下的特殊情况，2020年3

① Folha de São Paulo, "Pandemia nas favelas", 30/03/2020, https://www1.folha.uol.com.br/opiniao/2020/03/pandemia-nas-favelas.shtml.

② Ministério da Saúde do Brasil, "Ministério da Saúde destina R$ 25, 4 bilhões para a atenção primária", 23/12/2021, https://www.gov.br/saude/pt-br/assuntos/noticias/2021-1/dezembro/balanco-2021-ministerio-da-saude-destina-r-25-4-bilhoes-para-a-atencao-primaria.

月中旬，巴西联邦政府制定了《原住民感染新冠病毒的国家应急计划》，就如何护理出现新冠病毒症状的原住民提供了指导意见。34 个原住民特别卫生区（DSEI）也制定了各自的应急计划。

2020 年 4 月 1 日，亚马孙州上索利蒙地区一位 20 岁的印第安女卫生员因与同行的卫生队医生接触而感染了新冠病毒，成为巴西首例印第安人确诊病例。到 6 月 9 日，巴西印第安人确诊病例已上升到 2085 例，死亡病例 82 例，这些病例分布在 500 多个印第安人村落。① 统一医疗体系派出了 2 万多名医护人员深入印第安人居住区，展开疫情调查，采取隔离措施，接诊确诊病例，进行疫苗接种等。2020 年 5 月底，统一医疗体系还在亚马孙州首府马瑙斯一家医院开设了专为印第安人提供医疗服务的病房。该病房设有 53 张病床，其中 25 张是重症监护病床。此外，统一医疗体系的医护人员走遍印第安人村落，为 41 万 18 岁以上的印第安人接种了新冠疫苗。②

截止到 2020 年 12 月 26 日，联邦政府给印第安人特别卫生区拨款 2010 万雷亚尔，用于购买个人防护装备和其他必要物资；为每个印第安人卫生区建立了一支应对疫情的“快速反应小队（Equipe de Resposta Rápida）”，每支快速反应小队由 1 名医生、2 名护士和 4 名护理技术员组成，共拨出资金 4940 万雷亚尔；同时拨款 150 万雷亚尔用于外聘医护专业人员，加强对印第安人的接诊治疗。③

三　公共卫生体系在抗击新冠肺炎疫情中发挥的重要作用

新冠肺炎疫情暴发之前，巴西统一医疗体系所属的卫生医疗机构遍布全

① Jonas Valente，“Covid-19：mais de 2 mil indígenas foram contaminados e 82 morreram”，9/06/2020，https：//agenciabrasil. ebc. com. br/saude/noticia/2020-06/ministerio-da-saude-fala-sobre-combate-covid-19-na-saude-indigena.

② Karina Borges，“Governo Federal inicia vacinação contra Covid-19 nas comunidades indígenas brasileiras”，19/01/2021，https：//www. gov. br/saude/pt-br/assuntos/noticias/governo-federal-inicia-vacinacao-contra-covid-19-nas-comunidades-indigenas-brasileiras.

③ Bruna Saniele，“Covid-19 está em 161 povos indígenas no Brasil”，16/12/2020，https：//agenciabrasil. ebc. com. br/48904651501860486354153013512.

国各地，其中初级医疗单位（相当于社区诊所或基层卫生站）42606 个、家庭医生服务队 43267 支、各类医院 4705 家、急诊中心 596 个。统一医疗体系拥有 436887 张病床，每年接诊能力达到近 40 亿人次，并且承担了全国 98%的疫苗免费接种。全国 75%以上的人口常年依靠统一医疗体系看病就医。[①] 巴西卫生部表示，统一医疗体系“有能力对 90%的新冠病毒感染者提供接诊服务”。[②] 2020 年 2 月 26 日，巴西发现了首例新冠肺炎确诊病例。此后四个月，确诊病例数快速上升到 100 万例。一年之后，巴西新冠肺炎累计确诊病例数超过 1000 万例。在疫情高峰时刻，17 天就新增确诊病例 100 多万。面对来势汹汹、蔓延肆虐的疫情，统一医疗体系全力以赴地投入到诊断、治疗和疫苗接种的抗疫斗争中，在关键时刻发挥了重要作用。

第一，提供初级诊断服务、指导轻症患者居家隔离。统一医疗体系实行的是“预防为主、分级诊疗”的方针。初级医疗单位是民众进入统一医疗体系的“门户”。按照统一医疗体系的工作流程，病患者初诊应到初级医疗单位。病人就诊登记、常规体检化验、疫苗接种是初级医疗单位的日常工作。医生或卫生员根据对患者病情的诊断决定是否需要转到医院治疗或住院手术。对于新冠病毒感染者也是如此。一旦民众感到身体不适，出现咳嗽、咽痛、发烧等症状时，应到初级医疗单位就诊，做核酸检测。如果检测呈阳性且病情不重，医生会指导患者居家隔离观察。对重症患者或居家隔离期间病情恶化的患者，由初级医疗单位帮助患者联系、实施转院治疗。分级诊疗可以减轻医院的压力，利用有限的病房接诊重症患者，防止医院因人满为患而崩溃。巴西卫生专家认为，对于轻症患者，居家隔离与住院隔离有同等效果，同时还可以避免住院隔离可能将病毒传染给免疫力低的其他病人，加重新冠肺炎死亡率。统一医疗体系所属的初级医疗单位及其医护人员奋斗在抗

---

① Luiza Damé，“Futuro presidente terá de enfrentar financiamento do SUS”，21/09/2018，https：//agenciabrasil. ebc. com. br/saude/noticia/2018 - 09/futuro - presidente - tera - de - enfrentar - financiamento-do-sus.

② Brasil de Fato，“Ministério da Saúde：postos de saúde podem atender 90% dos casos do coronavírus”，11/03/2020，https：//www. brasildefato. com. br/2020/03/11/ministerio - da - saude-postos-de-saude-podem-atender-90-dos- casos-do-coronavirus.

疫斗争的最前线，承担了大量的接诊和分诊任务，为巴西有序分流和救治新冠肺炎重症患者作出了贡献。

第二，提供新冠肺炎核酸检测服务。核酸检测是筛查患者、预防传播的重要手段。由于病毒传播迅速、范围大，迅速进行核酸检测尤为重要。统一医疗体系所属的各个医疗机构为前来就诊和治疗的病患者提供免费核酸检测。同时，统一医疗体系还与私立医学化验室签署服务合同，民众在这些化验室进行核酸检测同样可以享受免费服务，其费用由实验室与统一医疗体系结算，这样增强了统一医疗体系为民众提供新冠核酸检测服务的能力。

第三，治疗新冠肺炎重症患者。统一医疗体系所属医院一般都具有治疗重症、进行复杂手术的先进设备以及训练有素的专业人员，承担了治疗大多数新冠肺炎重症患者的任务。新冠肺炎疫情传播之初，统一医疗体系就将设备精良的五家慈善医院列为第一批接诊治疗重症患者的指定医院，同时对其他医院进行隔离改造、增加重症监护病床、紧急调拨呼吸机等。疫情高峰期间，统一医疗体系所属医院接收了大量新冠肺炎重症患者，几乎所有医院的重症监护病床占用率都超过了 80%的警戒水平，一些医院里的重症患者只能安排在走廊里等候就治，甚至等不及治疗就已去世。

第四，承担新冠疫苗接种服务。从 2021 年 1 月起，巴西开始为民众接种新冠疫苗，此项任务由统一医疗体系承担。统一医疗体系通过所属的 4 万多家初级医疗单位以及临时建立的接种点为民众接种疫苗，一天为民众接种疫苗最多时达到 300 万人次。① 按照巴西政府的全国疫苗接种计划，年满 12 岁以上的人群是疫苗接种对象，总人数超过 1.77 亿。60 岁以上的老年人、医务专业人员等人群优先接种疫苗。为控制德尔塔、奥密克戎等变异株的快速传播，从 2021 年 12 月起，按照卫生部的部署，统一医疗体系开始为已接种疫苗的民众接种加强针。凡是接种两剂疫苗满四个月后，民众可前往统一医疗体系接种加强针。此外，从 2022 年 1 月 14 日起，巴西开始为 5~11 岁

① Nathan Victor, "Brasil vacinou quase 3 milhões de pessoas contra a Covid-19 nas últimas 24h", 23/10/2021, https://www.gov.br/saude/pt-br/assuntos/noticias/2021-1/outubro/campanha-de-sucesso-brasil-vacinou-quase-3-milhoes-de-pessoas-contra-a-covid-19-nas-ultimas-24h.

的儿童接种新冠疫苗，全国此年龄段的儿童约有 2000 万人。

根据巴西官方数据，截至 2022 年 1 月 18 日，巴西卫生部分 75 批次向各地州政府和首都联邦区分配新冠疫苗 4.02 亿剂，其中已接种疫苗 3.41 亿剂。接种一剂疫苗的人数超过 1.624 亿，1.477 亿人接种了两剂疫苗，2690 万人接种了第三剂加强针。在全国 12 岁以上的人口中，接种疫苗人数达到 83%。① 这是巴西历史上规模最大的疫苗接种运动。如果没有经过数十年建立起来的疫苗接种机制、大批训练有素的专业人员以及较为完善的工作流程，很难保障新冠疫苗接种工作有序高效地进行。疫苗接种的快速进展极大地减少了巴西新冠肺炎重症病例和死亡病例，为控制疫情发展、保持人心稳定和恢复生产发挥了重要作用。据圣保罗大学和圣保罗州立大学联合研究，从 2021 年 3 月 1 日到 11 月 15 日，巴西有 30 多万人死于新冠肺炎，其中 79.7%（24.3 万人）的人没有接种任何疫苗。从巴西开始为民众接种第二剂疫苗后，新冠肺炎死亡病例下降了 93.6%，从 3 月的 8.96 万例下降到 10 月的 5744 例。②

四　新冠肺炎疫情冲击下公共卫生体系暴露的不足

新冠肺炎疫情危机像一面镜子，反映出巴西公共卫生体系在突发卫生事件中不可替代的重要作用，同时也暴露出其存在的诸多问题与不足。

第一，各级政府缺乏协调，制约了统一医疗体系资源的合理分配使用。巴西实行联邦制，统一医疗体系所属的卫生医疗机构的日常运作由州、市两级地方政府管理。联邦政府负责指导、监督和协调，为统一医疗体系制定相

① Mahila Lara, “Em um ano desde a primeira distribuição, Ministério da Saúde atinge 408 milhões de vacinas Covid-19 enviadas para todo Brasil”, 18/01/2022, https: //www.gov.br/saude/pt-br/assuntos/noticias/2022/janeiro/em-um-ano-desde-a-primeira-distribuicao-ministerio-da-saude-atinge-408-9-milhoes-de-vacinas-covid-19-enviadas-para-todo-brasil.

② Vivian Virissimo, “Não vacinados são 80% das mortes por covid no Brasil, aponta relatório”, 5/12/2021, https: //www.brasildefato.com.br/2021/12/05/nao-vacinados-sao-80-dos-mortes-e-internados-por-covid-no-brasil-aponta-relatorio.

关政策和条例，统一采购医疗物资并按需分配，敦促国会通过相关立法和资金预算，依法拨付预算资金等。疫情到来之际，联邦政府和地方政府在疫情管控措施上缺乏共识和协调，导致各级各地政府各自为政，在疫情管控上有松有紧、时松时紧，不能快速有效地切断疫情传播链，使得疫情传播迅速。地方政府争先恐后地要求联邦政府给予更多的资金和物资支持，影响了抗疫物资的合理分配，未能使其发挥最佳作用，也造成各地应对疫情能力的不平等。

第二，资金不足严重制约了统一医疗体系的接诊能力和服务质量。2017 年，为控制公共财政开支，巴西联邦政府制定和出台了“开支封顶”的新法规，国家年度预算开支只能根据上一年通货膨胀率进行调整。这样一来，用于公共卫生的预算资金呈现逐年减少的趋势，这对原本资金就不足的统一医疗体系可谓雪上加霜。巴西政府每年公共卫生预算资金在国家财政预算开支中的比重，从这项法律生效前的 2017 年的 15.77%下降到了 2019 年的 13.54%，人均卫生开支也从 2014 年的 595 雷亚尔降至 2019 年的 555 雷亚尔。① 尽管联邦政府在疫情期间追加拨款，采购必要的医用物资，但是资金仍然不足，甚至出现医用氧气供应短缺、核酸检测试剂严重不足等问题。

第三，应急设施和应急物资供应不足。当巴西新冠肺炎疫情在 2020 年 4 月和 2021 年 6 月达到高峰时，统一医疗体系接诊能力不足的问题充分显现出来。很多医院超负荷运作，医护人员加班加点工作。2020 年 3 月，巴西卫生政策研究所在疫情暴发之初就发布调查报告指出，即使在不考虑新冠肺炎疫情的情况下，巴西医疗体系的重症监护病床数量仍然没有达到最低标准需求，即每 10 万居民中拥有 10 张床位。报告称，包括公立和私立医疗机构在内，全国 436 个卫生区域中有 279 个区域（占 64%）的病床数量达不

---

① Marina Duarte de Souza，“Orçamento da Saúde perdeu R $ 20 bilhões em 2019 por conta da Emenda do Teto de Gastos”，21/02/2020，https：//www.brasildefato.com.br/2020/02/21/orcamento-da-saude-perdeu-r-20-bilhoes-em-2019-por-conta-da-emenda-do-teto-de-gastos.

到最低标准。其中，统一医疗体系覆盖区域内的重症病床数，每 10 万人口中平均只有 7.1 张床位，没有达到最低标准（10 张床位）。①

当新冠肺炎疫情传播在巴西呈现上升趋势时，各地医院接诊超负荷现象频出。2020 年 3 月 15 日，巴西疫情首次达到高峰，全国 27 个州和联邦区中，有 25 个州的重症监护病床占有率同时亮起红灯，病床占有率超过了 80%。② 2021 年 4 月，巴西出现了第二波疫情高峰，平均每天死亡病例超过 3000 例，新增确诊病例超过 7 万例，各地接诊医院的新冠肺炎重症监护病床占用率大多超过 80%甚至是 90%，一些医院只能在走廊上对患者进行治疗。③ 位于亚马孙热带雨林腹地的马瑙斯市 2021 年初因出现新冠病毒伽马变异株大流行而导致全市医疗系统崩溃，每天需住院治疗的重症新冠肺炎病例超过 200 例，很多患者要等待数天才能安排就诊。仅在 2021 年 1 月 14 日和 15 日两天里，就有 31 名新冠肺炎住院患者因医院氧气供应不上而死亡。④ 巴西卫生部迫不得已采取紧急措施，对当地统一医疗体系的卫生站进行重组以改善接诊流程，紧急招聘了 200 名医生和 300 名护士以提高当地救治能力，还增设了 100 多张重症监护病床，并紧急调配了 78 台呼吸机和其他医疗设备及防护用品。⑤

此外，巴西卫生部紧急采购的医疗物资不能及时到位，从而影响了统一

① Ana Conceição, "Com rápida disseminação do vírus, país precisaria do dobro de leitos de UTI", 2/04/2020, https://valor.globo.com/brasil/noticia/2020/04/02/com-rapida-disseminacao-do-virus-pais-precisaria-do-dobro-de-leitos-de-uti.ghtml.

② Vinícius Lisboa, "Ocupação de leitos de UTI covid-19 não passa de 80% em nenhum estado", 11/08/2021, https://agenciabrasil.ebc.com.br/saude/noticia/2021-08/ocupacao-de-leitos-de-uti-covid-19-nao-passa-de-80-em-nenhum-estado.

③ Vladimir Platonow, "Pandemia permanece em níveis preocupantes, alerta Fiocruz", 14/04/2021, https://agenciabrasil.ebc.com.br/saude/noticia/2021-04/pandemia-permanece-em-niveis-preocupantes-alerta-fiocruz.

④ Karla Mendes, "Famílias relembram dor vivida durante crise de oxigênio no Amazonas", 14/01/2022, https://g1.globo.com/am/amazonas/noticia/2022/01/14/familias-relembram-dor-vivida-durante-crise-de-oxigenio-no-amazonas-o-que-aconteceu-foi-um-crime.ghtml.

⑤ Marina Pagno, "Ministério da Saúde prepara ações para reforço do SUS em Manaus", 6/01/2021, https://www.gov.br/saude/pt-br/assuntos/noticias/ministerio-da-saude-prepara-acoes-para-reforco-do-sus-em-manaus.

医疗体系接诊就治的效率。例如，疫情之初，巴西卫生部就与国内企业签署了价值 10 亿雷亚尔的呼吸机采购合同。然而，受进口零部件短缺以及生产能力不足的影响，本应在 2020 年 4 月交货的 2240 台呼吸机，企业却只交付了 487 台。巴西卫生部承诺，在 2020 年 5 月前租赁 2000 张病床给统一医疗体系，然而到期时仅交付了 17.5%的病床。①

第四，核酸检测试剂供应严重不足。2020 年，面对疫情的迅速传播，统一医疗体系由于缺乏足够的检测试剂，只能对出现体温 37.8 摄氏度以上、咳嗽或呼吸困难的患者进行核酸检测。2020 年 2~7 月，新冠肺炎疫情已传播到巴西全国 5371 个城市，占城市总数的 96.4%，巴西死亡病例和确诊病例数均跃居全球第二。此时，巴西统一医疗体系仅做核酸检测 118 万人次，用血清法检测 26.71 万人次，即使加上私人医疗机构所做的核酸检测，全国受检人次仅有 200 多万，远远不能满足快速筛查病例的防控要求。② 虽然随着检测试剂产量的增加以及各种进口检测试剂的增多，个人可以随时上网预约或到药店采购核酸检测试剂，进行自我检测，但是受检测试剂数量有限的影响，各级政府仍然无法组织对当地民众进行大规模的核酸检测筛查，因而无法尽早尽快地切断病毒传播链。

第五，医护人员短缺矛盾突出。2020 年 3 月下旬以后，新冠肺炎病例开始在圣保罗、里约热内卢等大城市率先出现指数级增长，统一医疗体系所属的医疗机构承受了巨大的压力，医护人员全力以赴地投入到重症病例的紧急救治工作中。由于疫情发展太快，每天需住院治疗抢救的患者过多，亟须调集大批医护人员补充抗疫第一线。然而，恰在此时，又出现了新的问题。越来越多的医护人员在工作中因感染新冠病毒而被迫请假或需离职治疗，导

① Globo, “Após buscar solução nacional para falta de respiradores, ministério recebe só 22% dos equipamentos previstos para abril”, 7/05/2020, https://g1.globo.com/bemestar/coronavirus/noticia/2020/05/07/apos-buscar-solucao-nacional-para-falta-de-respiradores-ministerio-recebe-so-20percent-dos-equipamentos-previstos-para-abril.ghtml.

② Agência Brasil, “Covid-19: casos semanais crescem e mortes oscilam, avalia ministério”, 8/07/2020, https://agenciabrasil.ebc.com.br/saude/noticia/2020-07/casos-semanais-crescem-e-mortes-oscilam.

致医护人员不足的问题更加突出。据巴西卫生部报告，疫情暴发一个多月后，全国确诊病例累计接近 19 万例，死亡病例超过 1.3 万例。同期，专业医护人员中新冠肺炎确诊病例超过 3.1 万例，其中医务技术员占 34%、医生占 13.3%。巴西联邦医学会（CFM）2020 年第四季度对全国医生作的访问调查显示，96%的医生认为新冠病毒大流行影响到他们的个人生活或职业，有的人对处置未知的病毒感到恐慌，有的人因工作太忙而影响了家庭生活，有的人睡眠质量下降，有三分之一的医生认为抗疫工作压力造成了一定程度的疲劳综合征。①

五　结语

疫情是一场考验，检验了巴西公共卫生体系的应急能力，给巴西政府和社会提供了新的经验和教训。巴西卫生部部长马塞洛·奎罗加指出，疫情暴发期间，巴西甚至连口罩都需要从国外进口。他说："新冠肺炎疫情给我们提供了一些教训"，"巴西是一个拥有 2 亿多人口的大陆型国家，如果没有工业体系生产的医用物资，就不可能落实相关的公共政策和维持统一医疗体系的可持续发展。"② 巴西联邦医学会主席毛罗·里贝罗（Mauro Ribeiro）认为，这场疫情大流行将给巴西留下不容置疑的教训："我们需要作好准备，加大对统一医疗体系的投资，扩大国产药品和设备的生产能力，加强科学认知，最重要的是重视提升为巴西民众提供优质医疗的劳动力价值。"③

---

① Alana Gandra, "Pandemia aumentou estresse em profissionais de saúde, afirma pesquisa", 7/04/2021, https://agenciabrasil.ebc.com.br/saude/noticia/2021-04/pandemia-aumentou-estresse-em-profissionais-de-saude-afirma-pesquisa.

② Ministro da Saúde do Brasil, "A pandemia nos trouxe várias lições, como a necessidade do fortalecimento do complexo industrial de saúde brasileiro", 14/10/2021, https://www.gov.br/saude/pt-br/assuntos/noticias/2021-1/outubro/a-pandemia-nos-trouxe-varias-licoes-como-a-necessidade-do-fortalecimento-do-complexo-industrial-de-saude-brasileiro-diz-marcelo-queiroga.

③ Alana Gandra, "Pandemia aumentou estresse em profissionais de saúde, afirma pesquisa", 7/04/2021, https://agenciabrasil.ebc.com.br/saude/noticia/2021-04/pandemia-aumentou-estresse-em-profissionais-de-saude-afirma-pesquisa.

抗疫期间，巴西政府新建了一家分子生物实验室。在与其他国家的合作下，巴西奥斯瓦尔多克鲁斯基金会迅速具备了国产新冠疫苗全流程的生产能力。2021 年 8 月 4 日，巴西卫生部颁布法令，决定在国家流行病学监测系统范围内建立统一医疗体系的公共卫生紧急情况监测、警报和响应网络（A Rede Vigiar-SUS）。此网络的建立将“提高国家对卫生紧急情况的准备和反应能力”，并明确了联邦、州和市三级政府各自的权限和责任。[①] 疫情之后，以统一医疗体系为骨干的公共卫生事业必将重新受到重视，通过调整改善，其将进一步增强应对突发公共卫生事件的能力，以便在今后的防疫、抗疫斗争中发挥更大的作用。

① Pedrto Peduzzi，“Governo cria rede para melhorar respostas a emergências em saúde”，4/08/2021，https：//agenciabrasil. ebc. com. br/saude/noticia/2021-08/governo-cria-rede-para-melhorar-respostas-emergencias-em-saude.

Y.8
巴西政坛极右翼的失利

刘婉儿*

摘　要： 在2020年巴西市政选举中，中右翼和右翼收获颇丰，极右翼和左翼铩羽而归，凸显在现政府施政不力、公共卫生及经济社会多重危机交织叠加的背景下，选民对极右翼当权者的不满加剧，更多地转向温和理性、治理经验丰富的候选人，现总统博索纳罗推崇的激进主义、“反建制”主义的生存发展空间被压缩，博索纳罗连任之路更加艰难。选举结果还表明，左翼积弊未除，后备力量有待培养，“第三条道路”、传统的保守派政党趁势获得更多选民青睐，保守力量将继续在巴西政坛扮演重要角色。此外，本届市政选举中，弃票率创新高，反映巴西民众对政治的不信任情绪持续蔓延；近30个政党获得市长、市议员席位，传统大党与其他党派的差距缩小，反映巴西政党格局碎片化日益严峻，这些为巴西的政治稳定和政治发展带来挑战。

关键词： 巴西政治　市政选举　博索纳罗

2020年末，巴西举行市政选举，这是在新冠肺炎疫情蔓延的特殊背景下进行的一次选举活动，也是极右翼政客博索纳罗2018年当选总统以来的首场全国性地方选举，为观察该国政治生态变化、预测该国未来政局走向提

* 刘婉儿，中国现代国际关系研究院拉美研究所研究实习员。

供了一面“镜子”。本报告以2020年巴西市政选举为案例，考察2020~2021年间巴西的政治生态。

一 选举结果

2020年市政选举决定了巴西5568座城市的市长及市议员人选。虽然疫情将全国选举时间从当年10月推迟至11月、停电使阿马帕州州府的选举时间推迟至12月，但上述意外事件基本可控，选举过程总体平稳有序。结果显示，中右翼及右翼是此次市政选举的最大赢家（见表1和图1）。

（一）市长选举

中右翼及右翼表现亮眼。“中间派党团”[①]“斩获”了全国约45%的市长席位，获胜城市人口占全国总人口的35%。[②]其绝大部分成员的当选市长数量较上届选举有明显上升，爱国者党（PATRI，277%）、共和党（REP，99%）、团结党（SD，52%）的上升势头最为显著；进步党（PP）、社会民主党（PSD）的上涨幅度超过20%，且这两个政党的当选市长数量在全国各政党中分别位列第二和第三。同时，其他中右翼政党亦牢牢占据榜单前列。从当选的市长数量看，巴西民主运动（MDB）以784名市长的成绩位列第一；巴西社会民主党（PSDB，520）和民主党（DEM，463）分列第四和第五；[③]从获胜的城市人口看，巴西社会民主党“折桂”，获胜城市人口总计3400万，约占全国总人口的16%；巴西民主运动（2600万）和民主党

① 巴西一非官方政党团体，倾向于为历届政府提供政治支持，以换取自身利益，虽名为“中间派党团”，但意识形态取向偏中右翼及右翼。当前成员包括：进步党、社会民主党、自由党、巴西工党、共和党、基督教社会党、团结党、前进党、爱国者党、社会秩序共和党。

② Fábio Vasconcellos，“Partidos do Centrão vão Comandar quase Metade dos Municípios Do país”，*Globo*，30/11/2020，https：//g1. globo. com/politica/eleicoes/2020/eleicao – em – numeros/noticia/2020/11/30/partidos–do–centrao–vao–comandar–quase–metade–dos–municipios–do–pais. ghtml.

③ https：//infograficos. oglobo. globo. com/brasil/eleicoes–2020/mapa – dos – partidos – no – brasil – prefeituras. html#/municipios.

（2550 万）分列第二和第三。[①]

以博索纳罗总统为代表的极右翼呈现下滑势头。2018 年大选期间，诸多政客通过与博索纳罗的“捆绑”而当选参众议员、州长等职，包括圣保罗州州长若昂·多利亚、米纳斯吉拉斯州州长罗梅乌·泽马等，但仅仅两年后，博索纳罗的号召力明显下降。据统计，本次竞选活动期间，博索纳罗曾通过社交网络为 13 名市长候选人公开“拉票”，但其中仅 2 人胜选。[②] 在巴西最大城市圣保罗，得到博索纳罗背书的塞尔索·鲁索曼诺（Celso Russomanno）首轮“折戟”；在第二大城市里约热内卢，博索纳罗的忠实盟友、2016 年以高票当选市长的马塞洛·克里韦拉（Marcelo Crivella）在本次选举第二轮投票中大幅落后于对手。里约热内卢州立大学政治学教授毛里西奥·桑托罗（Mauricio Santoro）认为，选举结果于博索纳罗而言堪称“糟糕”。[③] 热图里奥瓦加斯基金会政治学教授费尔南多·阿布鲁西奥表示，“博索纳罗时代”终结了。[④]

主要左翼政党延续颓势。自 2010 年初期起便不断发酵的反劳工党（PT）情绪至今仍在蔓延。劳工党（PT）本次仅赢得 183 座城市的市长选举，较 2016 年下降了近 30%，较 2012 年下降了 70%，为 16 年来最差水平。该党在州府城市市长竞选中全部失利，这在 1985 年巴西再民主化后的历届

① Felipe Grandin, “Prefeitos do PSDB vão Governar Maior Número de Habitantes; Partido, Porém, Registra a Maior Perda em Relação à Última Eleição”, *Globo*, 29/11/2020, https://g1.globo.com/politica/eleicoes/2020/eleicao-em-numeros/noticia/2020/11/29/prefeitos-do-psdb-vao-governar-maior-numero-de-habitantes-partido-porem-registra-a-maior-perda-em-relacao-a-ultima-eleicao.ghtml.

② Thiago Reis, “Candidatos a Prefeito Apoiados por Bolsonaro Saem Derrotados no 2° turno; nesta Eleição, Só 2 de 13 Saíram Vitoriosos”, *Globo*, 29/11/2020, https://g1.globo.com/politica/eleicoes/2020/eleicao-em-numeros/noticia/2020/11/29/candidatos-a-prefeito-apoiados-por-bolsonaro-saem-derrotados-no-2o-turno-nesta-eleicao-so-2-de-13-sairam-vitoriosos.ghtml.

③ 《巴西地方选举　博索纳罗支持人选失意大城市》，新华网，http://www.xinhuanet.com/world/2020-11/17/c_1210889319.htm。

④ Aiuri Rebello, “Fernando Abrucio: ‘Eleitor Evangélico Mostrou que não é Voto de Cabresto’”, *El País*, 01/12/2020, https://brasil.elpais.com/brasil/2020-12-01/fernando-abrucio-eleitor-evangelico-mostrou-que-nao-e-voto-de-cabresto.html.

市政选举中尚属首次。巴西社会党（PSB）、民主工党（PDT）、巴西共产党（PCdoB）等其他左翼政党的选情亦不乐观。其中，巴西社会党当选市长数量较上届选举下降了近 40%。[①] 本次选举后，左翼市长数量较 2016 年下降了 20%，较 2012 年下降了 35%。[②] 不过，在于左翼不利的政治氛围下，社会主义与自由党（PSOL）的表现引发关注。该党展现出其前所未有的影响力，在帕拉州州府贝伦市的市长竞选中获胜；该党候选人吉列尔梅·博洛斯（Guilherme Boulos）进入圣保罗市长选举第二轮投票，并获得超过 40%的选票，吉列尔梅·博洛斯由此被视为颇具潜力的左翼新领导人。

表 1　2016 及 2020 年巴西市政选举中各党派当选市长数量对比

政党	2020 年当选市长数量	2016 年当选市长数量	变化值
巴西民主运动(MDB)	784	1049	-265
进步党(PP)	685	498	+187
社会民主党(PSD)	654	540	+114
巴西社会民主党(PSDB)	520	805	-285
民主党(DEM)	463	272	+191
自由党(PL)	345	299	+46
民主工党(PDT)	314	334	-20
巴西社会党(PSB)	252	409	-157
巴西工党(PTB)	212	266	-54
共和党(REP)	211	106	+105
劳工党(PT)	183	257	-74
公民党(CID)	140	125	+15
基督教社会党(PSC)	116	86	+30
我们能党(PODE)	102	30	+72
团结党(SD)	94	62	+32

① "Eleições Municipais 2020: Avanço da Direita, Abstenção Recorde e Mais 3 Destaques das Urnas", BBC, 16/11/2020, https://www.bbc.com/portuguese/brasil-54967867.

② Carolina Riveira, "Prefeituras de Esquerda Diminuem em 20%: a Eleição em Três Gráficos", *Exame*, 30/11/2020, https://exame.com/brasil/prefeituras-de-esquerda-diminuem-em-20-a-eleicao-em-tres-graficos/.

续表

政党	2020 年当选市长数量	2016 年当选市长数量	变化值
社会自由党(PSL)	90	30	+60
前进党(AVANTE)	82	12	+70
爱国者党(PATRI)	49	13	+36
绿党(PV)	47	102	-55
巴西共产党(PCdoB)	46	82	-36
社会秩序共和党(PROS)	41	50	-9
国家动员党(PMN)	13	28	-15
巴西工人革新党(PRTB)	6	9	-3
可持续发展网络(REDE)	5	6	-1
社会主义与自由党(PSOL)	5	2	+3
基督教民主党(DC)	1	8	-7
基督教工党(PTC)	1	16	-15
巴西妇女党(PMB)	1	4	-3
新党(Novo)	1	0	+1

资料来源：https：//infograficos. oglobo. globo. com/brasil/eleicoes-2020/mapa-dos-partidos-no-brasil-prefeituras. html#/municipios。

（二）市议员选举

市议员选举与市长选举情况类似。（见表 2）当选市议员最多的五个政党均属中右翼或右翼，分别是巴西民主运动、社会民主党、我们能党、进步党、巴西社会民主党。其中，我们能党当选议员数量较上届选举提升了 97.2%，社会民主党、进步党的上涨幅度均超过了 20%。[①]

总统博索纳罗公开支持的 46 名议员候选人中，仅 10 人胜选。[②] 另据巴

① Agência Senado, "Eleição Municipal 'Pulveriza' o Domínio nas Cidades entre Partidos de Centro", 17/11/2020, https：//www12. senado. leg. br/noticias/materias/2020/11/17/eleicao-municipal-pulveriza-o-dominio-nas-cidades-entre-partidos-de-centro.

② Pedro Henrique Gomes, "Bolsonaro Cancela 'Live Eleitoral' após Usar Alvorada em 7 Dias a Fim de Pedir Votos para 59 Candidatos", *Globo*, 13/11/2020, https：//g1. globo. com/politica/eleicoes/2020/noticia/2020/11/30/as-eleicoes-de-2020-em-numeros. ghtml.

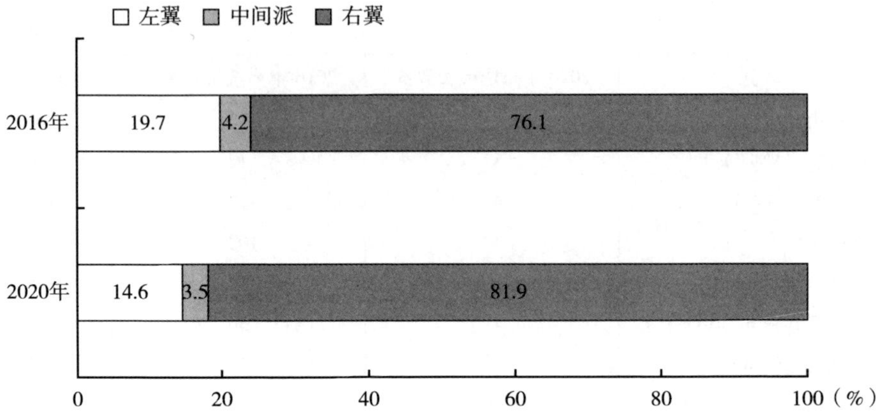

图 1　2016 及 2020 年巴西左、中、右翼市长数量占比

注：此图所指左翼政党包括：社会主义与自由党、巴西共产党、劳工党、民主工党、巴西社会党；中间派政党包括：可持续发展网络、公民党、绿党；右翼政党包括：巴西工党、前进党、团结党、国家动员党、巴西妇女党、巴西民主运动、社会民主党、巴西社会民主党、巴西工人革新党、社会秩序共和党、爱国者党、共和党、自由党、我们能党、基督教工党、基督教民主党、社会自由党、新党、进步党、民主党、基督教社会党。

资料来源：Fábio Vasconcellos，"Partidos de Direita Ampliam Número de Prefeituras; Esquerda Perde Espaço"，*Globo*，01/12/2020，https://g1.globo.com/politica/eleicoes/2020/eleicao-em-numeros/noticia/2020/12/01/partidos-de-direita-ampliam-numero-de-prefeituras-esquerda-perde-espaco.ghtml。

西选举法院统计，此次市长及市议员选举中，共 78 名候选人的姓氏为"博索纳罗"，其中少部分人是总统亲属，另有许多人是总统的坚定拥护者，并获得了总统本人支持，但最终仅 1 人成功当选，亦即总统之子、自 2001 年起一直担任里约热内卢市议员的卡洛斯·博索纳罗，且其本次得票数较上届选举减少了 34%。①

劳工党（-5.9%）、巴西社会党（-17%）、巴西工党（-20%）、巴西共产党（-31%）等主要左翼政党的当选议员数量较上届选举有所减少。另外，与市长选举一样，左翼政党中唯一"战绩"较好的是社会主义与自由

① Marcelo Parreira e Fábio Vasconcellos，"Apenas 1 dos 78 Candidatos com Bolsonaro no Nome de Urna é Eleito no Brasil"，*Globo*，16/11/2020，https://g1.globo.com/politica/eleicoes/2020/eleicao-em-numeros/noticia/2020/11/16/apenas-1-dos-78-candidatos-com-bolsonaro-no-nome-de-urna-e-eleito-no-brasil.ghtml.

党，其当选议员数量较四年前增长了 53.7%，并与民主党共同成为圣保罗市议会中的第三大党。①

表 2　2016 年及 2020 年巴西市政选举中各党派当选市议员数量对比

政党	2020 年当选市议员数量	2016 年当选市议员数量	变化率
巴西民主运动(MDB)	7300	7556	-3.4%
进步党(PP)	6310	4729	+33.4%
社会民主党(PSD)	5652	4642	+21.8%
巴西社会民主党(PSDB)	4317	5364	-19.5%
民主党(DEM)	4311	2905	+48.4%
自由党(PL)	3436	3017	+13.9%
民主工党(PDT)	3417	3757	-9.0%
巴西社会党(PSB)	3012	3628	-17.0%
劳工党(PT)	2645	2812	-5.9%
共和党(REP)	2563	1614	+58.8%
巴西工党(PTB)	2445	3055	-20.0%
公民党(CID)	1579	1669	-5.4%
我们能党(PODE)	1505	763	+97.2%
基督教社会党(PSC)	1501	1524	-1.5%
团结党(SD)	1327	1436	-7.6%
社会自由党(PSL)	1197	871	+37.4%
前进党(AVANTE)	1049	489	+114.5%
绿党(PV)	806	1524	-47.1%
社会秩序共和党(PROS)	749	987	-24.1%
爱国者党(PATRI)	712	523	+36.1%
巴西共产党(PCdoB)	693	1005	-31.0%
基督教工党(PTC)	217	573	-62.1%
巴西工人革新党(PRTB)	216	388	-44.3%

① Agência Senado, "Eleição Municipal 'Pulveriza' o Domínio nas Cidades entre Partidos de Centro", 17/11/2020, https://www12.senado.leg.br/noticias/materias/2020/11/17/eleicao-municipal-pulveriza-o-dominio-nas-cidades-entre-partidos-de-centro.

续表

政党	2020 年当选市议员数量	2016 年当选市议员数量	变化率
国家动员党(PMN)	199	528	-62.3%
可持续发展网络(REDE)	142	181	-21.5%
基督教民主党(DC)	120	418	-71.3%
社会主义与自由党(PSOL)	83	54	53.7%
巴西妇女党(PMB)	48	216	-77.8%
新党(Novo)	29	4	+625.0%

资料来源：Agência Senado, "Eleição Municipal 'Pulveriza' o Domínio nas Cidades entre Partidos de Centro", 17/11/2020, https://www12.senado.leg.br/noticias/materias/2020/11/17/eleicao-municipal-pulveriza-o-dominio-nas-cidades-entre-partidos-de-centro。

二　原因分析

为何在 2020 年市政选举中，以博索纳罗总统为代表的极右翼会失利呢？主要原因有三。

其一，博索纳罗施政不力。博索纳罗上任后，对内与传统政治势力划清界限，施行政治民粹主义、经济自由主义、社会保守主义；对外奉行"意识形态外交"，一度对美国特朗普政府亦步亦趋，并注重与匈牙利、波兰等国的保守派政府拉近关系，有意推动建立世界范围内的右翼保守联盟。博索纳罗的激进政策主张不可避免地加剧国内对立情绪与政坛极化趋势。一方面，他能获得极端保守派的支持，基本盘大致稳固，截至 2021 年初，其支持率一直保持在 30%左右；但另一方面，其反对率不断上升，从 2019 年初的 30%升至 2021 年初的 40%，再激增至 2021 年末的 50%，① 这意味着原本并不认同其施政理念、只是出于求变心理而将其推上总统之位的中间派选民越来越多地转向其对立面。在此基础上，新冠肺炎疫情进一步暴露了博索纳

① DataFolha, "Reprovação a Governo Bolsonaro Fica Estável, em 53%", 17/12/2021, http://media.folha.uol.com.br/datafolha/2021/12/20/P2ri345r2353IV9ns894 - 343402iSP1x2r21_AVaoBrzl.pdf.

罗的治理能力缺陷。

博索纳罗消极防疫致使巴西的确诊及死亡病例数高居全球前列，2020年末民调显示，近半数民众不满其抗疫政策。[①] 疫情还引发了一系列经济、社会、政治方面的负面影响。2020年，巴西国内生产总值大幅萎缩4.1%，创三十年来最糟糕纪录；失业率高达13.5%，是巴西国家地理统计局自2012年开始相关统计以来的最高值；[②] 即便疫情期间政府出台了紧急援助计划，仍有四分之一的人口生活在贫困线下；[③] 通胀率为4.52%，高于当年政府管控目标4%，并创下四年来新高，[④] 飞涨的物价致使民众手头更紧、生活更难、不满更甚。与此同时，博索纳罗在抗疫方面的立场与多名军政界重要人士尖锐对立，防疫政策在一定程度上成为政治斗争的牺牲品。博索纳罗还在签署疫苗购买合同时涉嫌贪腐，遭巴西最高法院调查，其亲属、亲信亦面临多项腐败指控。由此可见，博索纳罗上任初期许下的两大施政目标，即恢复经济、消除腐败均未能实现，反倒开始"引火烧身"。塞尔吉奥·阿布兰谢斯（Sérgio Abranches）分析称，疫情是巴西政局的一个转折点，传统的左右翼对峙让位于积极抗疫派与消极抗议派的对立；本次市政选举中，应对疫情工作不力是许多市长落马的重要原因，也是以博索纳罗为代表的极右翼失利的重要原因。[⑤] 此外，博索纳罗2019年因政争退出社会自由党，其后又未能获得足够支持以组建新政党。2020年市政选举期间，其不属于任

---

① DataFolha, "Aprovação ao Trabalho de Bolsonaro na Pandemia é Inferior à de Governadores e Prefeitos", 14/12/2020, http://media.folha.uol.com.br/datafolha/2020/12/14/ad8a599af4864554583c395d7dde7aedagp.pdf.

② Marcelo Roubicek, "Década Perdida: a Queda do PIB em 2020 sob Perspectiva Histórica", *Nexo Jornal*, 04/03/2021, https://www.nexojornal.com.br/expresso/2021/03/03/D%C3%A9cada-perdida-a-queda-do-PIB-em-2020-sob-perspectiva-hist%C3%B3rica.

③ IBGE, "Síntese de Indicadores Sociais: Uma Análise das Condições de Vida da População Brasileira 2021", 2021, https://biblioteca.ibge.gov.br/visualizacao/livros/liv101892.pdf.

④ Agência Brasil, "Inflação Oficial Fecha 2020 em 4, 52%, Diz IBGE", 12/01/2021, https://agenciabrasil.ebc.com.br/economia/noticia/2021-01/ibge-inflacao-de-2020-tem-alta-de-452-maior-desde-2016.

⑤ Mariana Alvim, "Eleições Municipais 2020: Derrotas de Aliados Mostram que 'Bolsonaro não é Mais o Mesmo de 2018', Diz Cientista Político", BBC, 30/11/2020, https://www.bbc.com/portuguese/brasil-55126882.

何党派，有分析认为，这导致总统缺乏政党资源支持，也导致选民不清楚谁是总统的盟友，在一定程度上限制了总统的号召力。①

其二，左翼沉疴未除。在前总统罗塞夫 2016 年遭弹劾、劳工党丢掉政权后，劳工党一直致力于制定新形势下的斗争路线，意图借巴西政治乱局“重整旗鼓”、“东山再起”。2019 年末，该党召开全国代表大会，确定夺权新战略，主要举措包括：加强政治宣传，唤醒中下层民众对劳工党的“美好回忆”；发扬基层工作传统，强化组织动员，为街头抗争作好准备；加强与其他左翼政党和中右翼政党的沟通，谋求建立广泛的政治同盟；抓住博索纳罗政府社会、环保政策的薄弱点，展开针对性攻击。然而，上述举措多为“老一套”，仍停留在宣传自身、联合盟友、攻击对手层面。该党对掌权期间的政策失误缺乏深刻反思，也未针对国家当前面临的问题提出系统的解决之道，因此在弥合左翼分歧、获得友党和选民认同方面难度较大。加之民主工党、巴西共产党、社会主义与自由党等其他左翼政党各有所思，左翼“新生代”仍有待成长，以上多种因素共同导致左翼在此次市政选举中表现不佳。

其三，选民偏好改变。巴西民调机构 DataFolha 发布的数据显示，2016 年，亦即前总统罗塞夫遭弹劾当年，腐败（37%）是选民最关切的议题，其次是健康（17%）、就业（14%）、经济（7%）；2020 年市政选举当年，腐败（7%）降至第四位，健康（27%）、就业（13%）、经济（8%）分列前三。② 由此可见，受疫情肆虐以及经济衰退的影响，巴西民众愈发务实，愈加关注实实在在的经济、社会问题。热图里奥瓦加斯基金会政治学教授费尔南多·阿布鲁西奥分析了里约热内卢市福音派选民的投票意向，并表示，2018 年大选期间，“博索纳罗主义（bolsonarismo）”言论很有市场，为了

---

① “Eleições Municipais 2020: Avanço da Direita, Abstenção Recorde e Mais 3 Destaques das Urnas”, BBC, 16/11/2020, https://www.bbc.com/portuguese/brasil-54967867.

② DataFolha, “Reprovação a Governo Bolsonaro Fica Estável, em 53%”, 17/12/2021, http://media.folha.uol.com.br/datafolha/2021/12/20/P2ri345r2353IV9ns894 - 343402iSP1x2r21 _ AVaoBrzl.pdf.

国家和家庭对抗腐败、捍卫基督教价值观等表述得到该市绝大多数福音派选民的认同。但是，疫情期间，市政府应对不力，多数中下阶层的福音派选民基本生活难以得到保障，宗教等议题的吸引力随之减弱，以至于该市多数福音派选民并未在2020年市政选举中将选票投给福音派牧师马塞洛·克里韦拉。① 里约热内卢大学政治学教授毛里西奥·桑托罗表示，危机之下，选民更青睐温和、有经验的候选人。②

综上所述，中右翼及右翼政党成为选民稳中求变的最优选择。

三 巴西政治生态的变与不变

结合2020年市政选举情况以及近几年巴西政局走向，巴西政治生态呈现“三变”和“四不变”。

变化方面：其一，极右翼光环不再，“反建制”思潮退潮。2018年大选是极右翼、“反建制派”的胜利，当时多数选民希望以“非寻常之人走非寻常之路”，扭转国家发展乱象。但近几年的国家发展状况显示，这一激进“疗法”并未奏效，渐失民心。2020年市政选举结果进一步表明，在现实问题的巨大冲击下，更多选民回归务实、理性，煽动对立的政策主张以及“反建制”话语难得人心。未来一段时间内，巴西仍要在疫情“高烧不退”、经济复苏乏力的“泥淖”中挣扎，选民或更多地从激进主义转向实用主义，从“反建制派”转向温和理性、经验丰富的候选人。

其二，左翼面临代际转换。一方面，巴西左翼“领军人物”卢拉仍享有较高威望。巴西的制度设计赋予了总统较大的权力，国家运行过程中较为强调总统的作用，“克里斯玛”型总统更容易积聚选民黏性。③ 因

---

① Aiuri Rebello, “Fernando Abrucio: ‘Eleitor Evangélico Mostrou que não é Voto de Cabresto’ ”, *El País*, 01/12/2020, https://brasil.elpais.com/brasil/2020-12-01/fernando-abrucio-eleitor-evangelico-mostrou-que-nao-e-voto-de-cabresto.html.

② 《巴西地方选举 博索纳罗支持人选失意大城市》，新华网，http://www.xinhuanet.com/world/2020-11/17/c_1210889319.htm。

③ 周燕：《卢拉回归：理解巴西左翼政治力量》，《区域观察》2021年第2期。

此，虽然卢拉所属政党劳工党因施政不力、腐败等问题招致民众反对，在2018年大选、2020年市政选举中均表现欠佳，但卢拉本人一直拥有较高人气，许多民众依然怀念“卢拉时代”，怀念当年巴西高速发展的日子。2018年卢拉被判入狱服刑前，其在总统竞选中的民意支持率一直高居榜首。2021年，在最高法院因程序性问题裁定其所受判决无效、暂时恢复其政治权利后，卢拉再次领跑2022年大选的各大民调，不排除其2022年再度当选总统的可能。另一方面，左翼新老交替难以避免。卢拉并未被认定无罪，有关案件仍需重审，其参选之路及未来政治生涯面临诸多不确定因素。除卢拉外，左翼政党目前缺乏有影响力的政治人物，吉列尔梅·博洛斯等“新生代”在组织力、号召力、知名度等方面仍有待提升。在此背景下，左翼亟须推进队伍代际更替、重新整合力量。

其三，选民关注重点转变。民调显示，2021年末，医疗卫生（24%）继续得到最多关注的同时，就业（14%）、经济（12%）、饥饿和贫困（8%）、通胀（7%）、教育（7%）等民生议题的受关注度显著上升，腐败（4%）的受关注度持续下降。① 热图里奥瓦加斯基金会政治学教授费尔南多·路易斯·阿布鲁西奥分析称，如今的社会舆论氛围较2018年发生了明显转变，社会民生议题或将成为2022年大选的最重要议题。② 巴西民调机构DataFolha的负责人毛罗·保利诺（Mauro Paulino）表示，意识形态不再是2022年大选的决定性因素，生存与食物才是关键。③

不变方面：其一，保守力量一直在巴西政坛占据重要位置。从总统层面看，该国首位通过直接选举产生的总统费尔南多·科洛尔（Fernando

① DataFolha, “Reprovação a Governo Bolsonaro Fica Estável, em 53%”, 17/12/2021, http://media.folha.uol.com.br/datafolha/2021/12/20/P2ri345r2353IV9ns894 - 343402iSP1x2r21_AVaoBrzl.pdf.

② Aiuri Rebello, “Fernando Abrucio: ‘Eleitor Evangélico Mostrou que não é Voto de Cabresto’ ”, *El País*, 01/12/2020, https://brasil.elpais.com/brasil/2020-12-01/fernando-abrucio-eleitor-evangelico-mostrou-que-nao-e-voto-de-cabresto.html.

③ Fernando Molica, “Para Chefes de Institutos de Pesquisa, Bolsonaro Terá Dificuldade para Retomar Popularidade”, CNN, 02/01/20222, https://www.cnnbrasil.com.br/politica/para-chefes-de-institutos-de-pesquisa-bolsonaro-tera-dificuldade-para-retomar-popularidade/.

Collor）属于保守派；其后掌权的分别隶属于巴西民主运动以及劳工党的总统均不得不联合保守党派；现总统博索纳罗属于极端保守派。从国会层面看，1985年巴西再民主化后的历次国会选举中，保守派政党的当选众议员数量从未低于众议员总数的三分之一，有两届选举（1990和2018年）甚至超过一半。[①] 如今，在2020年市政选举中，保守派政党的胜利再次印证了保守主义在巴西政坛的重要性。有学者认为，保守主义是巴西的“常态”，在大部分时间里占据着政治主导地位。[②] 当前，卢拉和博索纳罗在2022年大选民调中分列前两位，此次选举似乎再次面临与2018年类似的左右对峙、两极分化格局。但不容忽视的是，两人均有意与传统的保守党派拉近距离。例如，卢拉与各大保守派政党加强对话，以扩大支持基础；博索纳罗执政期间即注重争取“中间派党团”支持，并在组建政党失败后加入了自由党。传统的保守派政党将成为影响2022年大选的一股重要力量，并继续在巴西政坛扮演重要角色。

其二，政治碎片化延续。巴西政党格局高度碎片化，历届总统均需组建多党执政联盟，方能确保执政环境稳定，但这也为权力寻租与腐败开辟了空间，为政治体制运转留下了不稳定因素。2020年市政选举结果显示，该国政治力量较以往更加分散。全国33个政党中，29个政党取得了市长及市议员席位；首次未有政党拿下超1000个城市的市长席位；虽然传统大党巴西民主运动、巴西社会民主党的市长及市议员数量仍排名靠前，但当选人数均较上届选举有所下降，相关席位被更多的“中间派党团”成员占据。政党间权力差距缩小、政治格局碎片化程度提升，这些将进一步提高政治交易成本，加大执政党平衡各派利益的难度，加剧政局的不稳定性。

---

① Henrique Curi e Otãvio Catelano, “Partidos Conservadores no Brasil do Seculo XXI（2022－2018）”, Trabalho Preparado para Apresentação no X Congresso Latinoamericano de Ciência Política（Alacip）, Organizado Conjuntamente pela Associação Latinoamericana de Ciência Política, a Associação Mexicana de Ciência Política e o Tecnológico de Monterrey, Julho e Agosto de 2019.

② 周燕：《巴西保守主义：新的浪潮还是回归历史?》，《世界知识》2019年第8期，第52~53页。

其三，“反在位者”情绪持续蔓延。近年来，面对拉美严重的政治、经济、社会问题，民众对既有政治秩序的不满不断上升，进而用选票惩罚当权者，“愤怒票”现象由此蔓延。2018 年，博索纳罗在很大程度上凭借“愤怒票”当选。2020 年，以博索纳罗为代表的极右翼势力又因无法化解国内矛盾而受到“愤怒票”惩罚。2022 年初，博索纳罗在总统选举民调中落后于卢拉，强烈的“反在位者”情绪恐为其连任之路带来巨大障碍。表面上看，若卢拉上台，似乎与拉美近期新兴政治力量崛起、“素人”当政的现象相悖。但实质上，二者均反映出拉美国家政党的治理能力相对羸弱，危机之下难以助力国家脱困，进而成为引发民众不满和政治动荡的重要原因。未来，无论哪个政党在巴西当政，若无法推进结构性变革、改善治理模式，“愤怒票”现象仍将持续，国家将继续在不同发展道路中挣扎。

其四，对政治的不信任度持续攀升。巴西在 2000 年以来的历次选举中，弃权或投无效票、空白票的比例在不断上升。1990 年末至 2010 年初，选举弃票率一般不超过 20%。2014、2016 和 2018 年的选举弃票率平均值均约为 21%。在 2020 年的市政选举中，第一轮投票的弃票率为 23.1%；第二轮投票的弃票率为 29.5%，创历史新高。其中，戈亚尼亚（36.7%）、里约热内卢（35.4%）、阿雷格里港（32.8%）、圣保罗（30.8%）等大城市的高弃票率尤为引人关注。[①] 以圣保罗为例，当选市长的布鲁诺·科瓦斯（Bruno Covas）在第二轮投票中获得了近 320 万张有效选票，但弃票、投无效票或空白票的人数超过 360 万。[②] 究其原因，疫情是重要影响因素之一。此外，近年来巴西政坛恶斗不断，政客丑闻频发，国家发展面临诸多“绊脚石”，致使选民对政府的不满加剧，对选举丧失信

① Agência Senado, “Especialistas Analisam Abstenção Recorde nas Eleições de 2020”, 30/11/2020, https://www12.senado.leg.br/noticias/materias/2020/11/30/especialistas-analisam-abstencao-recorde-nas-eleicoes-de-2020.

② Marina Motomura, “Covas ‘Perde’ para Soma de Abstenção, Nulos e Brancos em SP”, CNN, 29/11/2020, https://www.cnnbrasil.com.br/politica/covas-perde-para-soma-de-abstencao-nulos-e-brancos-em-sp/.

心，政治参与热情持续下降。有分析认为，弃票率高为巴西制度体系带来新挑战，未来的选举中，候选人不仅要说服选民为自己投票，还要说服选民参与投票。[①]

① Felipe Mascari, "Abstenção Recorde nas Eleições de 2020 Cria Novo Desafio ao Sistema Político", 03/12/2020, https: //www. redebrasilatual. com. br/politica/2020/12/abstencao-eleicoes-2020-recorde-desafio/.

Y.9 巴西加入经合组织的诉求及美方态度

〔巴西〕Laís Forti Thomaz　〔巴西〕Tullo Vigevani　〔巴西〕Elisa Cascão Ferreira *

摘　要： 2019~2021年博索纳罗执政期间，博索纳罗政府相信加入经合组织会给巴西带来有效的收益，特别是可以通过遵守经合组织的规范而获得“质量印章”，因此博索纳罗政府对加入经合组织抱有浓厚的兴趣，并将之作为政府的优先事项。为了寻求美国对巴西加入经合组织的支持，博索纳罗政府不断向美国示好，甚至不惜对美国作出让步，放弃巴西在世贸组织中的发展中国家地位，同意美国取消巴西的普遍优惠制待遇。然而，博索纳罗政府对美国的靠近和让步并没有实现自己的目标，既没有取得实际的经济成果，也未能获得美国对巴西加入经合组织的明确支持。美国没有表现出博索纳罗政府所期待的互惠对等，巴美关系并未成为影响巴西加入经合组织的决定性变量。美国从自身的政治、经济、环境等利益出发，对巴西加入经合组织的诉求未给予明确的支持，其态度摇摆不定，从中反映出美巴之间存在的不对等关系，至今巴西仍在经合组织潜在候选国的名单上。

关键词： 博索纳罗政府　经合组织　巴美关系

---

* Laís Forti Thomaz，国际关系学博士，巴西戈亚斯联邦大学研究人员；Tullo Vigevani，巴西圣保罗州立大学政治学和国际关系学教授，国家科学技术研究所和当代文化研究中心（CEDEC）及国家科学技术研究院美国研究所（INCT-INEU）研究员；Elisa Cascão Ferreira，巴西圣保罗大学硕士生。

一　引言

2018 年 10 月 28 日，巴西极右翼势力的代表博索纳罗当选为巴西第 44 届总统。从竞选总统开始，博索纳罗就一直寻求与美国特朗普政府建立更为紧密的关系，采取亲美的立场，旨在获得自身的战略利益。特朗普执政时期，博索纳罗政府与特朗普政府互动频繁，巴美关系亲密，“这符合美国的既得利益，因为巴西是南美地区政治稳定的关键力量，在多边组织中占有重要的领导地位，同时巴西在发达国家和发展中国家中都具有一定的地位，因此巴西在区域和全球问题上发挥着越来越重要的建设性作用”。①

2019 年博索纳罗执政以来，加入经合组织成为博索纳罗政府的优先事项。2021 年 1 月，拜登执政之前，推动巴美两国结盟或者促进两国之间价值和利益趋同的观点一直沸沸扬扬。在巴西外交政策和经济政策的制定者们看来，巴西与美国之间价值和利益的趋同、融合有助于巴西在美国的支持下加入经合组织。巴西与美国关系的亲疏被博索纳罗政府视为巴西加入经合组织这一诉求能否成功的决定性变量。因此，为了寻求美国对巴西加入经合组织的支持，博索纳罗政府不断向美国示好。美国国家安全委员会西半球事务高级主任胡安·冈萨雷斯在谈到美国国家安全事务助理杰克·苏利文于 2021 年 8 月对巴西的访问时表示，苏利文访问巴西期间，双方探讨了选举、5G、北大西洋公约组织、气候变化等一系列问题。冈萨雷斯强调，美国在经济和社会合作方面对巴西的支持并不意味着美国打消其对巴西公平选举的关注和担忧。苏利文访问巴西期间，双方还讨论了巴西加入经合组织的问题，但在新闻发布会上，冈萨雷斯并未就此进行详细说明。②

① “Integrated Country Strategy”, 2018, https://www.state.gov/wp-content/uploads/2019/01/ICS-Brazil_UNCLASS_508.pdf.

② Douglas Koneff, “Embaixada e Consulado dos EUA no Brasil”, 2021, https://br.usembassy.gov/pt/declaracao-do-encarregado-de-negocios-da-embaixada-e-consulados-dos-eua-no-brasil-douglas-koneff/.

博索纳罗政府为何对加入经合组织抱有浓厚的兴趣，甚至愿意放弃巴西在世贸组织中的发展中国家地位？对于巴西加入经合组织的诉求和兴趣，美国政府持什么样的态度？博索纳罗政府在此问题上又是如何与美国进行互动的？效果如何？本报告以巴美两国政府文件、主流媒体报道以及经合组织发布的报告为资料基础，重点分析博索纳罗政府加入经合组织的诉求以及美国政府的态度。

二　博索纳罗政府加入经合组织的诉求和兴趣

（一）博索纳罗执政之前巴西已提出加入经合组织的申请

经合组织被视为共享数据知识、分析和交流经验以及建立国际标准的公共政策论坛，被认为是继七国集团之后最具吸引力的组织。该组织创建于1961年，当时主要是发达国家参与其中。自1990年代以来，发展中国家开始陆续加入。拉美主要国家诸如巴西、墨西哥、智利、秘鲁、阿根廷等也积极寻求加入。目前，已加入经合组织的拉美国家有四个：墨西哥（1994）、智利（2010）、哥伦比亚（2020）和哥斯达黎加（2020）。截至2022年1月，一共有38个国家加入该组织，其中大多数是发达国家。巴西学者科斯塔·席尔瓦（Costa e Silva）指出，经合组织的基本前提是成员国认同民主治理和市场经济的价值。作为一个国际论坛，经合组织旨在实现不同领域经济和贸易政策规范的标准化，由富裕国家开始普及，从而形成受到监督的国际合作协议。①

2019年执政以来，博索纳罗政府对加入经合组织抱有浓厚的兴趣。实际上，巴西和经合组织之间的合作由来已久，可以追溯到1996年。1996年

① Karen Costa, Jefferson Silva, “A importância da Organização e a frustração brasileira”, *Observatório político dos Estados Unidos (OPEU)*, 19 Out 2019, https://www.opeu.org.br/2019/10/19/ocde-a-importancia-da-organizacao-e-a-frustracao-brasileira/#wpcf7-f49-o1.

费尔南多·恩里克·卡多佐（Fernando Henrique Cardoso）执政期间，巴西被正式纳入经合组织下设的钢铁委员会（Comitê do Aço da OCDE），并于1997年成为经合组织发展中心（Centro de Desenvolvimento）成员。2015年罗塞夫执政期间，巴西与经合组织签署了《合作协议》（Co-operation Agreement），由此形成了一项名为《2016~2017年经合组织—巴西联合工作计划》（OECD-Brazil Joint Work Programme 2016-2017）的双边工作方案。

2017年米歇尔·特梅尔（Michel Teiner）执政期间，巴西正式提交了加入经合组织的申请。2017年5月，时任巴西外交部部长阿洛伊西奥·努内斯（Aloysio Nunes）和财政部部长恩里克·梅雷莱斯（Henrique Meirelles）正式提出了巴西作为成员国加入经合组织的申请。此后，巴西开始努力提升自己，以便与经合组织的标准接轨。2018年，巴西作为准成员国加入经合组织的各级政府财政关系网络，并作为参与者加入数字经济政策委员会（Committee on Digital Economy Policy）。[①] 根据经合组织2019年5月发布的报告《让经合组织的标准和政策在全球范围内发挥作用》，巴西是经合组织12个机构的准成员，并以观察员的身份参与了经合组织另外的16个机构。鉴于这种关系，报告指出："经合组织支持巴西的主要政策优先事项，包括养老金和税收改革以及进一步融入全球价值链。2018年，在英国的支持下，巴西开始与经合组织就确定转让定价的方法进行广泛对话，这是巴西和经合组织成员国共同关心的问题。"[②] 根据经合组织的程序要求，巴西加入经合组织的申请必须得到经合组织成员国的一致同意，此外还需要构思一个加入路线图。

（二）加入经合组织成为博索纳罗政府的优先事项

博索纳罗执政期间，加入经合组织成为博索纳罗政府的优先事项，并被

① "Organisation for Economic Co-operation and Development, Global Relations Secretariat, Active with Brazil", OECD, Mar. 2018, http://www.oecd.org/brazil/Active-with-Brazil.pdf.

② "Making OECD Standards and policies count on a global escale", OECD, 2019, https://www.oecd.org/mcm/documents/C-MIN (2019) 11.en.pdf.

视为巴西与美国良好关系的标志之一。博索纳罗政府为何对加入经合组织抱有浓厚的兴趣？巴西外交部前部长埃内斯托·阿劳若宣称：“我们要知道，今天巴西寻求加入经合组织，其实是寻求加入代表西方经济的中央机构。”① 博索纳罗政府认为，加入经合组织对于巴西具有重要意义，意味着有机会在多边背景下讨论公共政策的最佳实践方式。同时，巴西加入经合组织的动力也与学习经合组织成员国和观察员国的经验，承诺提供良好的商业实践，以及向市场和国际社会释放信号表明巴西承诺发展开放的、负责任的和透明的经济有关。②

一些学者和政府官员纷纷撰文，阐释了巴西加入经合组织的意义。学者托尔斯滕森（Thorstensen）和古洛（Gullo）指出，当前经合组织在国际舞台上发挥着越来越突出的作用，更多地担任了当今全球最重要的治理论坛之一二十国集团秘书处的角色。巴西经济国际化趋势的不断加强及其对全球价值链和跨国公司的依赖，要求巴西不断加强与其他国家和国际组织间的协商和交流，而经合组织在讨论全球重大问题和良好的政府实践方面具有得天独厚的优势。如果加入经合组织，巴西将不得不根据其要求改革公共政策，而不再只充当旁观者的角色。因此，加入经合组织将给巴西带来内部关系的转变。③ 学者卡努托（Canuto）和桑托斯（Santos）认为，加入经合组织对巴西的发展大有裨益且具有重要意义。与此同时，他们指出，加入经合组织不应该被看作改善国民福利的唯一条件，还有一些其他条件必须同时得到满足，特别是要确认此时此刻加入经合组织是否最佳时机。也就是说，如果现

① Ernesto Araújo, “Trump e o Ocidente”, *Cadernos de política exterior (IPPRI)*, Ano III. n. 6, Segundo semestre de 2017, http: //funag. gov. br/loja/download/CADERNOS - DO - IPRI - N - 6. pdf.

② Consultoria Legislativa da Câmara dos Deputados, “Estudos analisam desafios para a entrada do Brasil na OCDE”, 2021, https: //www. camara. leg. br/internet/agencia/infograficos - html5/estudos-analisam-desafios-para-a-entrada-do-brasil-na-ocde/.

③ Vera Thorstensen, Marcela Gullo, “O Brasil na OCDE: membro pleno ou mero espectador? Working Paper Series”, *CCGI FGV*, n. 8, 2018, https: //bibliotecadigital. fgv. br/dspace/bitstream/handle/10438/23926/TD%20479%20-%20CCGI_ 08. pdf? sequence = 1&isAllowed = y.

阶段加入经合组织会导致巴西的发展受到影响，那么则可能无法达到预期的效果。[①]

然而，另有一些政府官员和学者表达了不同的观点，认为不应夸大巴西加入经合组织的意义，其实际作用值得商榷。巴西外交部前部长塞尔索·阿莫林（Celso Amorim）承认经合组织的重要性，同时他质疑博索纳罗政府无条件加入经合组织是否正确的决定。他指出，如果巴西追求的是通过遵守经合组织的规范来为自己赢得“质量印章”的话，那么，巴西加入经合组织非但不会得到真正的收益，反而会失去巴西在七十七国集团中的领导地位。实际上，巴西可以与其他金砖国家一起共同协商加入经合组织的相关事宜，利用和其他金砖国家的共同策略与经合组织进行谈判，这样可以获得更大的利益。[②] 学者科斯塔（Costa）和席尔瓦（Silva）表示，加入经合组织本身并不能改变巴西的国家地位，他们认为经合组织正式成员的身份能让巴西吸引更多的投资和提高国家信誉度这一想法是不可靠的，它与巴西国内的实际情况相脱节。对于巴西这一发展中国家而言，加入经合组织的真正好处有待商榷。除了特朗普和博索纳罗的特立独行外，最令人担忧的是巴西为了加入经合组织而放弃其在世贸组织中的发展中国家地位。即使在世贸组织陷入危机的情况下，对于一个发展中国家来说，世贸组织也比经合组织具有更重要的意义。放弃世贸组织中的发展中国家地位意味着不能在具体的贸易谈判中享受特殊与差别待遇，标志着巴西正在疏远发展中国家，以及在一个等级森严的国际体系中不再可能与发展中国家建立重要的联盟。[③]

---

① Otavio Canuto, Tiago Ribeiro dos Santos, “O que o Brasil pode esperar da adesão ã OCDE?”, *Revista Tempo do Mundo*, n. 25, 26 abr. 2021, https://www.ipea.gov.br/revistas/index.php/rtm/article/view/297/280.

② Celso Amorim, “Brasil na OCDE: esperanças e controvérsias”, *Conjuntura Econômica*, 2018, http://bibliotecadigital.fgv.br/ojs/index.php/rce/article/viewFile/77237/74021.

③ Karen Costa, Jefferson Silva, “A importância da Organização e a frustração brasileira”, *Observatório político dos Estados Unidos (OPEU)*, 19 Out 2019, https://www.opeu.org.br/2019/10/19/ocde-a-importancia-da-organizacao-e-a-frustracao-brasileira/#wpcf7-f49-ol.

三　美国政府对巴西加入经合组织诉求的态度及考量

巴西与美国关系的亲疏被博索纳罗政府视为巴西加入经合组织这一诉求能否成功的决定性变量。为了获取美国的支持，博索纳罗政府放低姿态，向美国示好，并作出让步，不惜放弃巴西在世贸组织中的发展中国家地位。2019 年 3 月，博索纳罗总统访问美国期间，美国白宫发表了一份两国总统的联合声明，指出特朗普总统认可巴西为达到经合组织标准而作出的努力，“特朗普总统对巴西在经济改革、最佳实践以及符合经合组织标准的框架等问题上的持续努力表示欢迎，并对巴西启动成为经合组织正式成员的进程表示支持。为了保持其作为全球领导者的地位，博索纳罗总统同意，巴西将按照美国的提议开始其在世贸组织谈判中放弃享受发展中成员特殊与差别待遇的程序”。[①] 2019 年 7 月，时任美国商务部部长威尔伯·罗斯（Wilbur Ross）在访问巴西期间的讲话中，重复了上述两国总统联合声明中关于经合组织以及巴西应该放弃其在世贸组织中享受发展中成员特殊与差别待遇的内容。[②]

2019 年 3 月，在美巴两国总统发表联合声明的第二天，前巴西驻美国大使鲁本斯·巴尔博萨（Rubens Barbosa）在接受媒体采访中指出，博索纳罗总统决定放弃发展中成员特殊与差别待遇。就经济规模和对外贸易的参与程度而言，巴西实际上已不再是一个不发达国家。在文化层面，巴西还有许多不发达特征，但是就经济层面而言，越来越难证明我们是一个贫穷且需要援助的国家。巴西不能把自己与一些非洲国家、南美洲国家进行比较。巴西拥有非常强大且充满活力的经济。就欧盟而言，巴西已经“毕业”，而且今

① “Joint Statement from President Donald Trump and President Jair Bolsonaro”, 19 mar. 2019, https：//www.whitehouse.gov/briefings-statements/joint-statement-president-donald-j-trump-president-jair-bolsonaro/.

② Amcham Brasil, “Secretário de Comércio dos EUA vem ao Brasil comemorar os 100 anos da Amcham e fala sobre relação bilateral”, https：//www.amcham.com.br/noticias/amcham-brasil/secretario-de-comercio-dos-eua-vem-ao-brasil-comemorar-os-100-anos-da-amcham-e-falar-da-relacao-bilateral.

年可能还会在美国那里顺利“毕业”。当然，这个决定可能会影响一些行业，这些行业本来可以根据特殊与差别待遇享受更长的时间期限和更优惠的关税。考虑到未来巴西迟早会被排除在这种优惠待遇之外，他认为，从总体上来说，这是给巴西带来好处的一次交换。①

然而，巴西的让步并未换来美国政府明确的支持。美国特朗普政府和拜登政府对巴西加入经合组织的态度摇摆不定，含糊不清。

根据彭博社的报道，美国政府一位高级官员表示，美国支持扩大经合组织的规模并可能邀请巴西加入，但之前美国曾在阿根廷毛里西奥·马克里（Mauricio Macri）总统任职时期支持优先考虑阿根廷和罗马尼亚，因为这些国家当时正在进行经济改革，并承诺保证自由市场。②

需要指出的是，阿根廷的总统选举于 2019 年 10 月 27 日举行。彭博社的“新闻泄露”似乎与表达对选举的支持意图有直接关系，而马克里总统就是候选人之一。然而，庇隆党人阿尔贝托·费尔南德斯（Alberto Fernández）最终取得了阿根廷总统竞选的胜利。在费尔南德斯于 12 月 11 日就职后，美国就不再强调支持阿根廷加入经合组织。于是，在 2020 年 1 月 14 日美国政府公开发表的对经合组织的正式声明中，巴西再次得到美国的正式支持。这一立场在 2020 年美巴两国总统的联合声明中被提及：“特朗普总统重申，美国支持启动将巴西纳入经合组织的进程，并呼吁其经合组织的伙伴与美国一起努力实现这一目标，这将有助于巴西经济的增长及其竞争力的增强。”③

---

① Instituto Millenium, “Entrada na OCDE é um selo de qualidade e dá credibilidade ao país. Entrevista concedida ao Instituto Millenium”, *Exame*, 20 de março de 2020, https://exame.abril.com.br/blog/instituto-millenium/entrada-na-ocde-e-um-selo-de-qualidade-e-da-credibilidade-ao-pais/.

② ADGHIRNI, Samy. SINK, Justin, “Trump says he still supports Brasil in OECD, despite letter. Bloomberg”, 10 de outubro de 2019, https://www.bloomberg.com/news/articles/2019-10-10/u-s-turns-down-brazil-s-oecd-bid-after-publicly-endorsing-it.

③ “Joint Statement from President Donald Trump and President Jair Bolsonaro”, 19 mar. 2019, https://www.whitehouse.gov/briefings-statements/joint-statement-president-donald-j-trump-president-jair-bolsonaro/.

2020 年 2 月，美国政府取消了巴西的“普遍优惠制（Sistema Geral de Preferências）”待遇。[①] 美国贸易代表办公室（USTR）指出，不仅巴西，其他国家诸如阿根廷和印度也按照二十国集团和世界银行采用的标准，将其地位更新为发达国家。通过这一方式，美国可以对来自这些国家的进口产品设置更多的贸易壁垒。

从美国对巴西加入经合组织的态度变化中，我们可以看到，美国有能力利用它与其他国家不对等的关系为本国利益服务：从鼓励各国接受在经合组织框架内制定的国际制度，到支持符合其价值观的政策。对于巴西而言，它在美国面前并不具备较强的议价能力。即使巴西作出了让步，同意放弃其在世贸组织中发展中国家的地位，但是美国对巴西加入经合组织的支持态度仍然摇摆不定。前巴西驻美国大使鲁本斯·里库佩罗（Rubens Ricupero）对此批评道，巴西放弃在世贸组织中享有的发展中成员特殊与差别待遇，以期获得美国对巴西加入经合组织的支持，这样做毫无意义。巴西是一个发展中国家，它应该寻求的是更长的时间期限和更多的关税优惠。里库佩罗认为，与巴西不同，中国和印度永远不会接受这种条件。在这一 2017 年特梅尔执政期间发起的入会申请中，为了换取美国不确定的支持，博索纳罗政府放弃了实实在在的利益和好处。[②]

加入经合组织是博索纳罗政府的主要目标之一，但是要实现这一目标、取得实质性进展可谓困难重重。巴西政府称，巴西已经附议了经合组织 245 项文书中的 100 项。仅在 2019 年至 2021 年 1 月期间，巴西接受的法律文书就从 65 项跃升至 99 项。[③] 然而，在加入经合组织的进程中，巴西在进行必

---

① “United States Trade Representative. Designations of Developing and Least Developed Countries Under the Countervailing Duty Law”, *Federal Register*, February 10, 2020, https: //ustr. gov/sites/default/files/Designations_ Notice_ 2020-02524. pdf.

② Rubens Ricupero, “Canal entre Bolsonaro e Trump é ficção”, *Isto é Dinheiro*, 2019, https: //www. istoedinheiro. com. br/canal-entre-bolsonaro-e-trump-e-ficcao-diz-rubens-ricupero.

③ “Brasil atinge 100 instrumentos de aderência ã OCDE, SECOMVC”, 01 jul. 2021, https: //www. gov. br/pt-br/noticias/financas-impostos-e-gestao-publica/2021/06/brasil-atinge-100-instrumentos-de-aderencia-a-ocde.

要性改革方面的困难再次显现出来，特别是环境问题的重要性日益凸显。德国、法国、挪威等欧盟国家对博索纳罗政府消极的环境政策提出了批评，美国拜登新政府与欧盟的态度不谋而合，这成为巴西加入经合组织的一大阻碍因素。

自拜登执政以来，与环境和气候变化相关的全球议程成为拜登新政府的优先事项，因此巴西加入经合组织的申请成为拜登新政府面临的难题。拜登政府利用环境问题向巴西施压，推动达不到经合组织标准要求的国家进行改革。2020 年 9 月，时任美国总统候选人拜登宣称，如果巴西不控制森林砍伐，那么它可能会因此承受一定的经济后果。① 2021 年 4 月，美国驻巴西大使托德·查普曼提出了同样的观点。他认为，如果巴西想获得美国对其加入经合组织的支持，那么巴西“在保护亚马孙雨林上的具体成果”将是必要条件之一。② 与此同时，美国参议院多名议员向拜登总统施压，要求他不要与博索纳罗政府签署任何形式的环境协议，认为美国和巴西之间的任何伙伴关系只有在以下情况下才是可行的，即：“博索纳罗政府开始认真对待巴西的气候承诺——而且只有在巴西政府保护、支持并与能够帮助巴西实现这些承诺的广大巴西民众进行有意义的合作的前提下。”③

在气候变化方面，目前正在讨论巴西加入由经合组织领导的国际气候行动方案（IPAC）。巴西外交部对外贸易和经济事务秘书若泽·萨尔基斯（José Sarquis）认为，当务之急是巴西加入到该机构中。巴西外交部试图改

---

① Daniel Runde, “Brazil's OECD Candidacy is Best Chance for Reform”, *The Hill*, 21 out. De 2020, https://thehill.com/opinion/international/522024-brazils-oecd-candidacy-is-best-chance-for-reform?rl=1.

② Arkady Petrov, “U.S. Ambassador Says Brazil will Have to Preserve the Amazon to Enter OECD”, 12 abr. 2021, https://riotimesonline.com/brazil-news/brazil/us-ambassador-says-brazil-will-have-to-preserve-amazon-to-e.

③ “In anticipation of the Leader's Summit on Climate”, 16 de abril de 2021, https://www.leahy.senate.gov/imo/media/doc/Letter%20to%20Biden%20re%20Amazon%204-15-21.pdf. Acesso em 16 de janeiro de 2022.

变其在环境领域对其他国家咄咄逼人的自我防御型陈述策略。[①] 2021 年 10 月，巴西经济部部长保罗·盖德斯表示，亚马孙森林砍伐等环境问题被用来阻碍巴西与欧盟之间的谈判，并给巴西加入经合组织以及二十国集团内部的谈判带来消极影响。[②]

2021 年 12 月，经合组织发布了报告《评估巴西实施环境绩效审查建议并促进其与经合组织环境核心法律一致的进展》，认可了巴西在环境治理方面取得的进步，但对巴西没有达到经合组织建议标准的地方提出了批评，并给出了具体的改进建议，包括：①巴西需要将相关法律付诸实践，转化为能够促进可持续发展的有效行动；②巴西应该加强对水体中农药的监测和控制，并加强对固体废物的管理；③巴西应该加强不同机构之间的协调工作，将环境政策工具与土地利用规划相结合，并加强环境监测以及执法机构的能力建设；④巴西应该明确规定，将生物多样性损失带来的环境补偿量化为环境许可的一部分；等等。报告还指出，在其他受到评估的环境领域，巴西的政策和实践仍然落后于经合组织的标准。巴西未能纠正环境影响评估方面的问题，也未能更多地将环保考量纳入到公共政策和计划之中；在落实“谁污染谁付费”原则、预防和控制综合污染以及提高公共设施环保性能方面仍存在差距；在扩大使用经济手段以实现环保目标方面，巴西还有很大的提升空间。[③]

尽管拜登政府和博索纳罗政府在环境保护方面的立场存在分歧，但是美

---

① Ingrid Soares, “Após saída de Araújo e Salles, Itamaraty tenta reconstruir pontes”, *Correio Braziliense*, 12 ago. 2021, https://www.correiobraziliense.com.br/politica/2021/07/4936967-apos-saida-de-araujo-e-salles-itamaraty-tenta-reconstruir-pontes.html.

② Caio Junqueira, “Guedes diz à CNN que preocupações ambientais são usadas para barrar entrada na OCDE”, CNN Brasil, 1 de novembro de 2021, https://www.cnnbrasil.com.br/business/guedes-diz-a-cnn-que- preocupacoes-ambientais-sao-usadas-para-barrar-entrada-na-ocde/.

③ OECD, “Evaluating Brazil's progress in implementing Environmental Performance Review recommendations and promoting its alignment with OECD core acquis on the environment”, 2021, https://www.oecd.org/environment/country-reviews/Brazils-progress-in-implementing-Environmental-Performance-Review-recommendations-and-alignment-with-OECD-environment-acquis.pdf.

国一些重要智库认为，巴西加入经合组织对于美国而言具有战略意义，可以促进美巴双边关系，制衡中国在西半球日益增长的存在。就经济层面而言，巴西是少数几个多年来一直对美国保持贸易逆差的国家之一，美巴经贸合作十分有利于美国。根据美国人口普查局的数据，2019 年美国与巴西之间的贸易顺差为 122 亿美元，同比增加了 39 亿美元；2020 年美国和巴西之间的贸易顺差为 117 亿美元，在美国保持贸易顺差的国家中排名第三。截止到 2021 年 11 月，美国和巴西之间的贸易顺差为 145 亿美元。[①] 在投资方面，2016~2020 年，美国对巴西的直接投资额持续下降。2019 年，美国对巴西的直接投资额为-3.5 亿美元，出现投资逆流；2020 年为-35.62 亿美元。[②] 由于美巴经贸合作对美国十分有利，因此在拜登新政府中，加强美巴经济合作的务实立场占据了上风。

从政治、经济利益出发，美国试图在其战略计划中将巴西纳入自己的阵营，但是拜登政府意识到与博索纳罗政府保持亲密关系的风险，尤其是考虑到环境问题可能带来的消极影响。因此，美国政府对巴西加入经合组织的支持并不明确，摇摆不定。尽管博索纳罗政府采取亲美立场，但美国并没有表现出博索纳罗政府所期待的互惠对等。在经合组织成立 60 周年之际，2021 年 10 月在经合组织部长级理事会第二部分会议开幕式上，美国国务卿安东尼·布林肯（Antony Blinken）在讲话中表示，“美国愿意看到经合组织越来越强大并为之付出努力。我们愿意与其他成员合作，就前进的道路达成共识，以便那些认同我们的价值观并符合经合组织高标准的候选国能够找到加入的路径”。[③] 在布林肯的讲话中，他并没有明确提及对巴西和其他五个申请国加入经合组织表示支持。巴西外交部对此表示，“巴西代表团借此机会强调经合组织在全球经济治理中的重要性，

---

① “Top Trading Partners”, https://www.census.gov/foreign-trade/statistics/highlights/top/index.html.

② https://www.bea.gov/international/di1usdbal.

③ Antony Blinken, “Opening-OECD Ministerial Council Meeting Part II”, 5 de outubro de 2021, https://www.oecd.org/about/secretary-general/oecd-sg-opening-remarks-at-council-at-ministerial-level-part-ii-5-october-2021.htm.

以及在经合组织扩大进程中巴西起到的加强作用”。[①] 美国政府的表态很明确，坚持既定价值观的国家有可能成为经合组织的成员，但是这并不能保证其对巴西的申请给予明确的支持，美国的态度最终取决于对自身利益的多方面考量。

四 结论

博索纳罗政府认为加入经合组织会给巴西带来巨大的收益，特别是可以通过遵守经合组织的规范而获得“质量印章”，因此博索纳罗政府不遗余力地推动巴西加入经合组织，并主动向美国示好，希望能够获得美国的支持，甚至不惜对美国作出让步，放弃巴西在世贸组织中的发展中国家地位，同意美国政府取消巴西的“普遍优惠制”待遇。然而，博索纳罗政府对美国的靠近和让步并没有实现自己的目标，既没有取得实际的经济成果，也未能确保美国对其加入经合组织的诉求予以明确的支持。

巴西是少数几个多年来一直对美国保持贸易逆差的国家之一，美巴之间的经贸合作十分有利于美国。虽然双边关系的重要性远远超出了贸易数字，但是巴美之间的贸易逆差并没有成为巴西讨价还价的有力武器，从中体现出巴美谈判中巴西的低议价能力。同时，巴西与美国的双边关系并不是影响巴西加入经合组织的决定性变量。美国从自身政治、经济、环境等多方面的利益出发，对巴西加入经合组织的申请并未给予明确的支持，其态度摇摆不定，从中反映出美巴之间存在的不对等关系。时任美国总统特朗普和美国商务部部长罗斯的反复表态表明，美国利用其对其他国家拥有的更高权力地位

① Ministério das Relações Exteriores, “Nota conjunta do Ministério das Relações Exteriores, da Casa Civil da Presidência da República, do Ministério da Economia e do Ministério da Cidadania – Segunda parte da Reunião Ministerial do Conselho da OCDE”, 6 de outubro de 2021, https://www.gov.br/mre/pt-br/canais_atendimento/imprensa/notas-a-imprensa/nota-conjunta-do-ministerio-das-relacoes-exteriores-da-casa-civil-da-presidencia-da-republica-do-ministerio-da-economia-e-do-ministerio-da-cidadania-segunda-parte-da-reuniao-ministerial-do-conselho-da-ocde.

来为本国利益服务。2021 年 1 月拜登执政以来，美国政府并未改变其对巴西诉求的态度。因此，美国没有向巴西发出特别有利的信号。巴西和其他五个国家（阿根廷、秘鲁、克罗地亚、罗马尼亚和保加利亚）至今仍在经合组织潜在候选国的名单上。

Y.10
持续倒退：博索纳罗政府的环境政策*

程 晶 李诚歌 〔巴西〕Alexandre Pereira da Silva**

摘 要： 2020~2021年间，博索纳罗政府的环境政策较之2019年执政首年并未有所改观，相反处于持续倒退中。在新冠肺炎疫情冲击下，为了提振经济，扩大农矿产品出口，满足农业综合企业、矿业等部门的经济利益，获取其政治支持，博索纳罗政府在环境问题上继续采取消极态度，对内推进任期初就开始实施的一系列有损环境的政策和举措，诸如弱化监管机构职能，放松环境监管；鼓励在亚马孙、塞拉多等森林覆盖地区进行经济开发，大力发展农矿业；姑息抢占公地、非法毁林行为；等等。在国际舞台上，围绕气候减排、亚马孙森林保护的国际合作等议题，博索纳罗政府表现不尽如人意，广受批评。其持续倒退的环境政策不仅破坏了巴西国内生态平衡，导致森林砍伐面积大幅增加，生物多样性不断丧失，而且严重损害了巴西的国际环境形象，制约了经济的健康可持续发展。

关键词： 巴西 环境政策 博索纳罗政府 毁林 亚马孙

一 引言

作为南美第一大国和世界第五大国，巴西一直以来以地大物博、资源丰

---

* 本文系国家社科基金冷门绝学国别史专项项目“巴西现代化进程中环境治理的历史考察（1930~2010）”（2018VJX093）阶段性成果。

** 程晶，历史学博士，湖北大学历史文化学院、区域与国别研究院巴西研究中心副教授，国务院侨务办公室侨务理论研究武汉基地副研究员；李诚歌，湖北大学区域与国别研究院科研助理，历史文化学院硕士研究生；〔巴西〕Alexandre Pereira da Silva，法学博士，武汉大学中国边界与海洋研究院研究员。

富、物产丰饶闻名于世，享有“世界粮仓”、“世界基因库”、“世界原料基地”等美称，尤其是世界上最大的热带雨林亚马孙热带雨林60%覆盖于巴西国土，这块“地球之肺”因其在维持全球气候稳定中的重要作用，以及拥有的丰富的生物多样性而吸引了全球目光。因此，巴西国内环境问题尤其是亚马孙森林问题具有国际性影响，一直以来受到国际社会的广泛关注。

然而，自2019年巴西极右翼势力的代表人物博索纳罗执政以来，巴西亚马孙地区森林大火频发，毁林面积屡创新高，国际媒体对此争相报道，巴西政府的环境政策备受诟病。为了扩大农矿产品出口，促进经济增长，获取农矿业等利益集团的支持，2019年博索纳罗执政伊始便在环境政策上改弦更张，一改过去三十多年来巴西积极主动的环保立场，在环境问题上采取消极态度，对内改革环境部并弱化其职能，架空环境监管机构，减小环境监察力度；审查、调整甚至试图取消亚马孙地区的自然保护区，大力推进经济开发；鼓励开发原住民土地，姑息亚马孙地区采矿伐木活动；放宽农药使用许可，推进农业综合企业发展；对外撤回承办第25届气候变化大会的申请，试图退出《巴黎气候变化协定》；批评亚马孙基金（Fundo da Amazônia），恶化了巴西与欧洲国家的关系。[①] 博索纳罗政府的环境政策呈现历史性倒退，引起国内外社会哗然。然而，在随后的2020~2021年间，博索纳罗政府的环境政策并未发生转变，而是处于持续倒退，继续推进其任期初就开始实施的一系列有损环境的举措，执行发展主义模式，以牺牲环境换取经济增长和政治支持。

二　对内放松环境监管，鼓励经济开发

受疫情影响，2020年巴西经济遭受重创，国内生产总值出现近4%的负增长，为近十年最低值；2021年经济虽然有所复苏，但是仍然面临诸多风险和挑战。为了重振经济、获得农矿业等利益集团的支持，博索纳罗政府进

① 具体参见〔巴西〕Alexandre Pereira da Silva、程晶《历史性倒退：2019年博索纳罗政府环境政策评析》，载程晶主编《巴西发展报告2020》，社会科学文献出版社，2020年，第161~180页。

一步将环保规则“灵活化”，放松环境监管，加大对亚马孙、塞拉多等森林覆盖地区的经济开发力度，鼓励发展农矿业，导致毁林面积持续攀升，生态环境不断恶化。

第一，削弱环境监管机构职能，放松环境监管。巴西是世界知名的农矿产品出口大国，农矿产品是其经济支柱性产业，占其出口总额的半壁江山。为了减少环境“桎梏”，扩大农矿产品生产与出口，2019 年执政首年，博索纳罗政府便对环境部、环境与可再生资源研究所等环境监管部门进行机构调整撤并和人员罢免更换等大动作，削弱了环境监管机构职能，减小了环境监察力度。① 在随后的 2020~2021 年间，博索纳罗政府继续削弱环境监管机构职能，放松环境监管，为开发亚马孙、塞拉多等森林覆盖地区，发展农矿业扫清道路。为此，博索纳罗政府一方面削减环境监管机构的预算，导致环境监管工作难以正常开展。巴西环境监管机构的日常工作内容繁杂，涉及领域众多，除了重点打击亚马孙地区非法伐木外，还需要检查和监督地区环境污染、农药杀虫剂使用、非法采矿、非法动物贩运等情况。因此，充足的人员和资金供给是环境监管工作有效开展的基础和保障。然而，博索纳罗执政期间，环境监管机构面临人员不足、预算大幅削减的困境。2019 年，经上任特梅尔政府的批准，分配给环境监管机构的预算为 1.12 亿雷亚尔。然而，2020 年，博索纳罗政府将分配给环境监管机构的预算削减为 8030 万雷亚尔。2021 年，最初拟分配给环境监管机构的预算为 9400 万雷亚尔，却遭到博索纳罗总统的否决，随后该预算被降至 8300 万雷亚尔，与实际需求差距较大，满足不了环境监管机构日常工作的需要。博索纳罗政府此举被巴西专家批评为不负责任的环境管理行为，可能导致 2022 年环境监管部门的工作无法正常开展。②

另一方面，削弱执法人员自主权，导致环境处罚难以实施。2019 年以

① 具体参见〔巴西〕Alexandre Pereira da Silva、程晶《历史性倒退：2019 年博索纳罗政府环境政策评析》，载程晶主编《巴西发展报告 2020》，社会科学文献出版社，2020 年，第 161~180 页。

② “PLOA: 5 coisas que você deve saber sobre o orçamento para o meio ambiente em 2022”, Inesc, 17/01/2022, https://www.inesc.org.br/ploa-5-coisas-que-voce-deve-saber-sobre-o-orcamento-para-o-meio-ambiente-em-2022/.

来，博索纳罗政府通过修改规则、增加审批程序、进行行政干预等方式，削弱了环境监管机构执法人员的自主权，导致其执法工作受到干扰，环境处罚难以实施。例如，博索纳罗执政期间，巴西环境部通过修改环境罚款规则等方式，加大了环境罚款实施难度，导致环境监管执法人员开具的环境罚单数量大幅减少。2000~2010 年间，巴西环境与可再生资源研究所每年开具的环境罚单数量为 2 万~2.5 万张，① 2019 年仅有 9745 张，比上年（14699 张）减少了 34%，为过去 24 年来最低值；② 2020 年 1~7 月所开具的环境罚单数量为 3421 张，比上年同期减少了 52%。③ 此外，巴西环境部开具的毁林罚单也大幅减少，2019 年仅有 12357 张，2020 年降为 11064 张，为过去二十年来最低值。④ 环境处罚难度的加大助长了非法采矿伐木等环境犯罪行为。在环境罚单数量大幅减少的同时，巴西亚马孙等地区的毁林面积却持续扩大，两者形成了鲜明对比。

第二，鼓励开发亚马孙地区，大力推进采矿、伐木活动。亚马孙地区作为“地球之肺”“绿色天堂”“生物基因库”，对于全球气候稳定、生物多样性发展具有重要意义。然而，自 2019 年执政以来，博索纳罗政府为了加大农矿产品生产和出口、提振经济，鼓励对亚马孙地区进行经济开发，大力推进采矿、伐木等经济活动，导致亚马孙地区毁林面积大幅攀升。

早在 2019 年执政之初，博索纳罗总统就明确表示，他打算发展亚马孙

---

① “Governo tem menor número de multas por crimes ambientais em 20 anos”, 17/01/2022, Poder 360, https://www.poder360.com.br/governo/governo-tem-menor-numero-de-multas-por-crimes-ambientais-em-20-anos/.

② Danielle Brant, Phillippe Watanabe, “Índice de multas ambientais cai 34% e chega ao menor nível em 24 anos”, 17/01/2022, https://www1.folha.uol.com.br/ambiente/2020/03/sob-bolsonaro-multas-ambientais-caem-34-para-menor-nivel-em-24-anos.shtml.

③ Senado Notícias, “Comissão pede detalhes sobre multas ambientais aplicadas pelo Ibama”, 17/01/2022, https://www12.senado.leg.br/noticias/materias/2020/10/02/comissao-pede-detalhes-sobre-multas-ambientais-aplicadas-pelo-ibama#:~:text=Em%202020%2C%20a%20redu%C3%A7%C3%A3o%20no, mesmo%20per%C3%ADodo%20do%20ano%20anterior.

④ “Governo tem menor número de multas por crimes ambientais em 20 anos”, 17/01/2022, Poder 360, https://www.poder360.com.br/governo/governo-tem-menor-numero-de-multas-por-crimes-ambientais-em-20-anos/.

地区的经济，计划允许在该地区进行矿物勘探，并将此问题作为其政府治理的优先事项之一。然而，博索纳罗政府在亚马孙地区包括原住民土地上推进采矿活动的计划和举措遭到了国内外社会的广泛批评和环保团体的强烈抵制，同时还受到巴西现有法律的掣肘。为了保护亚马孙地区的生态环境、维护原住民的生存空间，巴西政府早在1970年代就颁布法律，禁止原住民之外的任何人在原住民土地上实施任何类型的开采活动。随后，1988年出台的《巴西宪法》第176条第1款开放了勘探和开采矿产资源及使用水力资源的行为，包括在原住民的土地上。但是，宪法进一步规定，当此行为在原住民的土地上进行时，法律应规定具体条件。[①]

博索纳罗执政期间，为了摆脱法律掣肘、顺利推进在亚马孙地区包括原住民土地上的采矿活动，联邦政府于2020年2月出台了《191号提案》(PL191/2020)，对在原住民土地上进行采矿（包括小规模的手工采矿）、发电、勘探及生产石油、天然气和其他碳氢化合物等活动作出了规范和管理；规定从事自然资源研究和开发的具体条件；允许在原住民土地上培育和种植转基因作物；等等。[②] 该提案公布后，引起舆论哗然，遭到巴西社会的强烈抵制。面对舆论压力，联邦政府辩解称，原住民土地应该得到经济开发和利用；如果对该土地上的采矿等相关活动缺乏规范和管理，将给本国发展带来消极影响。[③] 在外界的压力下，该提案自2020年提交国会以来并未取得实质性进展。

尽管在亚马孙地区包括原住民土地上进行采矿活动受到法律掣肘，但是受经济利益驱使，该地区的非法采矿活动屡禁不止，无论是小规模手工采矿还是大规模机器作业。其中，有一些采矿项目获得了相关政府部门的授权，并不需要经过国会批准即可实施，从而绕开了国会，避免了法律掣肘。目前

① 1988年《巴西宪法》第176条第1款。

② Câmara dos Deputados, "PL 191/2020", 17/01/2022, https://www.camara.leg.br/proposicoesWeb/fichadetramitacao?idProposicao=2236765.

③ Lucas Morais, "Projeto de lei quer liberar a exploração das terras indígenas no Brasil", 17/01/2022, https://www.otempo.com.br/politica/projeto-de-lei-quer-liberar-a-exploracao-das-terras-indigenas-no-brasil-1.2446843.

亚马孙地区获批的采矿项目中，此类情况并不少见。据统计，2019～2021年间，巴西国防委员会一共授权在亚马孙地区进行研究和采矿的项目高达81项，其中2021年就有45项。2021年12月，巴西国防委员会授权在亚马孙州圣加布里埃尔·达·卡乔埃拉市（São Gabriel da Cachoeira）推进7个金矿开采项目。该地区居住着23个原住民族群，并拥有大片原始雨林及丰富多样的生物群落，被认为是巴西最具原住民气息的城市和亚马孙雨林保存得最为完整的地区之一。[①] 巴西社会担忧，在该地区实施矿业开采项目将会导致该地区雨林被伐，威胁生物多样性和脆弱的生态系统。因此，政府授权在该地区开采金矿项目的消息公布后，引起了巴西社会的强烈反对和批评，巴西国家矿业局（Agência Nacional de Mineração）、全国印第安人基金会（Funai）、奇科门德斯生物多样性保护研究所等机构对此进行了猛烈抨击，最后政府被迫撤销了该批准。

由于博索纳罗政府的鼓励和纵容，2019年以来入侵亚马孙原住民土地非法采矿、伐木的案件不断增多。根据巴西政府的记录，2018年，在原住民土地上一共发生了111起“侵占、非法开采资源和破坏财产”案件；2019年增至256起；2020年为263起。同时，针对原住民的凶杀案件也持续增加，仅2020年就发生了182起针对原住民的谋杀案，较2019年增加了61%。[②]

第三，姑息抢占公地行为，非法毁林占地问题突出。农牧民、伐木工、矿工等群体是博索纳罗政府的重要支持者。为了获取经济利益，他们非法入侵占领亚马孙、塞拉多等地区未指定用途和归属的公共土地，然后利用联邦政府农村土地登记系统存在的漏洞，以及相关检查机构人员不足、违规操作、腐败交易等问题，设法将非法抢占的公共土地变为个人合法拥有，最

① Vinicius Sassine, “General Heleno autoriza avanço de garimpo em áreas preservadas na Amazônia”, 17/01/2022, https://www1.folha.uol.com.br/ambiente/2021/12/general-heleno-autoriza-avanco-de-garimpo-em-areas-preservadas-na-amazonia.shtml.

② Beatriz Roscoe, “Invasões a terras indígenas teve alta de 137% em 2 anos de governo Bolsonaro”, 17/01/2022, https://www.poder360.com.br/brasil/invasao-a-terras-indigenas-teve-alta-de-137-em-2-anos-de-governo-bolsonaro/.

后在这些抢占的公地上开展伐木、采矿和农牧业等经济活动。有效的土地管理政策和严格的执法可以减少毁林和生物多样性的丧失。然而，博索纳罗政府从发展经济、获取政治支持的目的出发，对于抢占公地、非法伐木等行为，采取纵容姑息的态度，导致毁林占地问题愈演愈烈，尤以热带雨林覆盖的亚马孙地区和塞拉多地区最为突出。

抢占公地用来伐木或者发展农牧业是导致亚马孙雨林消失的重要因素。亚马孙地区大多数森林火灾和森林砍伐活动发生在公共土地上。一些抢占公地者的目的是掠夺木材，获取经济利益，因此他们在占领公地后，大肆伐木。对于毁林后的土地，要么弃之不管，要么用非法文件将这些土地的所有权卖给农业公司，从中牟利。另外一些抢占公地者的目的是占地养牛。在侵入未指定用途和归属的公共土地后，他们首先砍伐森林，然后采取放火烧荒的方式清理剩下的林地，最后将这些公地开辟为私人牧场，占为己有。在此过程中，亚马孙森林火灾不断，大片森林迅速消失。因此，巴西学者指出，在亚马孙地区，森林砍伐是一项与农牧业以及木材开采有着内在联系的经济活动。①

根据巴西国家空间研究所公布的数据，2019 年，在巴西全境一共检测到 197632 个活跃热源，② 2020 年增至 207037 个，2021 年有 184081 个。其中，亚马孙地区的森林大火尤为严重，引发了国际社会的广泛关注。2020 年，该地区有 103000 个热源被记录下来；2021 年为 75090 个。③ 森林火灾严重的同时，亚马孙地区毁林面积持续攀升。2019 年，巴西法定亚马孙地区（涵盖 9 个州，面积 110 万平方公里）的毁林面积高达 10129 平方公里，为该地区过去十年来最高毁林记录；2020～2021 年该地区毁林面积持续上

① Laís Modelli, "Desmatamento: Amazônia perdeu ãrea sete vezes a cidade de São Paulo até novembro", 17/01/2022, https://www.bbc.com/portuguese/brasil-59736175.

② 热源是通过监测卫星在地球上空 700～900 公里的高度捕获的数据。卫星传感器记录的热源温度通常高于 47 摄氏度。如果热源不是火灾或燃烧，则很难检测到。根据起火的范围，火灾或燃烧事件可以产生一个或多个热源。

③ "Queimadas-Monitoramento dos focos ativos por bioma", Inpe, 17/01/2022, https://queimadas.dgi.inpe.br/queimadas/portal-static/estatisticas_estados/.

升，2020 年增至 10851 平方公里；2021 年增至 13235 平方公里，较之上年增加了约 22%，① 其中超过一半的森林砍伐发生在公共土地上。

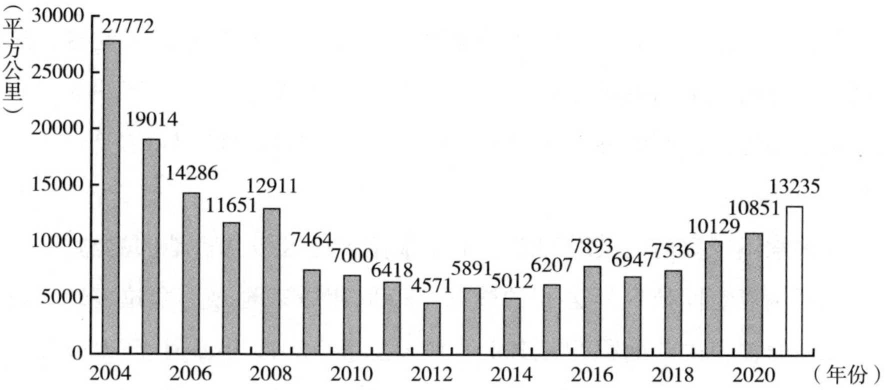

图 1　巴西法定亚马孙地区毁林面积（2004~2021）

资料来源：Carolina Dantas e Fabio Manzano，“Desmatamento na Amazônia passa de 13 mil km² entre agosto de 2020 e julho de 2021，apontam dados do Prodes”，*Globo*，https：//g1. globo. com/meio-ambiente/noticia/2021/11/18/ desmatamento-na-amazonia-passa-de-13-mil-km-entre-agosto-de-2020-e-julho-de-2021-apontam-dados-do-prodes. ghtml。

除了亚马孙地区外，生物多样性丰富的塞拉多地区同样受到抢占公地者的关注，毁林占地活动猖獗。塞拉多地区位于巴西中部高原，是世界上最大的热带稀树草原之一，也是世界上生物多样性最为丰富的热带草原生态区，足以与亚马孙相媲美。尽管塞拉多地区的森林密度远低于毗邻的亚马孙雨林，但是作为世界上最古老和最富多样性的热带生态系统之一，它对于减少温室气体排放、延缓气候变化的作用不可低估。塞拉多地区土壤贫瘠、酸性强，但是在科研人员的大力改造下，该地区目前已发展成为巴西著名的“谷物带”，是巴西最大的粮食生产扩张地。

与亚马孙地区一样，目前塞拉多地区的生态环境面临严峻的威胁，原生

① Carolina Dantas e Fabio Manzano，“Desmatamento na Amazônia passa de 13 mil km² entre agosto de 2020 e julho de 2021，apontam dados do Prodes”，https：//g1. globo. com/meio-ambiente/noticia/2021/11/18/desmatamento-na-amazonia-passa-de-13-mil-km-entre-agosto-de-2020-e-julho-de-2021-apontam-dados-do-prodes. ghtml.

植被破坏速度不可小觑。一方面，塞拉多地区面积较大，占地约 200 万平方公里（约占巴西国土的 25%），但是仅有 8%的面积划归自然保护区受到保护。[①] 另一方面，与亚马孙地区不同的是，亚马孙地区的环境立法允许砍伐的森林面积最多不得超过 20%的农业用地面积，然而在塞拉多地区，这一限制更为宽松，最高限额为 65%~80%。因此，农牧民、伐木工纷纷将目光瞄向塞拉多地区，而毁林占地则主要用于种植巴西最大的出口农产品大豆和玉米。

在博索纳罗政府的鼓励和纵容下，塞拉多地区毁林占地问题愈演愈烈。根据巴西国家空间研究所公布的数据，2000 年以来至今，塞拉多地区近一半的原生植被消失，面积约有 100 万平方公里。2019 年 8 月至 2020 年 7 月间，塞拉多地区超过 7000 平方公里的原生植被消失，与上年同期相比增加了 13.21%；2020 年 8 月至 2021 年 7 月，消失的原生植被面积增至 8351 平方公里，为 2015 年以来的最高历史纪录。[②] 原生植被大面积消失的同时，塞拉多地区大豆和玉米的种植面积不断扩大。巴西研究人员在《科学》杂志发表的一项研究成果中指出，在亚马孙地区和塞拉多地区，仅 2%的土地所有者造成了这些地区 62%的非法森林砍伐，而该地区生产、出口到欧盟的 20%的大豆和 17%的肉类均可能受到非法森林砍伐的影响。[③]

巴西亚马孙、塞拉多地区严重的毁林占地问题引起了国内外社会的批评和担忧。考虑到毁林问题引起的国际批评以及对巴西农业出口造成的消极影响，博索纳罗政府不得不采取了一些补救举措，但是成效不佳，被批评为“掩人耳目”和“放烟幕弹”。例如，在国内外社会的压力下，为了遏制亚

---

① “Desmatamento no Cerrado aumenta 13% e bioma perde 7, 3 mil km^2 de vegetação nativa”, WWF-Brasil, 17/01/2022, https://www.wwf.org.br/?77608/cerrado-prodes-desmatamento-aumenta-123-perde-73-mil-km2.

② Marta Salomon, “Metade do Cerrado sumiu”, 17/01/2022, https://piaui.folha.uol.com.br/mais-da-metade-do-cerrado-sumiu/.

③ Raoni Rajão, Britaldo Soares-Filho, Felipe Nunes, Jan Borner, Lilian Machado, Débora Assis, Amanda Oliveira, Luis Pinto, Vivian Ribeiro, Lisa Rausch, Holly Gibbs, Danilo Figueira, “The rotten apples of Brazil's agribusiness”, *Science*, Vol. 369, pp. 246-248.

马孙地区的森林大火和森林砍伐，2019~2021年，博索纳罗总统三次授权派遣武装部队赴亚马孙地区开展灭火工作，总共历时16个月，花费超过5.5亿雷亚尔，这一金额相当于联邦政府主要的环境执法机构巴西环境与可再生资源研究所年度预算的6倍。[①] 尽管投入了大量人力物力，但是军队的干预行动并没有产生实际效果，受到巴西环保专家的普遍质疑，不仅因为其财政成本高昂，而且军队本身并非从事环境工作的专业部门，其保护亚马孙雨林的能力有限。巴西环保专家批评博索纳罗此举是“放烟幕弹”，以标榜其正在与森林砍伐作斗争，回应国际社会的批评。归根结底，派遣军队是为了博索纳罗的利益，而不是为了保护雨林。[②]

三　国际环境合作表现不尽如人意，广受批评

博索纳罗政府牺牲环境发展经济的做法导致巴西亚马孙、塞拉多等地区毁林问题加剧，原生植被大面积消失，影响到全球气候稳定，遭到国际社会的批评和指责。受此影响，《南共市-欧盟自贸协定》迟迟未获欧盟成员国议会批准生效。此外，在气候减排、亚马孙环保国际合作等方面，巴西政府表现难符人意，国际环境形象一落千丈。

第一，巴西与欧盟之间环境冲突频发，《南共市-欧盟自贸协定》迟迟未获批准。巴西与欧盟之间的环境合作由来已久。自1990年代以来，双方围绕保护亚马孙雨林、应对全球气候变化、发展绿色经济等主题展开了一系列环境合作，环境议题已成为巴西和欧盟双边关系中的重要内容。然而，博索纳罗执政期间，巴西与欧盟之间的环境冲突不断升级，给双方之间的环境合作、经贸合作以及政治关系发展带来消极影响，尤其是环境考量成为

① Vinicius Sassine, “Militares na Amazônia custaram R $ 550 mi e não baixaram o desmatamento”, *Folha de São Paulo*, 17/01/2022, https://www1.folha.uol.com.br/ambiente/2021/10/militares-na-amazonia-custaram-r-550-mi-e-nao-baixaram-desmatamento.shtml.

② Murilo Pajolla, “Militarização da Amazônia é ‘cortina de fumaça’ para desmatamento, diz ambientalista”, 17/01/2022, https://www.brasildefato.com.br/2021/07/06/militarizacao-da-amazonia-e-cortina-de-fumaca-para-desmatamento-diz-ambientalista.

《南共市-欧盟自贸协定》迟迟未获批准的主要原因。

经过近二十年的谈判，2019年6月，欧盟与包括巴西、阿根廷、巴拉圭和乌拉圭等国在内的南方共同市场达成了迄今欧盟最大的自贸协定，为双方的可持续发展创造了重要机遇，被双方评价为“历史性时刻”和“史无前例”。博索纳罗总统在其个人推特上表示：“它将成为（巴西）有史以来最重要的贸易协定之一，将给巴西经济带来巨大益处。”[①]《南共市-欧盟自贸协定》的重点内容除了消除关税、农业敏感领域的安排、服务市场准入和非关税壁垒外，还包括环境保护与可持续发展。该协定纳入了专门的可持续发展章节，涵盖可持续管理、森林资源保护、劳工权利维护以及促进负责任的商业行为等内容。双方承诺有效实施《巴黎气候变化协定》。根据双方协商，该协定将于未来三年内正式生效。

然而，截至目前，该协定等待批准的时间即将满三年，欧盟27个成员国议会却迟迟未予以批准。《南共市-欧盟自贸协定》由欧盟委员会代表欧盟各国谈判达成，要让该协定生效，必须得到欧盟所有成员国议会的批准。2021年，法国总统府消息人士透露，目前《南共市-欧盟自贸协定》没有任何批准的可能性。“重新推动批准该协定有很多重要的先决条件，但是目前有关国家没有任何可能性能满足相关条件。”[②]

欧盟多国之所以拒绝批准《南共市-欧盟自贸协定》，主要出于对环境影响的担忧，尤其是担心会增大亚马孙森林砍伐的风险。由于亚马孙森林对于维持全球气候稳定具有重要意义，因此亚马孙地区森林大火频发、森林砍伐面积大幅增加以及博索纳罗政府消极的环境政策遭到了国际社会尤其是欧盟国家的普遍批评和指责。欧盟国家对《南共市-欧盟自贸协定》生效后可能带来的环境消极影响表示了疑虑和担忧，质疑博索纳罗政府对保护亚马孙雨林

① “Bolsonaro comemora pacto UE-Mercosul e diz que é um acordo histórico”, *Exame*, 28/06/2019, https：//exame. com/economia/bolsonaro-comemora-pacto-ue-mercosul-e-diz-que-e-um-acordo-historico/.

② 《南共市-欧盟自贸协定批准进程障碍重重》，中国商务部官网，http：//www. mofcom. gov. cn/article/i/jyjl/l/202103/20210303042191. shtml。

的承诺。2020 年 12 月，欧盟驻巴西大使表示，欧洲对巴西博索纳罗政府不信任，一直以来都在向巴西政府表达他们对环境问题的关注，并推迟批准《南共市—欧盟自贸协定》。除非恢复对巴西政府的信心，否则该协定很难推进。[①]

法国、奥地利、荷兰、爱尔兰等欧盟成员国议会以《南共市-欧盟自贸协定》将引起南共市对欧盟农产品出口暴增、加剧雨林破坏和气候变化等为由拒绝予以批准。其中，法国是欧盟内部最大的农业生产国，也是对《南共市-欧盟自贸协定》反对态度最为激烈的国家。法国总统马克龙公开表示，法国反对欧盟与南共市之间的自贸协定，因为该协定与法国所追求的气候和生物多样性议程不相容。[②] 法国政府建议对包括巴西在内的南共市成员国提出更高的环保标准。[③] 2020 年，法国政府发布的一份报告显示，《南共市-欧盟自贸协定》将增加南美的牛肉产量，而这将导致森林砍伐增长 25%。博索纳罗政府对此回应道，该报告显示的是法国“保护主义者的利益”。[④] 除了法国，爱尔兰政府同样宣布对《南共市-欧盟自贸协定》不予批准。2019 年 8 月，时任爱尔兰总理利奥·瓦拉德卡表示，由于巴西政府没有履行环境保护方面的承诺，爱尔兰方面不会批准欧盟与南共市自贸协定。[⑤] 时任德国总理默克尔指出，鉴于巴西亚马孙地区毁林和火灾不断增加，她对欧盟与南共市自贸协定的未来持“严重怀疑”态度。[⑥] 2020 年 10

① 《欧洲不信任巴西，与南方共同市场贸易协定陷于瘫痪》，搜狐网，https：//www.sohu.com/a/438276395_751457。

② “French President against EU-Mercosur deal over environmental concerns”, *Merco Press*, 04/09/2021, https：//en.mercopress.com/2021/09/04/french-president-against-eu-mercosur-deal-over-environmental-concerns.

③ Janaína Figueiredo, “Desafeto de Bolsonaro, Macron mira política ambiental do Brasil e sugere à União Europeia impor condições a acordo com Mercosul”, *Globo*, 9 de fevereiro, 2021.

④ 《欧洲不信任巴西，与南方共同市场贸易协定陷于瘫痪》，搜狐网，https：//www.sohu.com/a/438276395_751457。

⑤ 《巴西或派军队扑救亚马孙雨林火灾　反对借机制裁》，新华网，http：//big5.xinhuanet.com/gate/big5/www.xinhuanet.com/world/2019-08/25/c_1210255501.htm。

⑥ “Merkel diz ter sérias dúvidas sobre acordo com Mercosul após encontro com Greta Thunberg”, *Folha de São Paulo*, 21 de agosto, 2020, https：//www1.folha.uol.com.br/mercado/2020/08/merkel-diz-ter-serias-duvidas-sobre-acordo-com-mercosul-por-causa-de-queimadas-na-amazonia.shtml.

月 7 日，欧洲议会以 345 票赞成、295 票反对通过了一项不具法律效力的修正案，要求欧盟委员会与南共市重新商议双方自贸协定中的相关内容，尤其是与气候变化和环境保护相关的内容。

为了减少亚马孙毁林、维持全球气候稳定，越来越多的欧洲消费者、企业、非政府组织等个人和集体抵制进口来自巴西森林砍伐地区的农牧产品，从而给巴西农牧产品出口带来一定的消极影响。一些从巴西购买肉类和大豆的跨国公司明确表示反对《“土地掠夺法” 提案》（PL da Grilagem，即 “PL 510/2021”），声称如果该提案获得批准，那么未来可能会影响他们在巴西的采购计划。[①] 2020 年，时任欧盟轮值主席国的芬兰政府呼吁暂停进口巴西牛肉。[②] 2021 年，欧盟议会开始讨论一项新的提案，要求向欧洲销售产品的公司需要证明其产品在生产过程中没有对亚马孙、塞拉多等地区的生物群落造成破坏，这一要求也适用于在巴西投资的欧洲公司。该提案特别针对巴西出口到欧洲的两大产品大豆和牛肉。[③]

第二，巴西政府未能有效利用来自欧盟国家的环境捐助，巴西与欧盟捐助国之间矛盾重重。由于巴西亚马孙、塞拉多等地区的生物群落不仅关系到巴西的可持续发展，也关系到全球气候稳定和生物多样性维护，因此为了拯救“地球之肺”，许多国家尤其是欧盟国家向巴西伸出援手，给予环境捐助，开展国际环境合作。然而，截至目前，国际社会给予巴西的环境捐助并未得到充分、有效利用，大笔环境捐款处于瘫痪状态。巴西专家指出，巴西联邦政府有超过 45 亿雷亚尔的国际环境捐款和气候基金处于停滞状态，[④]

① Camila Souza Ramos, “Múltis do agronegócio dizem que ‘PL da Grilagem’ põe em risco suas compras no Brasil”, 17/01/2022, https: //valor. globo. com/agronegocios/noticia/2020/05/20/mltis-do-agronegcio-dizem-que-pl-da-grilagem-pe-em-risco-suas-compras-no-brasil. ghtml.

② “De #BoycottBrazil a Amazônia no G-7: reação internacional à política ambiental de Bolsonaro”, BBC Brasil, 03/04/2020, https: //www. bbc. com/portuguese/internacional-49450135.

③ André Shalders, “A norma do Parlamento Europeu que pode aumentar a pressão contra o desmatamento no Brasil”, BBC, 17/01/2022, https: //www. bbc. com/portuguese/internacional-55168713.

④ Marta Salomon, “Os bilhões da Amazônia que o governo não gasta”, 17/01/2022, https: //piaui. folha. uol. com. br/os-bilhoes-da-amazonia-que-o-governo-nao-gasta/.

尤以亚马孙基金为主，其未使用的国际环境捐款高达31亿雷亚尔。

围绕亚马孙基金的使用与管理，巴西与欧盟捐助国之间矛盾重重。亚马孙基金成立于2008年，由国家经济和社会发展银行（Banco Nacional de Desenvolvimento Econômico e Social，BNDES）进行管理，旨在为亚马孙地区森林的可持续利用以及打击森林砍伐行为提供资助。挪威和德国是该基金的主要捐助国，迄今两国共捐款超过30亿雷亚尔，占该基金捐款总额的95%，主要用于森林监测、管理和毁林地区的恢复。① 截至2020年，亚马孙基金共收到捐款约34亿雷亚尔，其中93.8%来自挪威政府、5.7%来自德国政府、0.5%来自巴西石油公司。②

长期以来，亚马孙基金的管理工作由亚马孙基金指导委员会（Comitê Orientador do Fundo Amazônia，Cofa）负责。该委员会成立于2008年，在亚马孙地区民间社会和州政府的参与下，共同制定亚马孙基金的使用标准。然而，这一管理方式却遭到博索纳罗政府的批评与变更。为了能够更加灵活、自主地使用亚马孙基金，博索纳罗政府于2019年撤销了亚马孙基金指导委员会，改由巴西政府集中管理亚马孙基金的使用，并将过去参与亚马孙基金管理工作的非政府组织排除在外。此举遭到了亚马孙基金主要捐助国挪威和德国政府的强烈批评。挪威政府表示，巴西政府撤销亚马孙基金指导委员会的行为违反了此前巴西与挪威和德国所达成的协议，并且将会增大森林砍伐的风险。③ 除此之外，博索纳罗政府还公开批评亚马孙基金项目存在违规行为，并且擅自更改亚马孙基金的使用规则，试图用亚马孙基金补偿自然保护区里的土地所有者因保护环境而遭受的损失，此举有利于土地掠夺者。根据亚马孙基金原有的使用规定，禁止此类补偿。

---

① André, Trigueiro, "15 pontos para entender os rumos da desastrosa política ambienta do governo Bolsonaro", 03/04/2020, https：//g1. globo. com/natureza/blog/andre - trigueiro/post/2019/06/03/15 - pontos - para - entender - os - rumos - da - desastrosa - politica - ambiental - no - governo - bolsonaro. ghtml.

② BNDES, Fundo Amazônia：Relatório de Atividades 2020, Rio de Janeiro：BNDES, 2021.

③ 《挪威不满巴西政府决策　冻结亚马孙森林保护资金》，https：//www. sohu. com/a/334283669_ 292978。

因不满巴西政府关于亚马孙雨林的政策和违规更改亚马孙基金的使用及管理，挪威和德国政府从2019年起暂停向亚马孙基金注入捐款，并且指责博索纳罗政府违背了保护雨林的承诺。对此，博索纳罗总统予以强硬回应："挪威本身有猎杀鲸鱼的陋习，不能成为巴西的榜样。挪威可以使用捐助亚马孙森林保护专案的基金，协助德国造林"；"巴西不需要德国的资金来保护亚马孙"；[①]"他们爱怎么用这笔钱就怎么用，巴西不需要"。[②]时任巴西环境部部长萨勒斯表示，他对挪威政府决定冻结亚马孙雨林保护资金的行为并不感到意外，并说"亚马孙确实需要国际社会的援助，但是这个基金（亚马孙基金）的资源根本不足以制定有效的环境保护政策"，认为亚马孙的环境保护必须寻求资本主义的解决方案，激发经济活力，为居住在这个地区的约2000万巴西人创造收入，这样才能真正保护亚马孙。[③]博索纳罗政府强硬的态度和一系列有损亚马孙雨林的举措导致巴西与欧盟捐助国之间矛盾重重，亚马孙基金自2019年4月以来一直处于停滞状态，来自国际社会的环境捐款大幅减少。2019年，亚马孙基金仅收到8700万雷亚尔的资助，为过去六年来的最低值。[④]

第三，巴西碳排放量不减反增，并未履行减排承诺。巴西是2015年《巴黎气候变化协定》的签署国。《巴黎气候变化协定》建立了"承诺+评审"的国家自主贡献（Nationally Determined Contribution，NDC）合作模式，即各国根据《联合国气候变化框架公约》缔约方会议的要求，自主提出2020年后应对气候变化的行动计划及制定贡献的目标和方案等，再依据每五年一度的全球盘点结果自愿考虑是否加大贡献力度。《巴黎气候变化协定》的签署国同意每五年一次审查自己定下的目标，并承诺只能增加而不能减少自己作出的贡

① 《挪威不满巴西政府决策　冻结亚马孙森林保护资金》，https：//www. sohu. com/a/334283669_ 292978。

② 《德国砍掉亚马孙生态保护经费，巴西回复：我们不需要这笔钱!》，https：//www. 163. com/dy/article/EMD11SQI0514ES88. html。

③ 《挪威不满巴西政府决策　冻结亚马孙森林保护资金》，https：//www. sohu. com/a/334283669_ 292978。

④ Sabrina, Rodrigues, "Governo anuncia que prepara um decreto para alterar regras do Fundo Amazônia", 03/04/2020, https：//www. oeco. org. br/noticias/governo-anuncia-que-prepara-um-decreto-para-alterar-regras-do-fundo-amazonia/.

献额。2015 年 9 月 27 日，巴西向联合国正式提交了本国的国家自主贡献，确定了到 2030 年的自主行动目标，即在 2005 年的基础上，到 2025 年温室气体排放量减少 37%；到 2030 年减少 43%。为了实现这一目标，巴西政府承诺：到 2030 年，可持续生物能源在巴西能源结构中的占比提高到 18%，可再生能源在其能源结构中的占比为 45%，恢复和重新造林 1200 万公顷。①

然而，巴西政府并未履行减排承诺。从 2015 年签署《巴黎气候变化协定》到 2021 年 10 月《联合国气候变化框架公约》第 26 次缔约方大会召开之际，六年时间过去了，巴西森林砍伐大幅增加，碳排放量不减反增，与全球碳排放水平逐年递减的趋势相反，可谓“逆势而行”。根据巴西温室气体排放和清除估算系统统计，2020 年巴西温室气体排放量同比增长了 9.5%，达到 21.7 亿吨二氧化碳当量。② 联合国环境规划署（UNEP）发布的报告显示，在二十国集团成员国中，巴西在实现减排目标方面表现最差，也是 2021 年 1~7 月间二氧化碳排放量较 2019 年同期增加的少数几个国家之一。巴西的碳排放主要有三大来源：农业（32%）、土地使用变化和森林砍伐（28%）以及化石能源的使用（27.7%）。③ 博索纳罗执政期间，亚马孙、塞拉多地区森林砍伐的大幅增加、土地用途的变化、农业开发活动的推进导致巴西碳排放量大幅增加。

根据《巴黎气候变化协定》，巴西承诺到 2030 年恢复和重新造林 1200 万公顷，但是六年时间过去了，巴西仅实现了上述目标的 0.65%，连 1%都不到。与此同时，在亚马孙地区，近 400 万公顷的森林遭到砍伐，相当于上述承诺目标面积的三分之一。④ 对此，巴西气候观测站（Observatório do

① “Pretendida Contribuição Nacionalmente Determinada para a Consecução do Objetivo da Convenção-Quadro das Nações Unidas sobre Mudança do Clima”, 17/01/2022, https://www.gov.br/mre/pt-br/arquivos/documentos/clima/brasil-indc-portugues.pdf.

② https://plataforma.seeg.eco.br/total_ emission.

③ Angelo C. Gurgel, Sergey Paltsev, Gustavo V. Breviglieri, “The impacts of the Brazilian NDC and their contribution to the Paris agreement on climate change”, *Environment and Development Economics*, Vol. 24, 2019, pp. 395-412.

④ Aldem Bourscheit, “Brasil assina acordo florestal após desmatar 1/3 da meta firmada em Paris”, 17/01/2022, https://infoamazonia.org/2021/11/02/acordo-florestal-1-3-metas-firmadas-acordo-paris-desmatamento-amazonia/.

Clima）执行秘书马尔西奥·阿斯特里尼（Mãrcio Astrini）批评道："博索纳罗执政的最初两年（2019~2020），巴西亚马孙地区平均森林砍伐量比前十年的平均水平要高出60%。博索纳罗让我们远离了任何减少森林砍伐和温室气体排放的承诺。"①

为了减少国际社会对巴西政府环境政策的批评和指责，在《联合国气候变化框架公约》第26次缔约方大会召开前夕，巴西联邦政府于2021年10月25日推出了"国家绿色增长计划（Programa Nacional de Crescimento Verde）"，宣称其目标是保护森林、减少温室气体排放以及促进"绿色就业（empregos verdes）"。然而，巴西联邦政府并未提及如何构建以及实现这些目标。尽管出台了"国家绿色增长计划"，巴西政府还是顶着巨大的国际舆论压力参加了第26次缔约方气候大会。大会的主要目标是讨论新的协定，以确保2015年达成的《巴黎气候变化协定》中声明的到2100年将全球气温升温幅度控制在1.5摄氏度以内的目标能够实现。此次大会上，包括巴西在内的近200个与会国家最终达成了一份名为《格拉斯哥气候公约》的联合公报。根据该公约，与会各国将在2022年底前再次评估各自的2030年减排目标，并予以加强，以进一步向《巴黎气候变化协定》中努力将全球升温控制在1.5摄氏度以内的目标靠近，同时该公约要求还未更新或提交国家减排目标的国家在2022年完成更新。② 第26次缔约方大会主席阿洛克·夏尔马（Alok Sharma）表示："雄心勃勃的气候行动，可以避免气候变化带来的最具破坏性的影响，但前提是所有国家都要共同行动。"③

在第26次缔约方大会上，包括巴西在内的114个国家共同签署了此次

---

① Aldem Bourscheit, "Brasil assina acordo florestal após desmatar 1/3 da meta firmada em Paris", 17/01/2022, https：//infoamazonia. org/2021/11/02/acordo-florestal-1-3-metas-firmadas-acordo-paris-desmatamento-amazonia/.

② 《COP26·解读：新全球气候协议达成，未来变得更有希望?》，https：//www. sohu. com/a/501181858_ 260616。

③ 《各国自愿交的自主贡献"作业"，透露出这个"危机"》，http：//k. sina. com. cn/article_7517400647_ 1c0126e4705901of1v. html。

峰会达成的首份实质性协议《格拉斯哥领导人关于森林和土地使用的宣言》，承诺到2030年停止砍伐森林，扭转土地退化状况，并为相应国家提供190亿美元的公共和私人资金，用于保护和恢复森林。联合国秘书长安东尼奥·古特雷斯强调，签署宣言容易，难在执行，呼吁将该协议真正付诸行动。[①] 巴西政府除了签署该宣言外，还承诺在2030年前将温室气体减排目标由43%提高到50%，并将非法砍伐森林归零目标的达成时间从2030年提前到2028年，其中在2024年之前非法砍伐森林面积每年减少15%，到2026年非法砍伐森林面积减少40%，到2027年非法砍伐森林面积减少50%，到2028年100%消除非法砍伐森林，实现零非法砍伐森林。[②] 然而，根据巴西亚马孙地区非法砍伐森林的现状，巴西政府的这一承诺目标不切实际，环保专家称"对巴西的立场持怀疑态度"，[③] 认为巴西政府的承诺在很大程度上是为了应对国际指控和舆论压力，修复巴西与欧洲大国的关系，并为跟随美国拜登新政府的环保政策变化留出余地，而并非巴西现任政府的思想转变。[④] 世界自然基金会（WWF）驻巴西负责人毛里西奥·沃伊沃迪奇（Mauricio Voivodic）表示，博索纳罗政府试图用虚构的言论和海外漂绿努力掩盖真实的巴西。[⑤]

四 结语

巴西自1990年代以来在环境保护与可持续发展之路上积极探索，于

① "Acordo sobre Florestas", 17/01/2022, https://news.un.org/pt/tags/acordo-sobre-florestas.

② Bernardo Esteves, "Economia verde para inglês ver", 17/01/2022, https://piaui.folha.uol.com.br/economia-verde-para-ingles-ver/.

③ Aldem Bourscheit, "Brasil assina acordo florestal após desmatar 1/3 de meta firmada em Paris", 02/11/2021, https://infoamazonia.org/2021/11/02/acordo-florestal-1-3-metas-firmadas-acordo-paris-desmatamento-amazonia/.

④ Rodrigo Caetano, "COP26: 'EUA quer voltar a conversar', diz ministro do Meio Ambiente", *Exame*, https://exame.com/negocios/cop26-eua-quer-voltar-a-conversar-diz-ministro-do-meio-ambiente/.

⑤《巴西亚马孙森林砍伐率飙升至15年来最高水平，削弱了政府的承诺》，https://www.extbrand.com/news/show-78817.html。

1992和2012年两次举办联合国环境大会，被誉为发展中国家环境保护的领头羊，在国际舞台上树立了积极主动良好的环境形象。然而，自2019年博索纳罗执政以来，巴西的环境政策呈现历史性倒退，环境保护并未受到政府的真正重视，而是被视为经济发展的桎梏。为了扩大农矿产品出口，促进经济发展，满足农业综合企业、矿业等部门的经济利益，获取其政治支持，博索纳罗政府在环境问题上采取消极态度，对内放松环境监管，姑息非法采矿、伐木等环境犯罪行为，鼓励在亚马孙、塞拉多等森林覆盖地区进行经济开发；对外在气候减排、亚马孙环境保护的国际合作等方面表现难符人意，广受批评。

博索纳罗政府持续倒退的环境政策加剧了巴西生态环境的破坏，导致森林砍伐面积大幅增加，遭到国内外社会的严厉批评和指责，极大地损害了巴西的国际环境形象，并且给巴西农产品出口带来消极影响。与此同时，巴西碳排放量不减反增，生态平衡受到威胁，干旱、霜冻、泥石流、洪涝等自然灾害频发，民众生命财产遭受损失，巴西社会的健康可持续发展受到制约。2020~2021年，巴西内陆地区经历了史上罕见的高温干旱天气。2020年11月至2021年3月的雨季期间，巴西全国降水量降至近二十年来最低水平。仅2020年，巴西因自然灾害而承受的经济损失就高达40亿美元。① 由于降水量的急剧减少、土地反照率的上升，巴西朗多尼亚州、马托格罗索州和帕拉州的农业生产区域在过去二十年中，每年平均经济损失约57亿雷亚尔。②

目前，受疫情影响，巴西经济尚处于复苏之中，经济基础脆弱，面临诸多风险和挑战。如何在扩大农矿产品出口、提振经济的同时，减少森林砍伐和碳排放、减轻国内外舆论压力是巴西政府面临的严峻考验。2022年10月巴西举行总统大选，此次大选无疑是巴西2022年最重要的政治事件，其结

① "Brasil perde mais de US $ 4 bi em desastres naturais em 2020", AON, https://jrs.digital/2021/05/21/brasil-perde-mais-de-us-4-bi-em-desastres-naturais-em-2020/.

② Argemiro Teixeira Leite-Filho et al., "Deforestation Reduces Rainfall and Agricultural Revenues in the Brazilian Amazon", *Nature Communications*, Vol. 12, 2021, p. 2591.

果将决定巴西未来的发展方向和战略选择，对巴西环境政策势必产生重要影响。然而，无论哪个党派上台执政，改变目前的发展主义模式和思想观念，着眼于未来，将经济发展与环境保护相结合，走可持续发展之路，是巴西政府需要认真思考的重大课题。

Y.11
巴西国际科技创新合作的变革与发展

林娴岚　郭　栋*

摘　要： 2020~2021 年间，受新冠肺炎疫情影响深重的巴西在加快自身科技创新突破的同时也积极拓展国际合作。在倡导合作抗疫的过程中，巴西联邦政府通过更加主动的科技外交，逐步打造符合自身战略利益的国际科技创新合作网络。巴西强化了国际科技创新合作的战略部署，拓展了双边与多边合作的对象，并围绕疫后重建的优先支持技术布局合作的重点领域。巴西以更加协同高效的国际科技创新合作实践，服务于促进自身早日实现跻身世界最具创新力国家之一的战略目标。

关键词： 巴西　科技创新　国际合作

2020~2021 年，巴西科技创新的整体实力有所提升，但在国际舞台上依然缺乏足够的竞争力。在世界知识产权组织发布的《全球创新指数》中，2021 年巴西国家创新能力排名全球第 57 位，相比 2020 年的第 62 位上升了 5 位，两个年度巴西在拉丁美洲地区均位列第 4。① 尽管巴西在创新质量

* 林娴岚，法学博士，湖北大学公共管理学院、区域与国别研究院副研究员，主要研究方向为科技创新与国际关系、葡语国家研究；郭栋，中国科学技术交流中心助理研究员，主要研究方向为国际科技合作政策。

① Soumitra Dutta, Bruno Lanvin, and Sacha Wunsch-Vincent, eds., *Global Innovation Index 2020: Who Will Finance Innovation?*, Cornell University, INSEAD, and The World Intellectual Property Organization, 2020; Soumitra Dutta, Bruno Lanvin, Lorena Rivera León and Sacha Wunsch-Vincent, eds., *Global Innovation Index 2021: Tracking Innovation through the COVID-19 Crisis*, The World Intellectual Property Organization, 2021.

方面排名相对靠前，但在创新投入与产出方面却表现出较为明显的短板。这与巴西政府在创新战略上缺乏协调以及巴西企业创新能力低下等历史问题不无相关。这些问题阻碍了巴西更好地促进创新以及经济和社会的发展，也阻碍了该国融入竞争激烈的数字化、互联互通的全球化国际体系以及实现跻身世界最具创新力国家之一的目标。

在新冠肺炎疫情席卷全球且对世界各国负面影响不断加深的背景下，巴西试图转危为机，即以科技创新应对新冠肺炎疫情为契机，既解决自身的历史遗留问题，也提升国际影响力。巴西一方面努力寻求诊断、治疗新冠肺炎和疫苗本土研发的创新突破，另一方面积极拓展国际合作。在倡导国际社会秉持开放合作精神共同抗击新冠肺炎疫情的过程中，巴西联邦政府通过更加主动的科技外交，逐步打造符合自身战略利益的国际科技创新合作网络，以期为创新驱动的国内疫后重建创造更多有利的外部条件，促进巴西早日实现跻身世界最具创新力国家之一的战略目标。

一　巴西国际科技创新合作的战略部署

疫情之下的巴西恰逢进入新一轮科技创新战略规划期。联邦政府从战略层面强化了国际科技创新合作的重要性，并从体制机制改革层面对主管国际科技创新合作的职能部门进行了优化调整。在战略规划层面，巴西联邦政府首先于 2020 年 10 月 28 日发布了《国家创新政策》（Política Nacional de Inovação）①。该文件旨在指导、协调和阐明巴西促进创新的战略、计划和行动，并在各级政府、各部门之间建立合作机制，整合各级政府和部门间的创新政策和举措。文件出台后，巴西联邦政府组建了“创新议事厅（Câmara de Inovação）”，由其负责公开征集公众对该政策文件的意见。尽管过去巴西具有制定公共政策以支持科技创新的传统，但主要是各部门独立制定自己

① “DECRETO N° 10. 534”, *Diãrio oficial da união*, 29/10/2020, https: //www. in. gov. br/en/web/dou/-/decreto-n-10. 534-de-28-de-outubro-de-2020-285629205.

的创新政策，在国家层面缺乏整合。2020 年创设的“创新议事厅”是由 10 个部委共同参与的联席机制，它成为巴西政府整合科技创新公共政策的新范式，力求提升巴西科技创新政策的广泛性、协同性与有效性。该政策除涉及国内的整体规划，还将巴西外交部所推动的“创新外交计划”与“技术援助行动”纳入其中，一并作为“巴西在国际社会塑造创新型国家形象”的战略行动。

基于“创新议事厅”广泛征集的意见，巴西联邦政府于 2021 年 7 月 23 日发布《国家创新战略》（Estratégia Nacional de Inovação）,[①] 这是对 2020 年发布《国家创新政策》的延展。《国家创新战略》规划了未来四年国家科技战略的目标、举措和行动，其亮点在于不只是停留在对目标的阐述，而是为国家创新战略举措提出了具体的行动方案，确定了计划预算和执行单位。该战略在具体行动方案中多处强调国际合作，例如：促进巴西工业研究和创新公司（EMBRAPII）建立以国际研发为目标的国际合作伙伴关系网络；制定涉及高等院校、科研院所和私营部门的国际合作计划，形成以国际合作为重点的研发与创新项目共同投资模式；搭建巴西企业与外国公司之间的桥梁；等等。该战略在巴西经济社会受新冠肺炎疫情深度影响的背景下出台，展现了巴西政府希望通过依靠科技创新应对新冠肺炎疫情并促进经济复苏，彰显了巴西政府希望利用国际舞台展示其创新型国家的形象和参与科技全球治理的决心。

在体制机制改革层面，巴西联邦政府对原科技创新通信部一分为二，组建了科技创新部、通信与新闻部。2020 年 8 月，巴西科学技术与创新部（简称“科技创新部”）完成重组，部长继续由原科技创新通信部部长、宇航员马科斯·庞特斯（Marcos Pontes）担任。新科技创新部下设部长办公室和 5 个秘书处（副部级），分别为执行秘书处、科学传播与促进秘书处、财务与科研项目秘书处、科学研究与培训秘书处、创新创业秘书处。

① Ministério da Ciência, Tecnologia e Inovações , “RESOLUÇÃO CI N° 1”, *Diãrio oficial da união*, 26/07/2021, https: //in. gov. br/en/web/dou/-/resolucao-ci-n-1-de-23-de-julho-de-2021-334125807.

原规划合作项目和控制秘书处、培训和战略行动政策秘书处、应用技术秘书处撤销。新成立科学传播与促进秘书处，负责国家科学普及和传播工作；财务与科研项目秘书处负责国家科技项目和经费的管理；科学研究与培训秘书处下设自然科学司、生命科学与人类与社会发展司；创新创业秘书处下设数字科学技术创新司、应用科学司、创新创业司。原设在规划合作项目和控制秘书处的国际事务与合作司撤销，改设在部长办公室，改称国际事务特别咨询司（Assessoria Especial de ssuntos Internacionais）。[①] 国际事务由部长直接主管，由此可见重组后的科技创新部对国际科技创新合作的重视程度之高。此番机构调整为巴西联邦政府主动谋划科技外交提供了便利。

二 巴西国际科技创新合作的重点对象

在部长庞特斯的带领下，新组建的科技创新部在国际科技创新合作方面动作频繁且成效显赫。由科技创新部部长直接主管国际事务后，国际科技创新合作相关活动的曝光度显著上升。通过对科技创新部官方网站发布的信息数据进行检索可以发现，在以“国际合作（cooperação internacional）”为关键词检索到的条目中，少数为2020年以前的报道，绝大多数为2020年之后的报道；在2020~2021年间的125则报道（已剔除重复条目）中，仅有2则为2020年8月以前的，其余123则报道均为2020年8月科技创新部重新组建之后的。

受新冠肺炎疫情影响，2020~2021年间巴西政府签署的许多科技创新合作文本是通过视频会议方式完成的。在多次与不同区域国别开展远程科技创新合作交流的同时，庞特斯于疫情之下依然率科技创新部代表团择其重点高频出访，两年内先后访问了国际原子能机构、联合国外层空间事务办公室、

① “Quem é Quem”, 18/08/2021, https://www.gov.br/mcti/pt-br/acesso-a-informacao/institucional/quem-e-quem.

联合国工业发展组织、奥地利、印度、韩国、葡萄牙、欧盟、意大利、国际基因工程与生物技术中心、欧洲核子研究中心、世界卫生组织、阿拉伯联合酋长国等机构与国家。此外，他也在本国先后接待了德国、印度、以色列、日本、英国、挪威、俄罗斯、加拿大、肯尼亚、美国、奥地利、瑞士、挪威、丹麦等科技使团的来访。2020~2021年间，巴西的国际科技创新合作既重视双边合作也重视多边合作。

巴西双边科技创新合作的首选重点对象为美欧发达国家（美国、德国、英国、法国），在亚洲地区的重点合作对象为印度、日本与韩国，此外也兼顾欧洲不同区域的其他国家以及美洲、亚洲与非洲的重要国家。（见图1）美国是近两年巴西科技创新部国际合作官方报道中出现频次最高的合作对象国家，共计出现9次。缘于巴西总统博索纳罗与美国前总统特朗普的私人交往甚密，近年来巴美关系迅速升温，2020年3月博索纳罗访美是其就任巴西总统以来的第四次美国之行，访问期间他参观了巴西航空工业公司在美国的工厂。尽管拜登上台后美巴总体外交关系出现了微妙变化，但并未影响到两国科技创新合作不断深化的发展势头。巴西除重点围绕太空领域推进与美国的合作外，也积极寻求与美国开展科学研究与教育方面的合作，如2020年11月巴西科技创新部与美国史密森尼学会签署了新的科学研究和教育合作协议，旨在加强两国在科学、技术、工程和数学教育领域的合作。① 德国是巴西在欧洲最为重视的双边科技合作对象国家，在巴西官方国际科技创新合作报道中共计出现7次，目标合作领域为数字技术、绿色技术、亚马孙地区生物海洋及气候监测等。巴西在应对气候变化领域寻求加强与英国的合作，2020年10月与英国续签了一项共享气候数据和预防自然灾害的合作协议。② 巴西除了希望加强与美欧等重点对象国

① “MCTI e Instituto Smithsonian Fazem Parceria em Pesquisa e Educação Científica”, 26/11/2020, https://www.gov.br/mcti/pt-br/acompanhe-o-mcti/noticias/2020/11/mcti-e-instituto-smithsonian-fazem-parceria-em-pesquisa-e-educacao-cientifica.

② “Brasil e Reino Unido Renovam Acordo para Pesquisas sobre Clima”, 14/10/2020, https://www.gov.br/mcti/pt-br/acompanhe-o-mcti/noticias/2020/10/acordo-entre-brasil-e-reino-unido-vai-compartilhar-dados-climaticos.

家在特定领域的合作外，也希望向日本与韩国学习其成功转型为科技创新强国的经验。

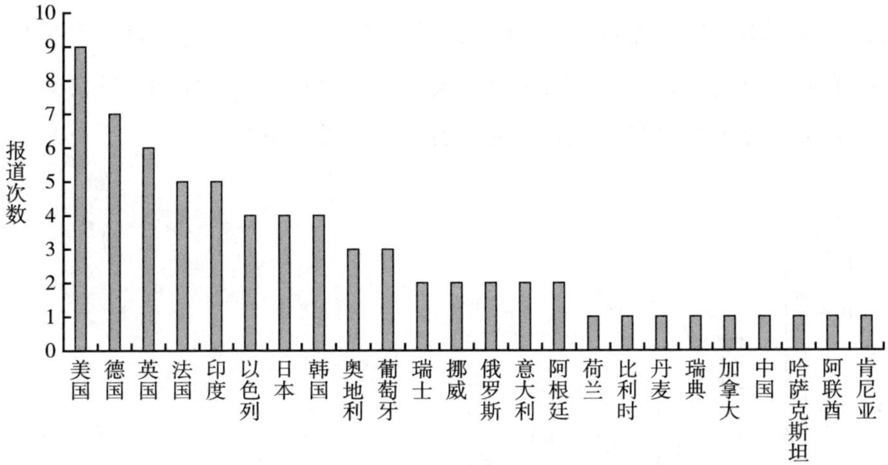

图 1　2020~2021 年巴西双边科技创新合作对象报道频次

资料来源：https：//www. gov. br/mcti/pt-br。

巴西的多边科技创新合作在原有的金砖国家科技创新合作机制的基础之上，进行了全方位拓展（见图 2），表现出其利用国际舞台展示创新型国家形象与参与科技全球治理的决心。金砖国家科技创新合作是巴西参与的多边科技创新合作中较为成熟的机制。2020~2021 年间，金砖国家多以线上视频会议的方式组织科技创新合作。2020 年 11 月，庞特斯出席第 8 届金砖国家科技创新部长级视频会议时强调了国际科技创新合作在抗击疫情中的重要作用。[①] 2021 年 1 月，由巴西科技创新部支持、总投资为 720 万雷亚尔的应对新冠病毒疫情大流行 SARS-CoV-2 基因组监测网络项目在金砖国家合作项

① "Em Reunião do BRICS, Ministro Destaca Iniciativas do Brasil para Enfrentar a Covid-19", 13/11/2020, https：//www. gov. br/mcti/pt-br/acompanhe-o-mcti/noticias/2020/11/em-reuniao-do-brics-ministro-destaca-iniciativas-do-brasil-para-enfrentar-a-covid-19.

目中获得批准。[①] 2021 年 11 月召开的第 9 届金砖国家科技创新部长级视频会议批准了未来四年（2021~2024）的创新合作计划，协议文本中明确了要采取一系列以促进技术转让、技术园区建设与优化初创企业创新环境等为重点的政策措施，扩大金砖国家之间的合作。[②] 此外，金砖国家材料科学与纳米技术工作组会议、光子学工作组会议、新能源和可再生能源与能源效率工作组会议、青年科学家论坛等常规活动如期在线上举行。

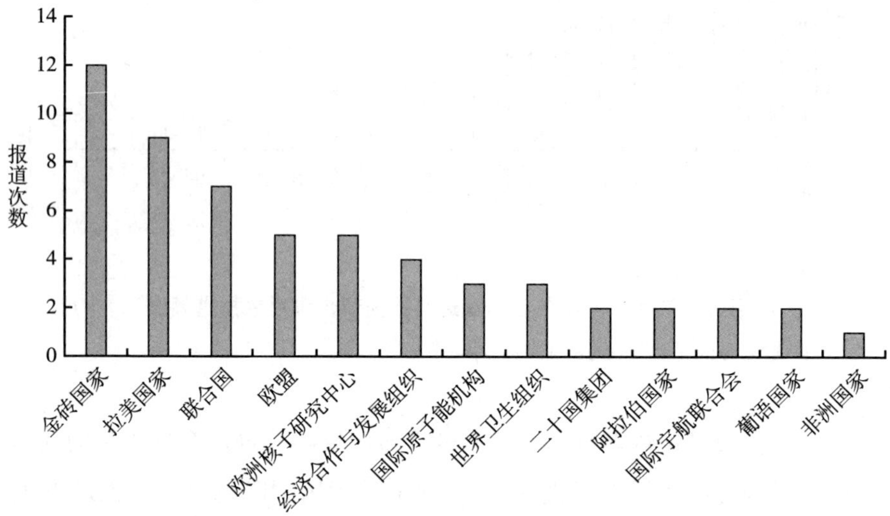

图 2 2020~2021 年巴西多边科技创新合作对象报道频次

资料来源：https：//www. gov. br/mcti/pt-br。

① "Projeto do LABINFO/LNCC, Rede de Vigilância Genômica para SARS-CoV-2, no Combate à Pandemia da Covid-19, é Aprovado em Programa de Cooperação Internacional do BRICS", 18/01/2021, https：//www. gov. br/mcti/pt-br/rede-mcti/lncc/assuntos/noticias/ultimas-noticias-1/projeto-do-labinfo-lncc-rede-de-vigilancia-genomica-para-sars-cov-2-no-combate-a-pandemia-da-covid-19-e-aprovado-em-programa-de-cooperacao-internacional-do-brics.

② "Ministros do BRICS Aprovam Plano de Cooperação em Inovação", 26/11/2021, https：//www. gov. br/mcti/pt-br/acompanhe-o-mcti/entregas/2021/ministros-do-brics-aprovam-plano-de-cooperacao-em-inovacao.

除继续推进金砖合作机制外，开辟新的合作交流舞台成为近两年巴西开展多边创新合作过程中实现的重大突破。2020 年 9 月，巴西科技创新部与联合国外层空间事务办公室签署了和平利用空间的合作谅解备忘录，双方商定在空间法、空间政策、空间科学技术、空间可持续利用、灾害管理、导航、通信和能力建设等方面优先合作。① 2021 年 8 月，巴西科技创新部又与联合国外层空间事务办公室签署让女性参与太空活动的协议“Space4Women”。② 2020 年 12 月，巴西与阿根廷、乌拉圭签署了一份建立拉丁美洲生物技术中心（CABBIO）的谅解备忘录。③ 此外，巴西充分利用多边合作平台强化与重点对象的合作，如在参加二十国集团会议期间，庞特斯率团赴意大利、奥地利和瑞士，访问了联合国外层空间事务办公室、国际原子能机构、世界卫生组织和欧洲核子研究中心等机构，与日本内政和通信部部长会见，与经济合作与发展组织负责人讨论巴西加入该组织的问题；在赴迪拜参加世博会以及参加第 72 届国际宇航大会（IAC）期间，与俄罗斯、印度、韩国以及国际宇航联合会的相关人员展开会谈；等等。

三 巴西国际科技创新合作的重点领域

由于巴西是受新冠肺炎疫情冲击最严重的国家之一，巴西努力寻求诊断、治疗和疫苗的本土研发与国际合作，抗击新冠肺炎疫情成为 2020~2021 年间巴西国际科技创新合作的首要重点领域。从 2020 年 6 月起，巴西成为

① “MCTI e ONU Assinam Memorando de Entendimento para Promover Cooperação, Exploração e o Uso Pacífico na Área Especial”, 23/09/2020, https://www.gov.br/mcti/pt-br/acompanhe-o-mcti/noticias/2020/09/mcti-e-onu-assinam-memorando-de-entendimento-para-promover-cooperacao-exploracao-e-o-uso-pacifico-na-area-espacial.

② “Ministro Assina Acordo para Inclusão das Mulheres em Atividades Espaciais”, 09/08/2021, https://www.gov.br/mcti/pt-br/acompanhe-o-mcti/noticias/2021/08/ministro-debate-inclusao-das-mulheres-em-atividades-espaciais.

③ “Brasil, Argentina e Uruguai Assinam Memorando para Criação do Centro Latino-Americano de Biotecnologia”, 17/12/2020, https://www.gov.br/mcti/pt-br/acompanhe-o-mcti/noticias/2020/12/brasil-argentina-e-uruguai-assinam-memorando-para-criacao-do-centro-latino-americano-de-biotecnologia.

新冠肺炎疫情大流行的震中，加上巴西有超过 100 年的疫苗生产和接种经验，使其成为世界疫苗生产者良好的临床三期试验基地。巴西政府接受了来自英国、中国、美国、欧盟等的多款新冠疫苗在巴西本土开展的临床试验，也启动了卡介苗疫苗对抗新冠病毒的国际临床试验。截至 2021 年 12 月初，巴西国家卫生监督局共批准了 14 款新冠疫苗的临床试验，其中科兴、阿斯利康、生物科技/辉瑞和强生 4 款疫苗已获批在巴西使用。2020 年 2 月，巴西尚未报告新冠肺炎病例时便建立了病毒研究网络（RedeVírus MCTIC，后更名为“RedeVírus MCTI”）。该研究网络由巴西科技创新通信部负责协调，召集各部委、研究单位和实验室定期讨论，确定研究重点和未来行动议程。该网络重点从科学研究领域了解和应对新冠病毒，补充卫生部的举措。除科技部外，成员单位主要有卫生部、巴西科学院、巴西科学促进会、圣保罗大学、奥斯瓦尔多克鲁斯基金会、巴西病毒学会和国家科学技术研究所（INCT）。自成立以来，巴西科技创新通信部病毒研究网络建立了数个子网，例如，用于对病毒基因组进行测序的子网，有助于监测疫情大流行的演变并采取必要应对措施。巴西代表在多个国际场合介绍了该研究网络组建以来所取得的成绩，其工作成效得到了不少国家与国际组织的肯定，获得了与之建立合作的意象。

巴西国际科技创新的其他合作重点领域选择与其自身疫后重建的重点技术领域密切相关。2020 年 3 月，巴西科技创新通信部发布《2020~2023 年优先事项》①，该文件规定了巴西科技创新通信部 2020~2023 年拟优先支持的技术研发与创新项目领域，一共包括五大类别：战略技术、高新技术、生产技术、可持续发展技术以及生活质量技术。战略技术包括如下领域：太空、核、网络空间和公共及边境安全；高新技术包括人工智能、物联网、先进材料、生物技术和纳米技术；生产技术包括工业、农业贸易、通信、基础设施和服务；可持续发展技术包括智慧城市、可再生能源、生物经济、固废

---

① “PORTARIA N° 1. 122, DE 19 DE MARÇO DE 2020”, 24/03/2020, https: //www. in. gov. br/en/web/dou/-/portaria-n-1. 122-de-19-de-marco-de-2020-249437397.

处理和回收、污染治理、监测预防和恢复自然与环境灾害和环境保护；生活质量技术包括健康、基本卫生、水安全和辅助技术。

太空技术是巴西政府在战略技术领域支持发展的重中之重，巴西科技创新部起草了《国家太空政策》（PNE），并于2020年10月公开征求意见，该政策提案旨在明确巴西太空发展的长期愿景，并提出巴西国家太空计划的基本原则、准则和目标。[①] 巴西注重通过国际合作提高自身在太空领域的话语权。巴西与联合国外层空间事务办公室签署的两份合作协议提升了该国在太空领域国际组织中的地位，还通过推进与美国的太空合作获得了更多参与国际太空事务的机会。自2019年博索纳罗访美期间签订了《技术保障协定（TSA）》后，两国在太空技术领域的合作不断升温。2020年12月，巴西航天局（AEB）、巴西科技创新部共同与美国国家航空航天局签署合作协议，[②] 该协议使巴西有机会参与美国国家航空航天局正在进行中的国际合作太空计划，即"阿尔忒弥斯月球计划（Artemis Program）"。2021年6月，巴西科技创新部与美国国家航空航天局举行了阿尔忒弥斯月球计划协议签约仪式，[③] 巴西成为全球第12个加入该计划的国家，也是拉丁美洲的唯一国家代表。庞特斯认为，阿尔忒弥斯月球计划协议的签署成为巴西推动太空计划的最大转折点与里程碑式事件，将有助于巴西跻身主导航空航天技术的国家之列。在美国之外，巴西也积极拓展与更多国家之间的双边合作以扩大自身在太空领域的国际影响力。例如，通过拓展与印度的太空合作，使得第一颗完全由巴西设计、集成、测试和运营的地球观测卫星Amazonia-1于2021

---

① "MCTI Lança Consulta Pública sobre a Política Nacional do Espaço（PNE）", 09/10/2020, https://www.gov.br/mcti/pt-br/acompanhe-o-mcti/noticias/2020/10/mcti-lanca-consulta-publica-sobre-a-politica-nacional-do-espaco-pne.

② "Ministério e AEB/MCTI Oficializam Participação no Programa Artemis, da Agência Espacial Americana（NASA）", 14/12/2020, https://www.gov.br/mcti/pt-br/acompanhe-o-mcti/noticias/2020/12/ministerio-e-aeb-mcti-oficializam-participacao-no-programa-artemis-da-agencia-espacial-americana-nasa.

③ "Participação no Programa Artemis é Grande Aalto para Programa Espacial Brasileiro, Afirma Ministro", 15/06/2021, https://www.gov.br/mcti/pt-br/acompanhe-o-mcti/noticias/2021/06/participacao-no-programa-artemis-e-grande-salto-para-programa-espacial-brasileiro-afirma-ministro.

年 2 月在印度斯里哈里科塔山脉（SHAR）基地发射升空。[①] 作为科技创新部部长的庞特斯充分利用其曾经担任宇航员的双重身份开展太空外交，给日本的宇航员朋友录制视频以拉近两国太空合作的距离，与哈萨克斯坦大使探讨如何落实两国在太空领域签署谅解备忘录计划的问题，与以色列、英国、韩国等国相关人员代表商讨合作发射航天器的可能性，等等。2021 年 10 月在迪拜参加第 72 届国际航空大会预备会议期间，庞特斯强调了各国之间合作的重要性，呼吁完善国际太空利用的立法，并通过谈判使巴西成为 2024 年国际宇航大会的主办国。

在战略技术领域的核技术方面，巴西通过主动加强与国际原子能机构的合作以寻求扩大核技术在该国工业、健康与能源等更多领域的应用。在高新技术领域，巴西国家科学计算实验室（LNCC）于 2020 年 7 月同法国国家数字科学与技术研究院（INRIA）签署了高性能计算、大数据和人工智能领域的高水平科学合作协议。同年 12 月，两国研究人员合作建立的网站正式启用。2020~2021 年间，巴西同时寻求与英国、加拿大、中国、意大利、日本、瑞士等国在人工智能、数字化转型，与欧盟、葡萄牙在海底光缆、纳米技术、新材料、量子技术和核物理等高新技术领域的合作。在生产技术、可持续发展技术与生活质量技术领域，巴西积极寻求与多方在多领域的科技创新合作。如：与拉美国家、印度、肯尼亚、韩国等开展生物经济、生物技术与生物医学的合作；与金砖国家、联合国工业发展组织开展可再生能源合作；与世界卫生组织开展公共卫生合作；与英国、法国、拉美国家、日本、印度、葡语国家等开展气候变化合作；与德国、挪威、日本、印度等开展海洋研究与生物多样性合作；与德国开展可持续航空燃料、亚马孙地区监测等绿色技术合作；与丹麦开展可再生能源合作；与比利时开展绿色化学合作；与意大利、中国开展智慧城市合作；与阿拉伯国家开展技术贸易合作；等等。

---

① “Satélite amazonia 1 é lançado na índia”, 28/02/2021, https: //www. gov. br/mcti/pt - br/acompanhe-o-mcti/entregas/2021/satelite-amazonia-1-e-lancado-na-india.

四　总评与展望

总体而言，2020~2021 年间，巴西的国际科技创新合作呈现出重大变革，无论是在战略规划层面还是在科技外交实践层面都取得了历史性突破。巴西进一步明确了自身的全球定位与发展方向，并通过主动布局国际科技创新合作，助力实现其战略目标。在合作对象的选择方面，欧美国家依然是巴西的重点合作对象，巴西巩固并推进了与美国及其盟友的科技创新合作，但巴西并非一味采取跟随型的科技外交战略，而是紧密围绕自身国家利益寻求在国际科技创新合作中提升自主性。巴西比以往更加注重参与多边合作机制，拓展了与不同类别国际组织的合作；也注重扩大合作网络，在双边合作中几乎实现了对全球各区域的全覆盖。巴西注重发挥自身作为南北合作桥梁的作用，如推动法国与拉美国家的合作，借助葡萄牙加深与欧盟的合作，在葡语国家机制下扩大与非洲的合作，等等。在合作领域的选择方面，巴西紧密围绕抗击新冠肺炎疫情与疫情后重建的时代主题，让国际科技创新合作充分服务于国家经济社会发展，提高了合作效能。

2020~2021 年间，巴西与中国在科技创新领域互动频繁，例如，2021 年内两国科技部部长进行了两次会晤，为近年来最多；中科院、基金委分别与巴西科研机构举行高级别科学论坛；科技创新部部长庞特斯为中巴纳米技术研究与创新中心成果报告作序，并参观巴西—中国社会文化研究所关于中国创新的展示；在金砖国家机制下，两国加强多领域科技创新合作；等等。然而，在巴西科技创新部官方网站上，除金砖国家合作外，单独有关同中国开展科技创新合作的报道却并不多见。这与博索纳罗执政以来巴西外交的整体右转不无相关，巴西在开展科技创新合作过程中更加强化了盟友意识。尽管意识形态因素对巴西与中国的科技创新合作产生了一定的负面影响，但从两国的客观互补性看，双方在科技创新领域依然具有较大的合作潜能。未来，在科技创新领域，中国依然是巴西绕不开的主要合作对象之一。

中巴关系报告

Sino-Brazilian Relations

Y.12

务实合作：中国和巴西关系的发展及挑战

徐世澄*

摘　要： 2020~2021年，中国和巴西的务实合作继续发展，两国领导人保持联系，互致问候。中国始终从战略高度看待对巴关系，珍视两国友好与合作，坚持同巴西各界共同努力，维护两国关系健康稳定发展的良好氛围。中巴在抗击新冠肺炎疫情的斗争中密切合作，两国经贸关系继续发展，两国在文化教育、科技创新等其他方面合作加强，内涵不断丰富。然而，巴西博索纳罗政府外交政策的右转给中巴关系带来了一些杂音，对日益走近的中巴关系造成了一定的负面影响，但这难改中巴友好合作的大局，中巴合作韧性十足、活力充沛、内生动力强劲，务实合作前景可期。

* 徐世澄，中国社会科学院荣誉学部委员，拉丁美洲研究所研究员，主要研究领域为拉美政治和国际关系。

关键词： 中巴关系 全面战略伙伴 务实合作 共同抗疫

2020~2021 年，中国和巴西的务实合作继续发展。两国在抗击新冠肺炎疫情、经济贸易、科技文化等方面的务实合作取得了新进展。然而，巴西博索纳罗政府外交政策的右转给中巴关系带来了一些杂音，对日益走近的中巴关系造成了一定的负面影响，但是这难改中巴友好合作的大局，中巴合作韧性十足、活力充沛、内生动力强劲，务实合作前景可期。

一 两国领导人保持联系、互致问候

2020~2021 年，中巴两国领导人保持联系，多次互致问候。2020 年 3 月 24 日，中国国家主席习近平应约同巴西总统博索纳罗通电话。[①] 习近平主席代表中国政府和中国人民向巴西政府和巴西人民抗击新冠肺炎疫情表示诚挚慰问和坚定支持。习近平主席表示，他十分关注巴西疫情发展，希望巴方尽早遏制疫情扩散，中方愿向巴方提供力所能及的帮助。他指出，中巴两国互为全面战略伙伴，双方要保持战略定力，支持彼此核心利益和重大关切，共同向国际社会发出团结一致的声音，传递携手应对疫情的积极信号，同时推进各领域务实合作，加强在二十国集团、金砖国家等多边框架内的沟通和协作，共同维护好、发展好中巴全面战略伙伴关系。博索纳罗总统表示，巴方感谢中方为巴西在华采购必要医疗物资提供便利，希望同中方加强防控经验交流，共同抗击疫情，尽快遏制住国内疫情扩散。重申巴中友谊和巴中全面战略伙伴关系坚不可摧。巴方愿同中方加强双边合作，并加强在二十国集团等多边框架内的沟通协调，为抗击疫情和经济恢复发挥应有作用。

① 《习近平同巴西总统博索纳罗通电话》，新华网，http：//www.xinhuanet.com/202003/24/c_1125762573.htm。

2020 年 9 月 18 日，中国国务委员兼外长王毅应约同巴西外长阿劳若通电话。① 王毅表示，习近平主席同博索纳罗总统于 2019 年成功互访，疫情发生以来多次通电话、互致信函，为两国关系发展指明了方向。下阶段，双方应进一步落实好两国元首重要共识，适应疫情长期化、防控常态化的新形势，着眼“后疫情时代”，牢牢把握中巴关系友好合作的主基调，推动两国关系稳步前进。王毅表示，面临疫情带来的严重冲击，两国务实合作逆势增长，这充分表明中巴关系基础深厚，韧性强劲，互惠互利，两国经济互补优势明显，发展潜力巨大。中方愿同巴方扩大油气、电力、矿业、基础设施建设等领域的投资合作，同时打造中巴科技创新合作“新高地”，培育数字经济、清洁能源、智能农业、远程医疗、智能城市、5G 通信、大数据等新合作平台，推动两国产业升级和数字化转型。巴西外长阿劳若感谢中方向巴西提供抗疫物资援助，表示巴方愿同中方进一步加强在疫苗研发、生产等领域的合作。阿劳若说，巴方高度重视对华关系，愿同中方落实好两国领导人共识，充分发挥现有合作机制作用，深化农业、贸易投资、环保、清洁能源、数字经济等领域的务实合作，早日重启各领域人员交往，加强在国际地区事务中的协调，推动中巴全面战略伙伴关系迈上新台阶。

2021 年 4 月 10 日，中国国务委员兼外长王毅同巴西新任外长卡洛斯·弗兰萨通电话。王毅祝贺弗兰萨就任外长并表示，中巴同为发展中大国、新兴经济体代表和金砖国家伙伴，是推动世界多极化进程的重要力量，拥有广泛而紧密的共同利益。中方始终从战略高度和长远角度看待和发展中巴关系，将巴西置于对外关系优先方向之一。疫情发生后，中巴团结抗疫，共克时艰，务实合作逆势增长，一批重大项目进展顺利，充分体现两国合作强大韧性。我们愿同巴方共同努力，推动中巴全面战略伙伴关系不断取得新发展。王毅表示，中巴经济互补优势明显，增长潜力很大，合作符合两国和两国人民的根本利益。双方要推动双边贸易稳定增长，积极拓展 5G、数字经济、人工智能等领域合作，

---

① 《王毅同巴西外长阿劳若通电话》，人民网，https：//baijiahao. baidu. com/s? id = 1678299558782342301&wfr = spider&for = pc。

相信巴方会为中国企业在巴经营提供公平、开放的营商环境。弗兰萨感谢王毅对其就任外长的祝贺，表示巴中关系具有重要战略意义，两国在各领域进行了良好和健康合作。巴方希望进一步深化发展同中国的和谐关系，开展长期合作。建议充分利用和完善两国现有沟通渠道和双边合作机制，加强战略对话，推动双边关系不断走向深入。感谢中方在疫情发生以来对巴西的无私帮助，中国是世界上重要的医药原料生产国，当前巴西在抗击疫情中急需疫苗和医疗物资，希望中方继续给予大力支持。科技合作对两国意义重大，愿同中方加强数字经济、5G 领域合作，并就推动中拉合作保持密切沟通①。

2021 年 10 月 21 日，中国国务委员兼外长王毅与巴西外长弗兰萨进行视频会晤。② 王毅表示，中国和巴西都是具有全球影响的大国和新兴市场经济体代表，对维护世界和平、促进全球发展承担着重要责任。双方应保持和加强战略沟通，巩固政治互信基础，支持彼此核心利益，坚持走符合自身国情的发展道路。王毅说，中巴应携手克服疫情影响，深化各领域务实合作。中方将继续向巴提供疫苗成品和原液，开展疫苗研发生产合作，直至巴方最终战胜疫情。王毅说，中巴应做践行多边主义的领路人、建设开放经济的先行者、推动可持续发展的好伙伴。希望巴方支持并参与中方倡导的“全球发展倡议”。中方愿同巴方落实好金砖国家领导人第十三次会晤的共识和成果，反对疫情政治化、病毒标签化、溯源工具化，推动金砖机制走稳走实走远。巴西外长弗兰萨表示，巴方高度重视巴中全面战略伙伴关系，把加强对华合作视作优先事项。巴方感谢中方对巴抗疫提供的大力支持，愿同中方继续扩大包括疫苗在内的合作。巴方也愿推动巴中经贸、投资、农业、太空、科技、气候变化等领域合作稳步发展。在 5G 技术方面，巴西重申不会排除任何一个设备供应商。③

---

① 《王毅同巴西新任外长弗兰萨通电话》，界面新闻，https：//baijiahao. baidu. com/s？id = 1696629547142192523&wfr = spider&for = pc。

② 《王毅与巴西外长弗兰萨视频会晤》，中华人民共和国中央人民政府网，http：//www. gov. cn/guowuyuan/2021 - 10/22/content_ 5644398. htm。

③ 《王毅与巴西外长弗兰萨视频会晤》，澎湃新闻，https：//www. thepaper. cn/newsDetail_ forward_ 15058505。

二 中巴开展抗疫务实合作

中国是率先同巴西开展疫苗合作、向巴西提供疫苗的国家。在中国支持下，巴西成为拉美首个拥有新冠疫苗生产能力的国家。多款中国疫苗在巴西开展三期临床试验，申请紧急使用。中方支持两国企业继续探讨技术转让、合作生产等疫苗合作，同巴方加强传染病防控、疫苗研制、生物技术等领域合作，共建健康丝绸之路，为完善全球公共卫生治理作贡献。① 据统计，中国提供的疫苗和原液占巴方接收总量的近 80%。②

2020 年 6 月 11 日，巴西圣保罗州州长若昂·多利亚在新闻发布会上宣布，作为巴西最大、最富有、工业化程度最高的州，圣保罗州将与中国实验室合作生产和测试新冠病毒疫苗。多利亚宣布，负责生产巴西约 80% 的血清和疫苗的布坦坦研究所与中国科兴控股生物技术有限公司签署了一项协议，以期共同展开新冠疫苗第 3 阶段临床测试。③

同年 9 月 9 日，中国科学院和巴西科学院共同举办了新冠肺炎网络研讨会。中国科学院副院长张亚平、巴西科技部副部长莫拉莱斯、巴西科学院副院长纳德尔及中国科学院微生物研究所教授高福、中国科学院武汉病毒研究所教授石正丽、清华大学医学院院长董晨等中巴医学界多位知名院士、专家学者在线交流。中国政府和各界持续通过物资援助、采购协助、信息分享、疫苗合作等方式，坚定支持巴西抗击疫情。双方医学界、科学界围绕防疫诊疗、疫苗研发、科创合作等关键课题开展了密切交流，为提升两国抗疫及疫

---

① 《驻巴西大使杨万明在第四届巴西—中国对话会：“‘一带一路’与巴西”线上研讨开幕式上的主旨演讲》，http://br.china-embassy.org/chn/dsxx/dshd/202110/t20211019_9606305.htm。

② 《杨万明大使在驻巴西使领馆国庆 72 周年线上招待会上的致辞》，http://br.china-embassy.org/chn/dsxx/dshd/202109/t20210928_9592922.htm。

③ 《外媒：中国和巴西展开新冠疫苗合作》，搜狐网，https://www.sohu.com/a/401905280_114911。

后合作水平发挥了积极作用。[①]

中国疫苗在巴西取得了很好的效果。2021年4月15日，巴西主流媒体《巴西利亚邮报》（*Correio Braziliense*）发表了圣保罗州旅游厅厅长维尼修斯·卢莫茨题为《谢谢中国》的署名文章。文中表示，由于位于圣保罗州的巴西布坦坦研究所与中国科兴公司合作，圣保罗州得以向巴西提供目前大约80%的疫苗。卢莫茨还在文中写道："巴西和土耳其、印度尼西亚一道，成为这种合作模式的受益者，如果仅仅依靠欧洲和美国的帮助，我们这些国家可能会束手无策。"[②]

5月31日，巴西布坦坦研究所召开新闻发布会，公布了该研究所在位于圣保罗以北大概300公里的小镇塞拉纳（Serrana）开展的科兴新冠疫苗克尔来福的使用效果评价研究结果。结果显示，全程接种两剂次克尔来福后，该地区因感染新冠病毒导致的死亡人数下降了95%，住院人数下降了86%，有症状病例数下降了80%。[③] 美国《华尔街日报》认为，这一结果为世界各地仍在与新冠肺炎疫情作斗争的国家带来了希望。路透社报道称，塞拉纳这个小城已经成为巴西疫情中的"健康绿洲"。[④]

9月9日，金砖国家领导人第十三次会晤以视频方式举行，此次会晤由轮值主席国印度主持。巴西总统博索纳罗在会上发表讲话，强调了巴西与中国在疫苗方面的合作，博索纳罗对中国国家主席习近平说道："这一伙伴关系对于巴西妥善处理新冠肺炎疫情至关重要，因为供应给巴西人民的很大一部分新冠疫苗是用来自中国的原料生产的。"10月24日，巴西驻华大使保罗·瓦莱（Paulo Estivallet）在接受《南方日报》记者采访时说，中国积极

---

① 《中国驻巴西大使：中方通过疫苗合作等方式坚定支持巴西抗疫》，海外网，https：//baijiahao. baidu. com/s? id=1677404094484129106&wfr=spider&for=pc。

② 《xièxiè，中国！巴西感谢中国在新冠疫苗领域的合作》，《北京日报》，https：//baijiahao. baidu. com/s? id=1697165012307077420&wfr=spider&for=pc。

③ 《巴西公布小镇塞拉纳全面接种科兴新冠疫苗研究结果：死亡人数下降95%》，央广网，https：//baijiahao. baidu. com/s? id=1701417824756129015&wfr=spider&for=pc。

④ 《巴西小城"全打中国疫苗"：75%的人打两针后，疫情得到有效控制》，观察者网，https：//www. guancha. cn/internation/2021_ 05_ 31_ 592641. shtml。

兑现把新冠疫苗作为全球公共产品的承诺，与拉美国家开展了全方位的抗疫合作。巴西是最早使用中国新冠疫苗的拉美国家之一，巴西使用的其他新冠疫苗的活性药物成分也大多产自中国。可以说，中国疫苗及中国生产的疫苗活性药物成分，是巴西人民首个接种阶段的主要来源，让巴西疫情显著改善，帮助巴西人民渡过了难关。① 事实表明，新冠肺炎疫情暴发以来，中方以保障物资供应、提供人道援助、分享自身经验等方式积极支持巴方抗疫。中国是巴西的友好伙伴，两国合作惠及各自发展和人民生活。中巴关系保持健康稳定发展符合双方根本和长远利益，得到巴西社会各界的广泛支持。

三　中巴贸易持续增长

中国是巴西第一大贸易伙伴国，而巴西是中国第八大贸易伙伴国。据中国海关统计，2019 年，中巴双边贸易额已超过 1000 亿美元，达到 1153. 42 亿美元。2020 年，中巴双边贸易额为 1190. 40 亿美元，同比增长 3. 2%。中国驻巴西大使杨万明于 2022 年 1 月 3 日在《南美侨报》发表的新年贺词中称，中巴两国 2021 年贸易额有望突破 1400 亿美元，再创历史新高。② 近 12 年来，中国一直是巴西最大贸易伙伴和主要投资来源国。巴西经济部外贸局 2022 年 1 月 3 日公布，2021 年中国仍然是巴西最大贸易伙伴，两国双边贸易额达到约 1381 亿美元。其中，巴西对华出口额达到 897. 5 亿美元，同比增长 28%；进口额达到 483. 4 亿美元，同比增长 36. 7%。此外，巴西从对华贸易中获得了 414. 1 亿美元的顺差，占巴西总顺差的近 70%。③ 巴西对华出口仍然集中在初级产品上，仅大豆、铁矿石和石油三种产品就占到巴西对华

① 《专访巴西驻华大使：世界和平与发展需要中国这样的好榜样》，新浪微博，https://weibo. com/ttarticle/p/show? id=2309404696206465957979。

② 《驻巴西大使杨万明在〈南美侨报〉发表新年贺词》，http://br. china-embassy. org/dsxx/dshd/202201/t20220103_ 10478444. htm。

③ 《巴西 2021 年外贸额再创历史新高，中国仍为最大贸易伙伴》，中国新闻社，https://baijiahao. baidu. com/s? id=1721102126083456667&wfr=spider&for=pc。

出口的80%左右，而中国对巴西出口则完全由工业化产品组成。

中国对巴西的投资已超过800亿美元，主要投资领域是能源、矿产、农业、基础设施、制造业等行业。巴西在华投资主要涉及压缩机生产、煤炭、房地产、汽车零部件生产、纺织服装等项目。中国企业在巴西承建火电厂、特高压输电线路、天然气管道、港口疏浚等大型基础设施项目。两国大型投资合作在疫情下保持稳定发展，双方在基础设施、能源电力、农业、信息技术、金融等传统和新兴领域的互利合作有续进展。这是中巴合作高度互补、韧性充足的生动写照。①

2021年5月6日，巴西外长弗兰萨在参议院对外关系委员会听证会上说，巴西欲扩大和中国的经济贸易合作关系，并强调发展和中国的关系是巴西政府的优先事项之一，中国是巴西优先发展关系的国家之一，中国除了是巴西最大的贸易伙伴外，还是巴西五个最大的外国投资者之一。他说："尽管疫情暴发，2020年双边贸易额仍增长至破纪录的1025亿美元，并且巴西获得了330亿美元的贸易顺差。我们希望与中国建立更广泛、更多样化的经贸关系。"②

四　中巴在科技文化等方面互动频繁

中国与巴西除了在经贸、抗疫等方面密切合作外，还在科技创新、文化教育、清洁能源、智慧城市、医药研发等方面互动频繁。当前，共建"数字丝路"、推动数字互联互通成为"一带一路"合作新亮点。中巴双方应紧跟新一轮产业革命潮流，推进5G、数字经济、人工智能、清洁能源等新兴领域合作，让科技创新成果更好地造福两国人民。根据"一带一路"绿色发展伙伴关系倡议，各方将加强绿色基建、绿色能源、绿色金融等领域合

① 驻巴西大使杨万明在《巴西利亚邮报》发表署名文章纪念中巴建交47周年，https：//www.fmprc.gov.cn/dszlsjt_ 673036/202108/t20210816_ 9140316.shtml。

② 《巴西外长：发展与中国的关系是政府的优先事项》，腾讯网，https：//new.qq.com/omn/20210508/20210508A0BD1M00.html。

作，建设更多环境友好型项目。这同中巴积极应对气候变化、推动可持续发展的理念高度契合。中方愿将绿色发展作为两国疫后合作的重点议题之一，加强环境治理、监管等方面的交流，深化水电、风电、太阳能、生物乙醇、智慧农业、电动汽车等合作，在节能减排、生物燃料技术等方面开展产学研交流，促进各自绿色经济和低碳经济发展。①

2021 年 9 月 16 日，由中国驻里约热内卢总领馆主办的中国巴西部分省州市云上国际服务贸易交易会闭幕式暨文化贸易论坛成功在线举行。两国友好省州市嘉宾共同庆祝江苏省与米纳斯吉拉斯州结好 25 周年、山东省与巴伊亚州结好 22 周年、北京市与里约市结好 35 周年、徐州市与包索市结好 9 周年，一起见证了泰州市与蒙蒂斯克拉鲁斯市签署友好交流意向书。中巴双方聚焦技术贸易、商务服务、智慧城市、智慧医疗和文化贸易五大领域，开展深度交流、对接贸易项目，促成了包括传统医药、远程医疗、足球交流、传统文化等多项合作协议的签署。②

11 月 4 日，中国—巴西高委会科技创新分委会第五次会议以视频方式举行。中国科技部部长王志刚与巴西科技创新部部长马科斯·庞特斯共同主持召开会议并作主旨讲话。面对抗击疫情、提振经济、应对气候变化等全球性挑战，中巴都将科技创新摆在国家发展全局的核心位置。两国在科创战略方面交流互鉴空间广阔，在农业科技、数字经济、清洁能源、医药研发等传统和新兴领域合作潜力巨大。期待双方进一步对接合作需求，深挖合作潜力，以科技创新为引领，推动后疫情时代中巴合作提质升级。两国科技部部长一致表示，科技创新是中巴实现高质量发展的必由之路。双方将继续扩大科技创新合作，助力两国可持续发展。③

---

① 《驻巴西大使杨万明在第四届巴西—中国对话会：“‘一带一路’与巴西”线上研讨开幕式上的主旨演讲》，http：//br. china - embassy. org/chn/dsxx/dshd/202110/t20211019_9606305. htm。

② 《驻里约热内卢总领馆举办中国巴西部分省州市云上国际服务贸易交易会闭幕式暨文化贸易论坛》，http：//www. mofcom. gov. cn/article/zwgk/bnjg/202109/20210903200632. shtml。

③ 《驻巴西大使杨万明出席中巴高委会科技创新分委会第五次会议并致辞》，http：//br. china-embassy. org/chn/dsxx/dshd/202111/t20211105_ 10444891. htm。

11 月 23 日，巴中企业家委员会主办的首届“中巴生物技术、农业与可持续发展”论坛在线上举行。巴西农业部副部长卡马戈、国家生物安全技术委员会主席巴罗索、农业研究公司总裁莫雷蒂、巴中企业家委员会主席内维斯及中国农业科学院院长吴孔明、中国种子协会副会长马淑萍等 10 余位中巴嘉宾出席并发言。两国 200 余位相关领域学者、企业代表与会。①

五　中巴关系发展面临的挑战

2020~2021 年，中国和巴西的务实合作取得了显著成绩，但是两国关系也经历了一些曲折，发展并非一帆风顺，从以下事例可窥见一斑。

一是博索纳罗总统之子攻击中国。2020 年 11 月 23 日，巴西总统博索纳罗之子、联邦众议员、众议院对外关系及国防委员会主席爱德华多·博索纳罗发布推文，公然诬蔑中国共产党和中国企业“搞网络间谍活动”，鼓吹追随美方，拼凑歧视中国 5G 技术的国际联盟。11 月 25 日，中国驻巴西大使馆发言人就爱德华多的涉华错误言论发表谈话。谈话指出，爱德华多作为巴西联邦众议院外委会主席，发表这一毫无事实依据的论调与其身份不符，目的是配合美方滥用国家安全概念抹黑中国形象，打压中国企业。这是中方绝不能接受的，中方对此十分不满和坚决反对，已通过外交渠道向巴方提出严正交涉。爱德华多等个别人士罔顾巴西社会普遍意愿，其近期一系列恶劣言行与中巴互利合作的事实不符，不仅破坏了中巴友好气氛，也损害了巴西国家形象。相信巴西社会各界对此不会苟同和接受。②

二是巴西在美国压力下曾企图在 5G 建设上排斥华为。特朗普执政期间，美国通过威逼利诱等多种方式，向巴西联邦政府施加了巨大压力，企图拉拢巴西加入围堵华为的“清洁网络”计划。受此影响，巴西政府针对华

① 《驻巴西大使杨万明出席“中巴生物技术、农业与可持续发展”在线论坛》，http：//br. china-embassy. org/chn/dsxx/dshd/202111/t20211124_ 10452322. htm。

② 《中国驻巴西使馆发言人就巴西联邦众议员涉华错误言论发表谈话》，http：//br. china-embassy. org/chn/gdxw/t1835275. htm。

为5G的立场有过多次反复，但遭到巴西本国电信运营商的抵制，最终迫使巴西联邦政府允许华为以设备供应商的身份参与到巴西的5G网络建设之中。2020年12月23日，中国驻巴西使馆发言人瞿瑜辉公参就中巴5G合作应约接受巴西myNews新闻网连线采访时表示，华为是全球最大的通信设备供应商和5G领军企业，其5G产品和解决方案安全可靠、优势突出。美国少数政客罔顾事实，捏造谎言抹黑中国5G技术，其目的是打压发展中国家高科技发展，维护美国的科技霸权。中方相信，巴西会以客观事实为依据，为所有企业提供开放、公平、非歧视性的市场规则和营商环境。①

据路透社2020年12月9日报道称，巴西总统博索纳罗紧随特朗普，以种种未经证实的借口反对华为参与当地电信网络建设。但是，这样的举动让博索纳罗面临来自工业领域和政府内部的压力。美国政府向巴西电信提供融资，鼓励他们从诺基亚和爱立信等西方供应商购买产品，而不是从华为购买。② 但是，巴西副总统汉密尔顿·莫朗在参加圣保罗商业协会活动时表示，“目前巴西全国范围内约40%的3G和4G设备均来自华为公司，若将华为排除在5G建设计划之外，需将原有设备全部拆除，巴西将为此付出高昂代价”；在尊重巴西国家主权、保证数据传输安全和保障设备经济性的前提下，华为公司及其他中国企业均可参与巴西5G建设。2021年11月4日，巴西国家电信管理局举行了5G频段拍卖，美国“封杀”政策失效。由于此次拍卖只面向电信运营商，因此华为并未直接参加本次拍卖活动。尽管华为没有直接参加5G频段拍卖，但能以设备供应商的身份参与巴西5G网络建设。2021年10月21日，巴西外长弗兰萨在同中国国务委员兼外长王毅视频会晤时表示，在5G技术方面，巴西重申不会排除任何一个设备供应商。

华为在巴西深耕多年，经过近三十年的本地化经营，与巴西国内电信运营商结成了紧密的“利益共同体”，从而比较有效地对冲了美国的“封杀”

---

① 《驻巴西使馆官员就中巴5G合作接受巴媒体采访》，http：//br. china-embassy. org/chn/gdxw/t1842613. htm。

② 《巴西总统正寻求通过法律　将华为排除在巴西5G网络之外》，中华网，https：//news. china. com/international/1000/2020 1209/39056877. html。

政策，并且最终迫使巴西联邦政府允许华为以设备供应商的身份参与到巴西的5G网络建设之中。巴西当地的电信公司表示，如果失去华为的设备，巴西在5G网络的建设上可能要多付出数十亿美元。因此，在5G网络建设上，巴西选择与华为合作。

三是巴西多名高官曾就新冠肺炎起源问题攻击中国。一方面，自新冠肺炎疫情在全球暴发以来，巴西总统、总统之子、教育部部长、外交部部长和经济部部长等多名高官曾多次就新冠肺炎起源等问题对中国进行污名化攻击，使中巴关系出现了严重的外交风波。针对相关错误言论，中国驻巴西大使馆予以严厉谴责。另一方面，巴西政、商、学、媒体界很多人士向中方表达了声援，对这些错误言论和无端攻击予以反驳。

中国驻巴西大使馆发言人表示，当前新冠肺炎疫情正在全球蔓延，没有一个国家能够单独应对疫情挑战。当务之急是各国积极开展国际抗疫合作，维护国际公共卫生安全和人类福祉。世界卫生组织和国际社会明确反对将病毒同特定国家和地区相联系，反对借此搞污名化。中方敦促巴方个别人士立即纠正错误，停止对华无端指责。个别人的反华言论也遭到巴西当地网民集体声讨。巴西大量网民表示，个别人的言论充斥种族主义歧视色彩，令巴西蒙羞。巴西劳工党等主要政党以及主流媒体、学者和社会知名人士也纷纷批评个别人的不当言论。中国外交部发言人汪文斌5月6日表示，“病毒是人类共同的敌人。当务之急是各国携手开展抗疫合作，争取早日彻底战胜疫情。我们坚决反对任何把病毒政治化、污名化的言行”。

四是中国驻里约热内卢总领馆遭袭事件。2021年9月16日晚，中国驻里约热内卢总领馆遭到当地一男子投掷爆炸物袭击，事件没有造成人员伤亡，领馆建筑物部分受损。随后，中国驻巴西大使馆提出严正交涉，对有关暴力事件予以严厉谴责，要求巴方立即开展全面调查，严惩违法分子，并采取切实有效措施加强对中国外交和领事机构及人员的保护，确保中国在巴机构、企业和公民安全与尊严不受侵犯，杜绝类似事件再次发生。9月30日，巴西外交部就中国驻里约热内卢总领馆遭袭事件发布首份公开声明，表示“将尽一切努力查明案件，把与此案相关的犯罪嫌疑人绳之以法，并保护驻巴西外交使领事馆的安全”。[①] 巴西外交部部长卡洛斯·弗兰萨对中国驻里约热内卢总领馆遭遇袭击表示遗憾。[②]

五是巴西总统博索纳罗曾对中国疫苗有效性表示怀疑。自中国疫苗在巴西开展三期疫苗试验以来，巴西总统博索纳罗曾对中国疫苗的有效性表示怀疑，并与巴西圣保罗州州长多利亚就是否购买中国科兴疫苗产生了极大的分歧。时任巴西卫生部部长爱德华多·帕祖洛于 2020 年 10 月 20 日宣布，将购买 4600 万剂中国科兴与巴西布坦坦研究所合作研发的新冠疫苗。但是，博索纳罗总统却于 10 月 21 日表示，巴西不会购买中国疫苗。巴西卫生部随即也发表声明称，无意购买中国疫苗。但是，在事实面前，博索纳罗不得不正视中国疫苗对巴西抗疫的帮助。2021 年 9 月 9 日，在金砖国家领导人第十三次会晤视频开幕式的发言中，博索纳罗表示，巴中伙伴关系对巴西抗击疫情发挥了关键作用；巴西民众接种的疫苗中很大一部分使用了来自中国的疫苗原液。

六　结语

2020~2021 年间，由于巴西博索纳罗政府大幅调整对外政策，其外交政策明显右转。在中美博弈日益激烈的背景下，博索纳罗政府出于意识形态偏好，外交政策向美国倾斜，给日益走近的中巴关系带来了一定的负面影响，中巴关系经历了一系列波折，但是这些难改中巴友好合作的大局。中巴合作内生动力强劲，务实合作前景可期。在事实面前，博索纳罗不得不正面肯定巴中关系。他于 2021 年 1 月 25 日连发两条推特，第一条说明中国政府给予巴西的帮助，第二条感谢中国政府：“我感谢中国政府的体恤，也感谢我的部长们的努力。”博索纳罗在 2021 年 9 月 9 日金砖国家领导人第十三次会晤

① 《巴西外交部：尽一切努力查明中国驻里约总领馆遭袭事件》，国际在线，https：//baijiahao. baidu. com/s？ id=1712528485384134765&wfr=spider&for=pc。

② 《驻巴西大使馆就中国驻里约总领馆遭袭事件向巴方提出交涉》，《北京日报》，https：//baijiahao. baidu. com/s？ id=1711204028955255386&wfr=spider&for=pc。

上的讲话展现出了较为积极的姿态，肯定中国及巴中关系对于巴西国家社会发展特别是抗击疫情的重要意义，为双边关系带来了一定的推动作用。

面对世纪疫情和百年变局挑战，中巴共同利益广泛，合作前景广阔。中巴关系稳定发展，合作内涵不断丰富，人文纽带更加紧密，双边关系的战略性、全局性影响不断提升，成为两国和两国人民的共同财富。中国愿继续同巴西各界共同努力，进一步密切抗疫及各领域务实合作，推动两国疫后复苏和可持续发展，在风雨之中守望相助，为两国人民共创美好未来。

Y.13

稳步向前：中国与巴西经贸合作发展动向分析

周 全 王 飞*

摘 要： 作为东、西半球最大的发展中国家，中国和巴西之间的合作具有全球意义。十多年来，中国始终保持巴西最大的贸易伙伴地位，双方经贸总额稳步扩大，经贸合作质量不断提升。巴西也成为拉丁美洲和加勒比地区首个同中国贸易总额突破1000亿美元的国家。但是，中国和巴西之间的贸易结构不平衡成为多年来影响两国经贸合作的不利因素，巴西发起的对华贸易救济案件数量增多。2020~2021年，巴西对华发起贸易救济案件数量相对适中，救济税率总体较低，双方经贸合作平稳发展。新形势下，中国进一步全方位扩大开放的政策取向叠加巴西逐步开放市场的贸易政策趋势将有利于双方加强经贸合作，中国的资本与技术也将为双边经贸发展提供新的动力。

关键词： 中巴关系 对外贸易 经贸合作 经贸摩擦

一 引言

中国是世界第二大经济体和世界货物贸易第一大国，巴西是拉丁美洲和

---

* 周全，中国国际贸易促进委员会商事法律服务中心干部，主要研究方向为经贸摩擦应对；王飞，中国社会科学院拉丁美洲研究所副研究员，巴西研究中心副秘书长，主要研究方向为拉美经济。

加勒比地区最大的经济体，中巴两国在全球经济中均占据重要地位。中巴于1974年建交，1993年建立了战略伙伴关系，2012年升级为全面战略伙伴关系。中国和巴西长期友好发展，贸易增长迅速。多年来，中国一直是巴西最大的贸易合作伙伴。随着贸易总量的攀升，两国间的经贸摩擦时有发生，尤其是巴西对来自中国的产品频繁发起贸易救济调查。[①] 根据中国国际贸易促进委员会发布的《全球经贸摩擦指数报告》，2020~2021年巴西多数月份对华经贸摩擦指数处于高位。[②] 尽管博索纳罗执政以来巴西的市场开放进程加快，但巴西仍然是全球发展中国家群体中贸易保护主义最严格的国家之一。

本报告从贸易总额和贸易结构两方面探讨了2020~2021年中巴贸易现状，包括贸易合作与贸易摩擦。通过横向对比，分析巴西与其他国家对华贸易救济案件的差异性及其成因；通过纵向对比，分析近年来巴西对华发起贸易救济调查的影响因素。最后对中巴经贸关系进行了展望。

二 2020~2021年中国与巴西贸易现状

（一）中巴贸易概况

根据巴西外贸部对外贸易秘书处的数据，2020年，巴西货物贸易总额为3687.47亿美元，同比下降8.44%。其中，出口2098.17亿美元，同比下降6.91%；进口1589.30亿美元，同比下降10.38%。前五大出口目的地国为中国、美国、阿根廷、荷兰、加拿大，前五大进口来源国为中国、美国、德国、阿根廷、韩国。巴西出口的主要商品有大豆、铁矿石、石油、牛肉、蔗糖、玉米、木浆等。2021年，巴西对外贸易总额以及顺差规模均创历史新高，中国仍是巴西最大的贸易伙伴。2021年巴西进出口总额达4998亿美

① 贸易救济调查主要包括反倾销调查、反补贴调查和保障措施三大类案件，在实践中反倾销案件数量居多，但近年来，针对中国产品同时发起的反倾销调查和反补贴调查的“双反”案件也在逐渐增多。

② 《全球经贸摩擦指数》，http：//www.ctils.com/categories/10/articles。

元，同比增长 35.5%。其中，出口总额 2804 亿美元，进口总额 2194 亿美元，顺差 610 亿美元（同比增长 21.1%）。巴西出口额的主要增长来自美国（+44.9%）、南方共同市场（+37%）、东南亚/东盟（+36.8%）、欧盟（+32.1%）和中国（+28%）；进口额增长主要源于南方共同市场（+44.7%）、美国（+41.3%）、中国（+36.7%）、东南亚东盟（+31.1%）和欧盟（+26.2%）。

2020~2021 年，中国继续保持巴西第一大贸易伙伴地位，无论是进口还是出口，中国都是巴西最重要的贸易合作国。根据中国海关的统计数据（见图 1），近十年来，中国与巴西进出口贸易额除个别年份稍有下降外，基本保持增长态势，尤其自 2015 年以来，两国进出口贸易增长迅速。尽管近两年全球经济受新冠肺炎疫情影响严重，但中巴两国贸易仍然保持稳定，且逆势上扬。同时，2015 年以前，巴西对华贸易顺差较为平稳，且逐步缩小，然而自 2015 年起，巴西对华贸易顺差持续扩大，顺差额连年创历史新高。2021 年，巴西对华贸易顺差高达 568.4 亿美元。

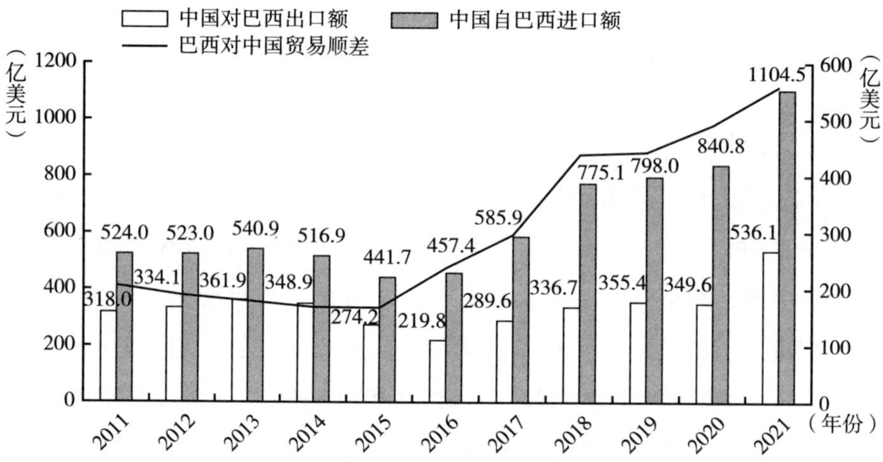

图 1　中国和巴西两国贸易额（2011~2021）

资料来源：中国海关总署：《海关统计月报》2022 年 2 月 15 日，http：//www.customs.gov.cn/customs/302249/zfxxgk/2799825/302274/302277/3512606/index.html。

（二）中巴贸易结构分析

1. 中国对巴西出口产品结构分析

从产品结构来看（见表 1），近三年来，中国对巴西出口的产品主要分布在化工产品，塑料、橡胶，纺织品及原料，贱金属及制品，机电产品，运输设备，光学、钟表及医疗设备等领域。从数据来看，2021 年中国在化工产品、贱金属及制品领域对巴西出口量与前两年数据相比增长翻倍；在塑料、橡胶，机电产品，光学，钟表及医疗设备领域对巴西出口量较前两年数据也有较大增长；而在纺织品及原料、运输设备领域，2021 年对巴西出口量虽较 2020 年有所提升，但低于 2019 年。综合分析中国对巴西出口的产品结构及出口量可以看出，中国在劳动密集型产业及部分技术密集型产业领域具备一定的优势。尽管两国在劳动人口优势与资源禀赋方面具有趋同性，但巴西市场仍依赖于中国成熟的产业链体系以及产业技术升级所带来的优质产品。

表 1　2019～2021 年中国对巴西出口产品统计

类	HS 编码	商品描述	2019 年		2020 年		2021 年	
			金额（亿美元）	占比（%）	金额（亿美元）	占比（%）	金额（亿美元）	占比（%）
第 1 类	01-05	活动物、动物产品	1.5	0.4	1.0	0.3	1.2	0.2
第 2 类	06-14	植物产品	1.5	0.4	1.9	0.5	1.3	0.2
第 3 类	15	动植物油脂	0.0	0.0	0.0	0.0	0.1	0.0
第 4 类	16-24	食品饮料烟草	1.0	0.3	1.2	0.3	1.4	0.3
第 5 类	25-27	矿产品	1.6	0.5	1.2	0.3	2.9	0.5
第 6 类	28-38	化工产品	47.6	13.4	51.5	14.7	99.0	18.5
第 7 类	39-40	塑料、橡胶	16.5	4.6	16.6	4.8	27.4	5.1
第 8 类	41-43	皮革制品、箱包	6.8	1.9	3.4	1.0	3.9	0.7
第 9 类	44-46	木及制品	0.6	0.2	0.5	0.1	0.8	0.1
第 10 类	47-49	纤维素浆、纸张	2.6	0.7	1.9	0.6	2.2	0.4
第 11 类	50-63	纺织品及原料	34.4	9.7	28.8	8.2	33.4	6.2
第 12 类	64-67	鞋帽伞、羽毛及制品	3.7	1.0	2.7	0.8	3.6	0.7
第 13 类	68-70	陶瓷、玻璃	5.2	1.5	5.4	1.6	6.8	1.3

续表

类	HS 编码	商品描述	2019 年		2020 年		2021 年	
			金额（亿美元）	占比（%）	金额（亿美元）	占比（%）	金额（亿美元）	占比（%）
第 14 类	71	贵金属及制品	0.4	0.1	0.2	0.1	0.5	0.1
第 15 类	72-83	贱金属及制品	24.7	6.9	25.3	7.2	53.4	10.0
第 16 类	84-85	机电产品	138.5	39.0	152.9	43.8	220.0	41.0
第 17 类	86-89	运输设备	32.6	9.2	16.1	4.6	21.1	3.9
第 18 类	90-92	光学、钟表及医疗设备	17.3	4.9	19.9	5.7	24.1	4.5
第 19 类	93	武器弹药	0.0	0.0	0.0	0.0	0.1	0.0
第 20 类	94-96	杂项制品	17.6	5.0	18.3	5.2	24.1	4.5
第 21 类	97	艺术品	0.0	0.0	0.0	0.0	0.0	0.0
第 22 类	98	特殊交易品	1.4	0.4	0.7	0.2	9.0	1.7
合计			355.5	100.0	349.6	100.0	536.3	100.0

资料来源：中国海关总署：《海关统计月报》2022 年 2 月 15 日，http：//www.customs.gov.cn/customs/302249/zfxxgk/2799825/302274/302277/3512606/index.html。

2. 中国自巴西进口产品结构分析

从产品结构来看（见表 2），近三年来，中国自巴西进口的产品主要分布在活动物、动物产品，植物产品，食品饮料烟草，矿产品，纤维素浆、纸张，贱金属及制品等领域。从数据来看，2021 年中国在植物产品、食品饮料烟草、矿产品领域自巴西进口量较前两年数据有大幅增长，增长幅度最高达百亿美元；在活动物、动物产品领域，2021 年进口量与 2020 年基本一致，但较 2019 年增长近 1 倍；在活动物、动物产品，纤维素浆、纸张，贱金属及制品领域，自巴西进口量近三年有小幅波动。尽管巴西对华出口产品分布较广，但仍以植物产品和矿产品为主，这两个领域的出口量占巴西对华出口总量超过 80%。导致这一现象的重要原因在于中国对大豆、铁矿石等产品的需求量大。巴西是大豆生产大国，自中美经贸摩擦以来，中国对大豆的采购从美国市场转向巴西市场，巴西对华大豆出口量飙升。与此同时，铁矿资源禀赋也自然使巴西成为中国国际采购的重要市场。

表 2　2019~2021 年中国自巴西进口产品统计

类	HS 编码	商品描述	2019 年		2020 年		2021 年	
			金额（亿美元）	占比（%）	金额（亿美元）	占比（%）	金额（亿美元）	占比（%）
第 1 类	01-05	活动物、动物产品	40.7	5.1	74.6	8.9	78.4	7.1
第 2 类	06-14	植物产品	231.0	28.9	249.9	29.7	332.8	30.1
第 3 类	15	动植物油脂	2.9	0.4	3.3	0.4	6.3	0.6
第 4 类	16-24	食品饮料烟草	11.0	1.4	14.4	1.7	23.5	2.1
第 5 类	25-27	矿产品	427.9	53.6	407.8	48.5	565.4	51.2
第 6 类	28-38	化工产品	3.5	0.4	3.1	0.4	3.8	0.3
第 7 类	39-40	塑料、橡胶	2.5	0.3	2.4	0.3	1.2	0.1
第 8 类	41-43	皮革制品、箱包	4.1	0.5	3.4	0.4	5.3	0.5
第 9 类	44-46	木及制品	2.4	0.3	3.4	0.4	5.3	0.5
第 10 类	47-49	纤维素浆、纸张	40.2	5.0	37.5	4.5	44.2	4.0
第 11 类	50-63	纺织品及原料	9.7	1.2	11.0	1.3	12.5	1.1
第 12 类	64-67	鞋帽伞、羽毛及制品	0.2	0.0	0.2	0.0	0.2	0.0
第 13 类	68-70	陶瓷、玻璃	0.1	0.0	0.1	0.0	0.1	0.0
第 14 类	71	贵金属及制品	0.6	0.1	0.6	0.1	0.9	0.1
第 15 类	72-83	贱金属及制品	16.9	2.1	25.0	3.0	18.1	1.6
第 16 类	84-85	机电产品	3.5	0.4	3.6	0.4	5.7	0.5
第 17 类	86-89	运输设备	0.3	0.0	0.1	0.0	0.2	0.0
第 18 类	90-92	光学、钟表及医疗设备	0.4	0.0	0.3	0.0	0.4	0.0
第 19 类	93	武器弹药	0.0	0.0	0.0	0.0	0.0	0.0
第 20 类	94-96	杂项制品	0.0	0.0	0.0	0.0	0.0	0.0
第 21 类	97	艺术品	0.0	0.0	0.0	0.0	0.1	0.0
第 22 类	98	特殊交易品	0.0	0.0	0.0	0.0	0.0	0.0
合计			797.9	100.0	840.8	100.0	1104.4	100.0

资料来源：中国海关总署：《海关统计月报》2022 年 2 月 15 日，http：//www.customs.gov.cn/customs/302249/zfxxgk/2799825/302274/302277/3512606/index.html。

三　2020~2021年巴西对华贸易救济案件统计分析

（一）全球比较

1. 巴西对华发起案件数量相对适中

从涉华案件的历史总量来看，巴西在全球范围内排名第六，前三位分别是美国、印度和欧盟，同为拉美地区国家的阿根廷排名第四（见图2）。在2020~2021年间，巴西对华发起原审[①]案件数量在全球范围内排名第八，前三名分别是印度、美国和欧盟（见图3）。

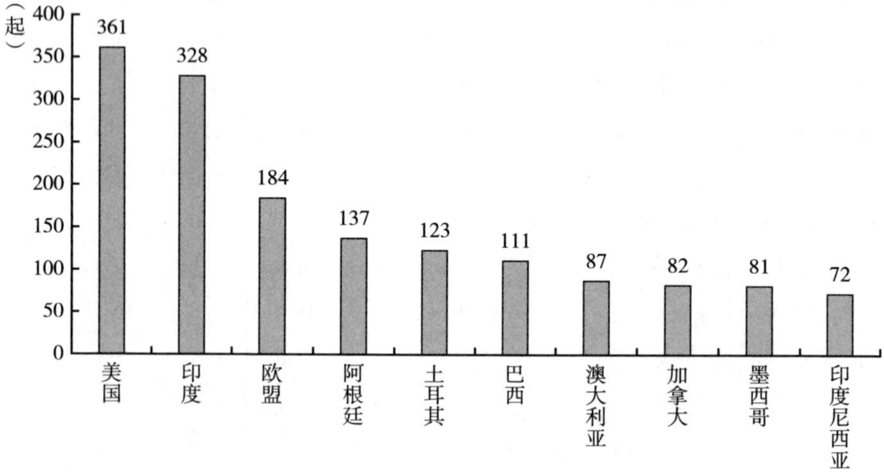

图2　2020~2021年主要国家和地区涉华贸易救济案件历史总量排名

资料来源：http：//cacs. mofcom. gov. cn/cacscms/view/notice/ckys#。

从贸易流向来看，中国同美国、欧盟、印度等国家和地区的贸易长期保持顺差，尤其对美国和欧盟的顺差额达千亿美元（见表3）。通常来看，采

① 原审指对某一商品第一次发起贸易救济调查；复审指原裁决期限届满，对裁决所涉商品是否继续采取措施进行审议。

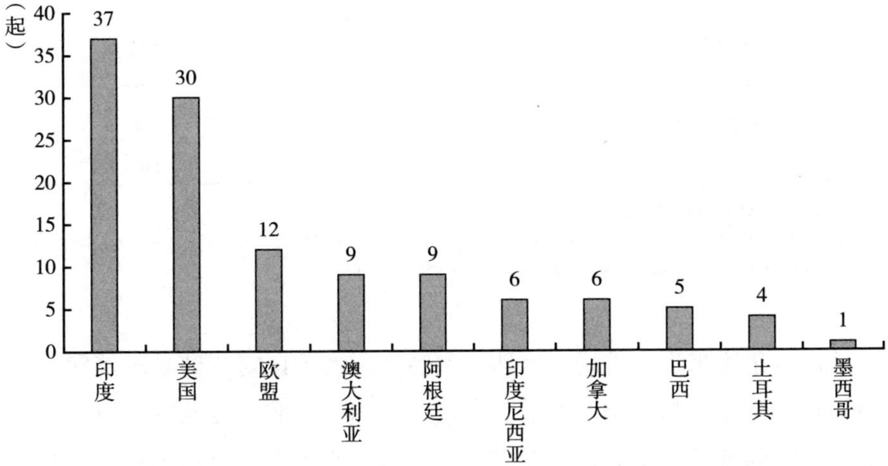

图 3　2020~2021 年主要国家和地区对华发起原审案件数量统计

资料来源：http：//cacs. mofcom. gov. cn/cacscms/view/notice/ckys#。

取贸易救济措施是减少贸易逆差最直接的一项手段，因此同中国存在贸易逆差的国家和地区频繁对中国发起贸易救济调查，通过征收高额的反倾销税、反补贴税等，对来自中国的产品施压，以达到减少自中国进口的贸易目标。但是，作为一个长期保持对华贸易顺差的国家，巴西不属于以上情形，并无通过贸易救济手段改变贸易形势的紧迫需求。因此，巴西同中国的贸易救济案件数量相对适中。另外，加之 2020 年全球新冠肺炎疫情暴发，全球加工制造业陷入低迷，工厂复工复产进度缓慢，国际贸易遭受巨大冲击，这也导致全球范围内贸易救济案件数量的普遍减少。

表 3　2020~2021 年中国与有关国家（地区）贸易差额统计

单位：亿美元

国家和地区	2020 年	2021 年
美国	3169. 0	3575. 0
欧盟	1324. 3	1833. 1
印度	458. 7	615. 5

续表

国家和地区	2020 年	2021 年
墨西哥	288.5	435.1
阿根廷	2.9	30.4
巴西	-491.2	-568.4

注：正值代表中国贸易顺差，负值代表中国贸易逆差。

资料来源：中国海关总署：《海关统计月报》2022 年 2 月 15 日，http：//www.customs.gov.cn/customs/302249/zfxxgk/2799825/302274/302277/3512606/index.html。

从产业角度来看，美国、欧盟等发达国家和地区对华贸易救济案件大量针对钢铁、化工原料、金属制品、家具、纺织、橡胶、皮革等行业产品，这是由于美欧的低端加工制造业不断外迁转移，当地市场供给不足，导致对相关产品需求旺盛。而在国际供应链体系下，中国出口产品多为中低端产品，具有价廉、质优、量大等鲜明特点，这势必导致大量中国产品流入美欧市场，给原本薄弱的美欧本地产业带来冲击。因此，为保护本地产业发展与就业稳定，对华采取贸易救济措施成为减少中国产品流入的有效手段。另外，中美贸易摩擦爆发以来，美国近两年还加大了对华汽车、电气和通用设备等相关产品的调查力度。

发展中国家对华贸易救济案件所涉产品范围更广，既针对产品原材料，也针对制造类产品。其中一个重要原因在于，很多发展中国家也为国际市场提供低端产品，其国内产业结构与中国相似，但由于本国产能有限，不能同时满足外贸与内销的需求，如此一来，中国产品便有机会大量进入当地市场，这必然引起当地行业的抵触。为平衡本国产业发展与满足市场供需关系，适时采取贸易救济措施成为发展中国家的必然选择。同时，随着中国“一带一路”倡议的不断推进，更多中国产品进入发展中国家市场，这也引发有关国家对华贸易救济调查案件的增加。巴西产业结构与中国存在一定互补性，自 2003 年以来充分利用了中巴贸易大发展的红利，对华贸易救济案件数量相对适中。

2. 巴西对华贸易救济税率总体较低

从贸易案件裁决结果来看，巴西对华产品所加征的反倾销、反补贴等税率远远低于美国、欧盟等发达国家和地区。结合具体案件来看，美国对华加征贸易救济税率基本在100%以上，超过200%的案件也不在少数。例如，2021年5月，美国对华手扶式割草机及其零部件作出双反终裁，其中反倾销税率为88.14%~263.75%，反补贴税率为14.17%~20.98%；2021年3月，美国对华排量为99cc~225cc的立式发动机及其零部件作出双反终裁，其中反倾销税率为304.35%~535.48%，反补贴税率为2.84%~10.46%。欧盟对华加征贸易救济税率一般为50%~100%。例如，2020年9月，欧盟裁决对华聚乙烯醇征收反倾销税，税率为17.3%~72.9%；2020年3月，欧盟裁决对华钢制轮毂征收反倾销税，税率为50.3%~66.4%。

同美欧相比，巴西对华加征贸易救济税率多为20%~50%。例如，2021年9月27日，巴西继续对华聚氯乙烯树脂征收反倾销税，税率为21.6%。中巴两国产业结构既有竞争性又有互补性的特点，决定了巴西对华贸易救济案件的总体立场，而巴西长期对华贸易顺差导致其对中国市场的依赖程度及依存度较高。因此，不能将中国产品完全排除在外，但也不能完全放任中国产品流入，故而通过较低的贸易救济税率来抑制中国产品在巴西的竞争力。

3. 中美经贸摩擦间接影响中巴贸易

自2018年以来，中美经贸摩擦形势日趋严峻，国际贸易保护主义抬头，国际经贸环境形势未卜。时任巴西外长阿洛伊西奥·努内斯（Aloysio Nunes）曾指出，从短期看，中美经贸摩擦在一定程度上给巴西初级农产品（如大豆）和资源产品（如铁矿石）的出口增长带来利好消息，但从长期来看，中国和美国分别是巴西的全球第一大和第二大进出口贸易伙伴，中美之间发生经贸摩擦势必对巴西经济的长期发展有百害而无一利。但在另一方面，巴西右翼政党候选人博索纳罗当选总统后，频繁展现亲美姿态，其亲美政策导向不仅影响到金砖国家和南方共同市场，还可能影响中巴两国贸易形势，中国产品遭遇贸易救济调查的概率明显提升。①

① 高歌阳：《新形势下拉美国家对华反倾销的现状、原因及对策研究》，《价格月刊》2020年第9期，第52页。

（二）特征分析

1. 近年巴西对华贸易救济案件体量处历史低位

与往年贸易救济案件数量对比来看，2020～2021 年原审案件数量比 2018～2019 年有小幅增加，但仍属于体量较少的情形（见图 4）。2020～2021 年，巴西对来自中国的产品发起的原审贸易救济案件数量有限，仅 5 起，对中国发起的日落复审案件较多，共有 15 起（见表 4）。2020～2021 年，巴西对中国 17 项产品作出终裁裁决（包括原审裁决和复审裁决），其中对 15 项产品决定征收反倾销税（见表 5）。2020～2021 年，仅 1 起案件因申请人提供的信息不足且缺乏准确性，最终以无措施方式结案。需要说明的是，表 4 立案统计与表 5 裁决统计并非一一对应，仅己二酸、PET 薄膜、大客车和卡车用客货车轮胎、塑料真空采血管、带针或不带针的一次性注射器、镁锭、无缝合金钢瓶、袜子等 8 个案件是在 2020～2021 年间立案调查并结案，其余案件立案时间均在 2020 年以前。

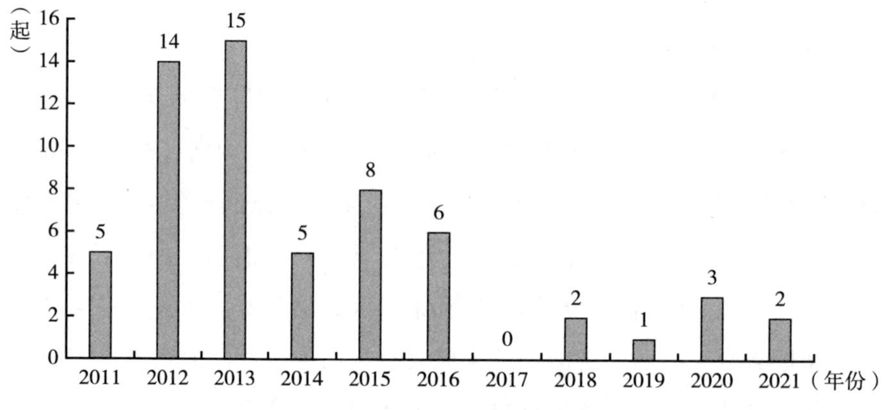

图 4　2011～2021 年巴西对华发起原审贸易救济案件数量统计

资料来源：http：//cacs. mofcom. gov. cn/cacscms/view/notice/ckys#。

表 4　2020~2021 年巴西对华贸易救济调查情况统计

涉案行业	涉案产品	调查类型
非金属制品工业	无框镜	反倾销日落复审（第一次）
钢铁工业	合金钢条	反倾销日落复审（第一次）
化学原料和制品工业	己二酸	反倾销日落复审（第一次）
	PET 树脂	反倾销日落复审（第一次）
金属制品工业	铝制预涂感光平板	反倾销日落复审（第一次）
	环形陶瓷磁铁	反倾销日落复审（第四次）
	无缝非合金碳钢管	反倾销日落复审（第一次）
皮革工业	鞋类产品	反倾销日落复审（第二次）
塑料制品业	PET 薄膜	反倾销日落复审（第一次）
文体、工美和娱乐用品	一次性塑料树脂圆珠笔	反倾销日落复审（第二次）
橡胶制品工业	大客车和卡车用客货车轮胎	反倾销日落复审（第二次）
医药工业	塑料真空采血管	反倾销日落复审（第一次）
	带针或不带针的一次性注射器	反倾销日落复审（第二次）
有色金属工业	镁锭	反倾销日落复审（第三次）
	镁粉	反倾销日落复审（第三次）
	铝板产品	反倾销原审
	铝板产品	反补贴原审
	无缝合金钢瓶	反倾销原审
纺织工业	袜子	反倾销原审
化纤工业	聚酯纤维纱线	反倾销原审

资料来源：http：//cacs. mofcom. gov. cn/cacscms/view/notice/ckys#。

表 5　2020~2021 年巴西对华贸易救济调查裁决情况统计

涉案行业	涉案产品	裁决类型	裁决内容
非金属制品工业	陶瓷餐具	反倾销日落复审终裁（第一次）	继续征收反倾销税
	耐火陶瓷过滤器	反倾销日落复审终裁（第一次）	继续征收反倾销税
	制冷设备用安全玻璃	反倾销日落复审终裁（第一次）	继续征收反倾销税
	瓷砖（细瓷）	反倾销日落复审终裁（第一次）	继续征收反倾销税
	无色浮法玻璃	反倾销日落复审终裁（第一次）	继续征收反倾销税
化学原料和制品工业	酸式焦磷酸钠	反倾销日落复审终裁（第一次）	继续征收反倾销税
	聚氯乙烯树脂	反倾销日落复审终裁（第二次）	暂不征税
	己二酸	反倾销日落复审终裁（第一次）	继续征收反倾销税
金属制品工业	铝制预涂感光平板	反倾销日落复审终裁（第一次）	继续征收反倾销税
塑料制品业	PET 薄膜	反倾销日落复审终裁（第一次）	继续征收反倾销税
橡胶制品工业	自行车轮胎	反倾销日落复审终裁（第一次）	继续征收反倾销税
	大客车和卡车用客货车轮胎	反倾销日落复审终裁（第二次）	继续征收反倾销税
医药工业	塑料真空采血管	反倾销日落复审终裁（第一次）	继续征收反倾销税
	带针或不带针的一次性注射器	反倾销日落复审终裁（第二次）	暂缓征收反倾销税
有色金属工业	镁锭	反倾销日落复审终裁（第三次）	继续征收反倾销税
	无缝合金钢瓶	原审终裁	征收反倾销税
文体、工美和娱乐用品	铅笔	原审终裁	征收反倾销税
纺织工业	袜子	原审无措施结案	

资料来源：http：//cacs. mofcom. gov. cn/cacscms/view/notice/ckys#。

2. 贸易形势对两国经贸摩擦影响较小

在近十年的时间里，巴西对华大规模发起贸易救济案件主要集中在2012~2016年，原审案件总数达48起，平均每年近10起新发案件（见图4）。2017年以来，原审案件数量骤减的主要原因之一在于，根据《中国加入世贸组织议定书》第15条，2016年12月11日之后，世界贸易组织成员针对中国启动反倾销调查时，不得再采用“替代国”制度计算产品价格和倾销幅度。因此，巴西不能再使用“替代国”产品价格作为判断中国输入巴西的产品是否存在倾销的依据,[①] 而需要综合更多因素来考量是否对特定产品启动贸易救济调查。

尽管近两年巴西对华发案频率降低，但巴西与中国的经贸摩擦形势不容忽视。巴西是拉美第一大经济体，是中国在拉美最大的贸易伙伴，而中国是巴西第一大贸易伙伴。从理论上来说，采取贸易救济措施是为减少和扭转贸易逆差的一种手段，但结合中巴两国贸易形势来看，巴西对华发起贸易救济调查并非受两国贸易形势的直接影响。巴西与中国贸易常年呈顺差态势，尤其在近五年期间，巴西对华出口总额逐年攀升，顺差额持续增加，但中国产品依然频遭巴西的贸易救济调查（包括原审调查和复审调查）。可见，中巴经贸摩擦受两国贸易形势影响有限。事实上，中巴两国产业结构、巴西国内和国际政治环境变化才是推动巴西对中国贸易活动发难的主要原因。

3. 产业结构特征对中巴经贸摩擦影响明显

中国和巴西在产业结构方面存在一定的趋同，两国产业经济发展既存在竞争性，又存在互补性。

首先，中国和巴西在部分产品上存在竞争性。中国作为世界上最大的发展中国家，与其他发展中国家相比，在原材料资源和劳动力供应方面具有优势，这得益于中国自然资源丰富、劳动人口众多等因素。巴西是拉美第一大

① 《巴西对华反倾销调查大幅减少　企业仍不可掉以轻心》，https：//www.chinatradenews.com.cn/content/201706/15/c2900.html。

国，同样具有资源优势和劳动力优势，这就造成两国出口产品均以资源密集型和劳动密集型产品为主。① 如此趋同的出口产品结构导致两国在国际市场上竞争激烈，尤其是在纺织、钢铁、冶金等领域。另外，中国加工贸易依然占主导地位，由于核心技术的缺乏，中国产品依然凭借价格优势和相对较优的质量优势开拓国际市场，国际核心竞争力不足。尽管如此，中国产业配套相较巴西而言更为完善、稳定，研发与生产技术水平领先，产品更新迅速且质优，比较优势仍然明显。这种竞争态势影响到双边贸易，引起巴西对华采取贸易救济措施。

其次，中巴两国产业结构的竞争性低于互补性。由于两国资源禀赋的不同，两国产业和产品结构存在较大的差异，这种差异性从一定程度上说明中巴双边贸易存在互补性。巴西对华出口产品主要为铁矿、大豆、棉花等，而中国出口到巴西的产品主要涉及机电、车辆、电器电子、高新技术、机械设备、纺织等领域（见表6）。相比来看，中国出口到巴西的产品在技术创新方面更具比较优势，尤其中国的机电设备和交通运输产品在巴西市场具有绝对优势。而在中低端产品市场，中国产业链配套更为完善稳定，产品技术、质量均有保障，巴西制造业很难同中国制造企业开展竞争，这就形成了巴西单纯对中国出口农业、资源类产品，大幅进口中国的设备、科技产品及轻工产品的贸易格局。这种互补的产业结构和贸易格局在一定程度上削减了巴西市场对中国产品的抵触。但面对中国产品的强大冲击，巴西为刺激本国产业升级发展，也会有针对性地采取措施限制中国出口到巴西的产品。

表6　中巴主要贸易产品结构对比

主要出口产品	中国对巴西	巴西对中国
动植物产品		√
糖		√
矿产品		√

① 胡若楠：《巴西对中国采取反倾销调查的原因探析》，《中国市场》2017年第22期，第18页。

续表

主要出口产品	中国对巴西	巴西对中国
化工产品	√	
塑料、橡胶及其制品	√	
木(纸)浆		√
纺织品	√	√
矿物、陶瓷及玻璃制品	√	
钢铁及其制品	√	√
机电、音像设备及零配件	√	
车辆及零配件	√	
光学、照相、医疗设备及零配件	√	
家具、家具产品及玩具、运动产品	√	

资料来源：中国海关总署：《海关统计月报》2022 年 2 月 15 日，http：//www. customs. gov. cn/customs/302249/zfxxgk/2799825/302274/302277/3512606/index. html。

4. 钢铁冶金及下游产品将长期面临调查

结合表 4 可看出，2020~2021 年的 5 起原审案件涉案产品分别是无缝合金钢瓶、铝板产品、袜子、聚酯纤维纱线（其中无缝合金钢瓶分别遭遇反倾销和反补贴调查），其中 3 起案件属有色金属工业。2011~2021 年间，巴西对华共发起 61 起贸易救济案件，其中涉及金属制品工业、钢铁工业、化学原料和制品工业的调查数量占比最大（见图 5）。

巴西矿产资源丰富，拥有全球最大的露天铁矿（卡拉加斯铁矿），且铌、锰、钛、铝矾土、铅、锡、镁等 29 种矿物储量位居世界前列。[①] 从贸易角度来看，中国对巴西矿产资源需求旺盛，2020 年中国自巴西进口矿产资源达 407. 8 亿美元，占全年自巴西进口总额的 48. 5%，2021 年这一占比增长至 51. 2%。在出口方面，2020 年中国对巴西出口初级矿产制品和贱金属制品为 30. 7 亿美元，占全年对巴西出口总额的 8. 8%，2021 年这一占比增长至 11. 3%。[②] 如果中国自

① 《对外投资合作国别（地区）指南（巴西）》，http：//www. mofcom. gov. cn/dl/gbdqzn/upload/baxi. pdf。

② 《2021 年 11 月自部分国家（地区）进口商品类章金额表》，http：//www. customs. gov. cn/customs/302249/zfxxgk/2799825/302274/302277/302276/4071044/index. html。

巴西进口矿产资源后，经加工再出口回巴西，自然会导致巴西方面的不满。而从产业角度来看，巴西丰富的矿产资源优势将持续推动巴西采矿业、冶金业以及下游加工制造产业的发展，而中国相似行业产能旺盛，产品质优价廉，对巴西的出口量增加必然会对巴西本国相同或相似产品造成冲击，制约其相关产业的发展。因此，巴西对中国出口到巴西的钢铁和金属类产品频繁启动贸易救济调查，也是顺应其保障贸易顺差和保护本国产业发展的目的。鉴于此，中国应该持续警惕巴西对华钢铁、冶金及下游加工制造产品发难，提前作好应对准备。

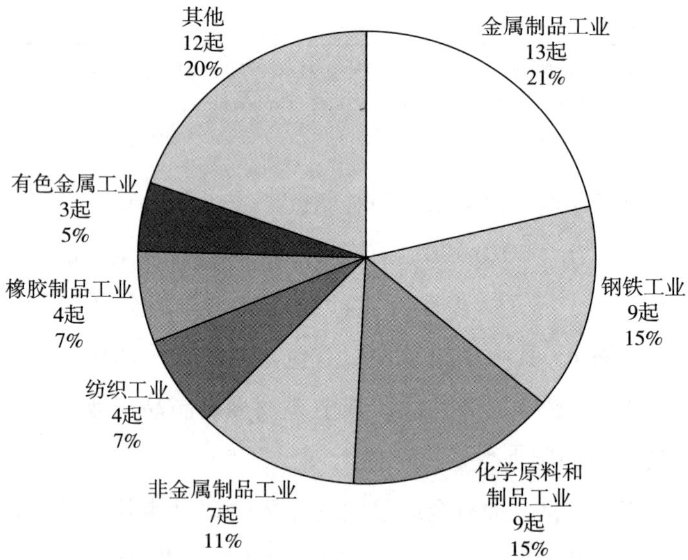

图 5　2011~2021 年巴西对华原审案件涉及行业数量及占比

资料来源：http：//cacs. mofcom. gov. cn/cacscms/view/notice/ckys#。

四　中国和巴西经贸关系展望

首先，中国政策红利促进两国经贸向好发展。面对后疫情时期的全球经济衰退与贸易保护主义蔓延，中国政府以更大决心、更大勇气、坚定不移地推动新一轮改革开放，建设高水平市场经济和开放体制，不断优化营商环境，多措并举促进经贸发展。随着“一带一路”倡议的推进、《区域全面经济伙伴关系协定》（RCEP）的正式生效，中国对外贸易发展形势向好。未来，中国势必继续推进、扩大区域经济合作，加大与拉美国家商签自贸协定的力度，以开放的姿态推进中拉合作。

其次，中巴贸易合作将持续展现强劲韧性。尽管中巴经贸摩擦始终不断，但不可否认的是，中巴双边贸易已成为巴西外贸的重要动力。中国市场对巴西至关重要，对华贸易为巴西经济发展注入巨大动力。依托中国市场的强劲需求，巴西外贸稳步恢复，为巴西应对疫情冲击、加速经济复苏提供重要助力。巴西对华出口主要集中在初级产品和资源密集型产品，中国对巴西出口多为附加值较高的工业制成品，双边贸易互补性强。虽然巴西对中巴贸易结构颇有微词，但这种由两国比较优势决定的贸易局面很难发生根本改变，两国相互间的贸易价值都具有很强的不可替代性。[①] 因而未来两国贸易合作将更加紧密、向好发展。博索纳罗执政以来，巴西贸易开放取向逐渐明朗，尤其在推动南方共同市场开放方面力度最大，这有利于改变巴西长期以来的封闭取向，更好地参与区域合作。

最后，中国资本与技术提供经贸发展新动力。基于经营模式的改变，更多中国企业以全球视野谋划和推动发展，寻求更广泛的国际产能合作，最大限度用好全球资源。巴西与中国产业互补性强，必然成为重点合作市场。中国现已成为巴西主要投资来源国，同时也是对巴西投资增速最快的国家之一。未来，在中国资本的推动下，巴西基建、交通、农业、电力等行业活力将得到极大的激发。同时，更多中国企业将先进的生产线、技术和管理经验整体输出巴西，并购、合资、参股当地企业，在追求经济效益的同时，也推动巴西本土技术进步和科技创新，为当地社会谋福利。

---

① 周志伟：《后疫情时代中巴经贸合作展望》，《中国远洋海运》2020 年第 9 期。

Y.14
成效显著：中国与巴西抗疫合作评析

严若玮　王慧芝*

摘　要： 新冠肺炎疫情于2020年初在巴西暴发。由于防疫政策混乱，医疗资源不足，疫情在巴西迅速蔓延，巴西成为拉美和全球疫情的“震中”，受疫情影响严重。为了帮助巴西民众走出疫情阴影，2020~2021年间，两国通过高层交流、舆论支持、物资援助、经验分享及疫苗合作等形式，积极开展抗疫合作，取得了丰硕成果，呈现出合作频率高、形式多样、影响大的特点。展望未来，中巴应妥善、谨慎处理抗疫分歧，推进双边抗疫合作潜力持续释放，取得更大成就。

关键词： 中国　巴西　抗疫合作　疫苗　分歧

2020年2月26日，巴西出现拉美首例新冠肺炎确诊病例。此后，新冠肺炎疫情开始在拉美地区持续蔓延。根据世界卫生组织2022年1月发布的数据，巴西累计确诊病例已超过2300万人，累计死亡病例达62万人，继美国、印度之后位居全球第三。① 作为受疫情影响最严重的国家之一，巴西经济、社会发展面临严峻挑战，医疗资源匮乏，联邦政府抗疫不力，地方政府与联邦政府缺乏协调，矛盾凸显。2021年3月，疫情再度在巴西大面积暴发，使本就艰难的疫后复苏“雪上加霜”。疫情暴发两年来，中巴两国积极

* 严若玮，中国国际问题研究院拉美和加勒比研究所研究实习员；王慧芝，中国国际问题研究院拉美和加勒比研究所助理研究员。

① WHO Coronavirus (COVID-19) Dashboard, https://covid19.who.int/table.

开展多种形式的抗疫合作，取得了扎实成效。但与此同时，中巴两国在抗疫的政策立场和防控理念上也存在分歧，给两国抗疫合作带来不利影响。

2020~2021 年，面对新冠肺炎疫情的持续肆虐，中巴两国通过高层交流、舆论支持、物资捐助、经验分享及疫苗合作等形式积极开展抗疫合作，取得了明显成效。

一　高层交流筑牢中巴抗疫合作的政治基础

据不完全统计，2020~2021 年间，中巴在双边、多边领域开展元首外交 4 次，举行外长级通话或视频会晤 6 次。其间，双方政界高层多次表达共同抗击疫情的强烈愿望，提出构建卫生健康共同体的倡议，并对对方在疫情中给予的支持和帮助表达感谢，为中巴抗疫合作奠定了务实、友好、互惠的基调。

元首外交为中巴抗疫合作领航定向。新冠肺炎疫情暴发以来，中巴两国元首保持密切沟通，为两国抗疫合作奠定了坚实的政治基础。2020 年 3 月 24 日，习近平主席同博索纳罗总统通电话，代表中国政府和中国人民向巴西抗击新冠肺炎疫情表示诚挚慰问和坚定支持。巴西总统博索纳罗对中方为巴西在华采购必要医疗物资提供便利表达了感谢，希望同中方加强防控经验交流，共同抗击疫情，尽快遏制住国内疫情扩散。同时表示，巴方愿同中方加强双边及在二十国集团等多边框架内的沟通协调，为抗击疫情和经济恢复发挥应有作用。2020 年 11 月 17 日、2021 年 9 月 9 日，金砖国家领导人第十二次、第十三次会晤以视频方式举行。习近平主席在会晤中指出，要以团结取代分歧，以理性消除偏见，凝聚起各国携手抗疫的最大合力；要拿出应有的政治担当，支持彼此抗疫努力，分享疫情信息，交流抗疫经验；要在疫苗联合研发、合作生产、标准互认等领域开展务实合作；要加强传统医药合作，召开传统医药研讨会，探索传统医药在新冠肺炎防治方面的作用。中方愿积极考虑向有需要的金砖国家提供疫苗，推动金砖国家疫苗研发中心建设与启动。博索纳罗总统在会晤上提到，巴中伙伴关系对巴方抗疫发挥了关键作用，巴西民众接种的疫苗很大一部分使用了来自中国的疫苗原液。①

高层互动深化中巴抗疫共识。在元首外交的带动下，中巴两国外交部频繁互动，双方合作抗疫的共识得到进一步凝聚。疫情最初在中国出现后，中方外交部副部长郑泽光在第一时间同巴西驻华大使瓦莱等拉美国家驻华大使通电话，通报中方疫情防控情况，对各国的慰问和支持表示谢意。此后，中巴围绕疫情的高层沟通愈加频繁。2020 年 9 月 18 日，中国国务委员兼外长王毅应约同时任巴西外长阿劳若通电话。王毅表示，双方应进一步落实好两国元首重要共识，适应疫情长期化、防控常态化的新形势，着眼“后疫情时代”，牢牢把握中巴关系友好合作主基调，推动两国关系稳步前进。阿劳若感谢中方向巴方提供抗疫物资援助，表示巴方愿同中方进一步加强在疫苗研发、生产等领域的合作。② 2021 年 4 月 10 日及 10 月 21 日，王毅外长先后同巴西外长弗兰萨通电话、进行视频会晤。王毅在两次交流中均表示，中方坚定支持巴西政府为遏制疫情、恢复经济所付出的努力，愿继续在力所能及的范围内同巴方开展疫苗合作，以解巴方燃眉之急。中巴应携手克服疫情影响，深化各领域务实合作。弗兰萨感谢中方在疫情发生以来对巴方的无私帮助，并表示当前巴西在抗击疫情中急需疫苗和医疗物资，希望中方继续给予大力支持。③ 此外，在 2020 年 4 月 28 日及 9 月 4 日召开的金砖国家应对新冠肺炎疫情特别外长会、金砖国家外长视频会晤中，参会各方均认为，金砖国家必须坚持多边主义，加强团结协作，促进疫情信息分享和经验交流，开展药物和疫苗研发合作。巴西外长弗兰萨特别指出，巴西同中国的抗疫合作对巴西抗击疫情发挥了至关重要的作用。通过加强疫苗合作，巴中双边贸

① Augusto Fernandes，“Bolsonaro diz que relação com China é essencial no combate à pandemia”，https：//www.correiobraziliense.com.br/politica/2021/09/4948525-bolsonaro-diz-que-relacao-com-china-e-essencial-no-combate-a-pandemia.html，9 de setembro de 2021.

② 《王毅同巴西外长阿劳若通电话》，http：//www.gov.cn/guowuyuan/2020-09/19/content_5544704.htm。

③ 《王毅与巴西外长弗兰萨视频会晤》，http：//www.gov.cn/guowuyuan/2021-10/22/content_5644398.htm。

易上升到超出预期的新高度。巴方希望以中国—巴西高委会第六次会议为契机，进一步深化双边各领域合作。

二 舆论支持、物资援助彰显中巴友好情谊

面对新冠肺炎疫情的持续肆虐及不实流言的肆意传播，中巴两国始终在舆论及物资方面彼此支持，两国传统友谊得到进一步深化。

从政府官员、医疗专家到普通民众，巴西各界人士支持中国的抗疫立场，肯定中巴友好合作关系。巴西外长弗兰萨在履新后便表示，中国是巴西在抗击新冠肺炎疫情方面的“重要伙伴”。巴西前外贸部秘书长威尔伯·巴拉尔（Welber Barral）也肯定了中国的抗疫做法，认为中国快速确认疫情、应对危机得当的表现使其受益。[①] 巴西呼吸科医生、教授桑托斯认为，面对疫情，中国政府行动力强，公众信任度高，防疫宣传工作到位，防控措施具体有效，是全球抗疫的最佳榜样，而巴西和美国则是抗疫的反面教材。[②] 巴西布坦坦研究所所长迪马斯·科瓦斯（Dimas Covas）在克尔来福疫苗开展临床试验之初，顶住巨大压力，多次通过各大媒体向巴西及全球人民推介克尔来福疫苗，提高了巴西对中国疫苗的信任度。[③] 巴西汉语老师茹晨曦在人民网发表《我与武汉的故事》一文，引发了两国人民强烈的共鸣。虽然巴西联邦众议员爱德华多·博索纳罗在社交媒体上无端指责中国抗疫、污蔑中国的政治制度，给中巴抗疫合作蒙上阴影，但其行为引发两国普遍不满，巴西时任众议长罗德里戈·马亚（Rodrigo Maia）和参议长戴维·阿尔科伦布

① Douglas Gavras e Francisco Carlos de Assis, “Cresce a dependência do Brasil para a China”, https://www.cnnbrasil.com.br/business/cresce-a-dependencia-do-brasil-para-a-china/, 14 de fevereiro de 2021.

② “Ubiratan de Paula Santos: ‘China é o maior exemplo de combate à pandemia’”, Brasil 247, https://www.brasil247.com/coronavirus/ubiratan-de-paula-santos-china-e-o-maior-exemplo-de-combate-a-pandemia-j33nl4fu, 10 de dezembro de 2021.

③ 《SINOVAC 科兴巴西合作伙伴布坦坦研究所所长获“中国政府友谊奖”与“长城友谊奖”》，http://www.sinovac.com.cn/news/shownews.php?id=1343。

雷（Davi Alcolumbre）代表议院向中国致歉。[①] 巴西圣保罗州长若昂·多利亚曾不止一次表示，获批在巴西紧急使用的克尔来福疫苗和阿斯利康疫苗原料均产自中国，希望总统及其亲属不要再“说中国坏话”。

疫情暴发之初，巴西向中国捐助了大批医用口罩。疫情在 2020 年 3 月开始在巴西扩散后，中国政府、企业、华侨华人又为巴西捐赠防疫物资，并为巴西在中国采购口罩、呼吸机等防疫物资提供了支持和便利，帮助巴西渡过难关。2020 年 4~7 月，巴西联邦政府在中国采购了 2.4 亿只口罩，巴方共派出 39 架次包机承运。7~10 月，中国政府向巴西总共捐助了三批抗疫物资，主要包括 N95 口罩、防护服、护目镜等大量医疗用品。[②] 2021 年 1 月 22 日，中国政府再次通过驻巴西使馆向玛瑙斯市政府捐赠 1700 个氧气瓶和 1900 公斤氧气，用于支持亚马孙地区印第安原住民抗疫。[③] 中国地方政府及中资企业也在巴西遭遇新冠肺炎疫情之际积极向巴西捐赠防疫物资。新冠肺炎疫情暴发短短半年内，就有 20 多个中国省市以友省州（市）的名义向巴西捐助大量物资，如江苏省向米纳斯吉拉斯州、四川省向伯南布哥州、广州市向累西腓市进行点对点式援助。驻巴西中资企业也通过多种科学有效的方式助巴西复工复产。徐工集团和中海油工程巴西公司建立防疫机制，确保当地工作人员身体健康。总计 30 多家中国企业向巴西捐赠包括呼吸机、防护服、检测试剂、病床等医疗物资。例如，中国国家电网、中国银行（巴西）、中国工商银行巴西子行向圣保罗州、市捐赠口罩、防护服等防疫物资，广州市委会向巴西广州企业家协会捐赠口罩等。还有巴西侨胞将《张文宏教授支招防控新型冠状病毒》和《新冠肺炎防治手册》等抗疫书籍翻

---

① 《国际观察：全方位合作抗疫构建中巴健康共同体》，http：//world. people. com. cn/gb/n1/2020/0824/c1002-31834921. html。

② 《中国政府援助巴西第三批抗疫物资交接仪式在巴西利亚举行》，http：//world. people. com. cn/n1/2020/1030/c1002-31912421. html。

③ Jovem Pan，“Embaixada da China confirma doação de cilindros e oxigênio para Manaus”，https：//jovempan. com. br/noticias/brasil/embaixada-da-china-confirma-doacao-de-cilindros-e-oxigenio-para-manaus. html，22 de janeiro de 2021.

译成葡萄牙语版发布。[①] 与此同时，部分中资企业还为巴方企业提供便利，助力巴西复工复产，保证产业链不中断。例如，交通银行巴西子行向银行同业提供短期拆借，并允许长期合作的客户暂缓偿还贷款，计划通过由巴西国家开发银行监管的紧急放贷计划，向有发展潜力的企业提供贷款，为中小企业解决贷款难的问题。南里约格朗德州（Rio Grande do Sul）的拉东卡车厂安装中国生产的红外热成像系统检测职工体温，极大降低了复工安全隐患，为当地政府和大型企业复工复产提供保障。[②]

三 经验分享助推中巴抗疫合作不断深入

疫情在拉美地区蔓延后，中方还授之以渔，多次举行高效、专业、针对性强的抗疫经验分享活动，邀请中巴双方不同领域官员、专家参加，介绍中方在防控工作中的经验和所取得的显著成效，对帮助巴西做好疫情防控工作、提升防疫效果具有重要指导意义，受到广泛称赞。上述活动大致分为三类。

一是中国政府在疫情初期迅速组织多场新冠肺炎疫情专家视频交流会。如2020年3月24日，中国同部分拉美和加勒比国家举行新冠肺炎疫情专家视频交流会，巴西等25个拉美国家的近200余名政府官员、卫生专家与会，中方介绍了抗疫的最新形势和在临床诊断、救治方案、民航保障、海关口岸卫生检疫、社区留观等领域的经验做法。4月7日，中国驻巴西大使馆与巴西卫生部组织召开中巴抗击新冠肺炎疫情专家视频会，来自武汉大学中南医院、华中科技大学同济医学院附属协和医院、雷神山医院等机构的一线医疗专家同巴卫生部官员及医疗专家就中方疫情防控及诊

① 《国际观察：全方位合作抗疫构建中巴健康共同体》，http：//world. people. com. cn/gb/n1/2020/0824/c1002-31834921. html。

② 《中企助力巴西复工复产》，http：//www. gov. cn/xinwen/2020-06/24/content_ 5521516. htm。

疗经验深入交流。[1]

二是开展针对不同领域的抗疫研讨会。自 2020 年 6 月起，中国驻巴西大使馆、驻里约热内卢总领馆联合中巴多家机构连续举办多场“国际抗疫合作系列研讨会”，来自中国多地的防控专家在活动中介绍了国内抗疫最新进展、疫情防控经验与挑战、科学溯源疫情、病毒突变联合监测等议题。[2]研讨会还设有“经贸抗疫合作”专场，为中巴企业家探讨如何加强抗疫合作，拓宽合作范围和层次提供了机会。2020 年 9 月 9 日，中国科学院和巴西科学院共同举办新冠肺炎网络研讨会。中巴医学界多位知名院士、专家学者就中国防控新冠肺炎疫情经验、当前疫情防控挑战、科学溯源疫情、病毒突变联合监测等议题进行了交流研讨。

三是借助巴西药用植物资源丰富且对中国传统医药有浓厚兴趣的特点，向巴西推介中国传统医疗抗疫经验。2021 年 5 月 26 日，中国驻里约总领馆、北京恒济卫生管理发展基金会、巴西米纳斯招商促进局联合举办中巴传统医药抗疫合作研讨会，深入分享传统医药救治经验。8 月 20 日，由世界针灸学会联合会主办，巴西传统中医药针灸学会承办的“中国中西医结合专家组同巴西医学专家新冠肺炎防控视频交流会”在线上召开，与巴西交流中国中西医结合治疗新冠肺炎的宝贵经验。

四　疫苗合作渐成中巴抗疫合作新亮点

随着中巴抗疫合作的持续推进，疫苗合作的重要性及其表现愈发引人注目。截至 2021 年末，已有中国科兴中维生物技术有限公司、国药集团、中国医学科学院医学生物学研究所、中国康希诺生物股份公司、无锡药明康德生物技术股份有限公司 5 家中国医药卫生机构与巴西开展了疫苗合作。中国

① 《中国巴西医卫专家交流抗疫经验》，http://www.gov.cn/xinwen/2020-04/08/content_5500178.htm。

② 《为我们战胜疫情增添信心》，http://world.people.com.cn/n1/2020/0622/c1002-31754402.html。

现已成为巴西新冠疫苗和原材料的主要供应国。

科兴公司与巴西布坦坦研究所的疫苗合作堪称典范。2020 年 6 月 11 日，双方达成开展疫苗合作的协议，从当月起便在圣保罗州生产新冠疫苗，并确定将有 9000 名临床试验志愿者参加。7 月 6 日，科兴公司宣布与布坦坦研究所达成伙伴关系。此后，双方疫苗合作进展迅速，成效显著。7 月 21 日，克尔来福疫苗三期临床试验在圣保罗临床医院开展。10 月 19 日，克尔来福疫苗通过临床试验，安全性已获证明。10 月 20 日，巴西时任卫生部部长帕祖洛宣布将克尔来福疫苗纳入国家免疫计划。2021 年 1 月 7 日，在科兴与布坦坦研究所达成的疫苗合作协议不到七个月后，巴西卫生部宣布将购买 1 亿剂克尔来福疫苗并同布坦坦研究所签署采购合同。1 月 17 日，克尔来福疫苗获巴西国家卫生监督局紧急使用许可，首批疫苗接种者当日已开始接种。据中国驻巴西大使馆 4 月 28 日公布数据，克尔来福疫苗占巴西收到的疫苗供应总量的 95%，足以覆盖紧急阶段 60%的优先接种群体。此外，多项公开数据显示，克尔来福疫苗的有效性较为可靠。2021 年 4 月 14 日，布坦坦研究所公布，克尔来福疫苗对新冠病毒最低有效性为 50.7%，对于需要医疗救助的病例，疫苗有效性为 83.7%~100%，且疫苗对巴西当时存在的所有变异毒株均可提供有效防护。圣保罗州塞拉纳市于 2020 年 2~4 月间进行的“S 计划”试验结果显示，全程接种两剂克尔来福疫苗后，该地区因感染新冠病毒导致的死亡病例下降了 95%，住院人数下降了 86%，感染病例下降了 80%。世卫组织负责人称，克尔来福疫苗在免疫系统中的作用可有效抵御最新流行的奥密克戎变异毒株。①

科兴疫苗现已获巴西各界人士的广泛认可。2021 年 4 月巴西卫生部公布数据显示，克尔来福是巴西国内应用最广的疫苗，占已接种疫苗总数的 83.3%，其余 16.7%为牛津阿斯利康疫苗。巴西副总统莫朗、经济部部长盖

① “Impacto da CoronaVac no sistema imune indica que vacina protege contra ômicron, diz gerente de incidentes da OMS”, Instituto Butantan, https://butantan.gov.br/noticias/impacto-da-coronavac-no-sistema-imune-indica-que-vacina-protege-contra-omicron-diz-gerente-de-incidentes-da-oms, 6 de janeiro de 2022.

德斯、前总统卢拉和罗塞夫以及球王贝利等多位官员和名人在克尔来福疫苗投放使用后纷纷接种，并号召公众积极接种。巴西许多政府官员、医学专家、媒体对中巴合作研发的疫苗给予高度评价。布坦坦研究所所长迪马斯·科瓦斯认为，克尔来福疫苗是在巴西使用的所有疫苗中最安全的，中国疫苗在巴西抗击疫情初期发挥了重要作用，保护了60岁以上老年人和医务人员等脆弱人群，也使巴西的国家免疫行动得以启动。①

中巴疫苗合作前景广阔。除克尔来福疫苗外，自2021年下半年起，另外4家中方机构与巴西疫苗合作也相继取得进展。2021年7月14日，巴西国家卫生监督局宣布，授权由中国医学科学院医学生物学研究所自主研发的科维福新冠病毒灭活疫苗进行三期临床试验。7月26日，巴西国家卫生监督局批准中国国药疫苗的紧急使用许可。10月1日，巴西 Biomm 生物制药公司与中国康希诺生物股份公司签署协议，将引进康希诺生物股份公司生产的新冠疫苗，并将向巴西国家卫生监督局申请疫苗紧急使用权。② 此外，无锡药明康德生物技术股份有限公司还在2021年多次为巴西奥斯瓦尔德克鲁斯基金会生产的牛津阿斯利康疫苗提供原液。③

五　中巴抗疫合作评析及前景展望

尽管中巴两国在抗击新冠肺炎疫情方面存在理念、政策上的分歧，但尚不足以逆转两国抗疫合作持续深化的大趋势。2020年和2021年的中巴抗疫合作快速推进、合作水平持续提升，主要呈现以下三个特点。一是频率高。中巴抗疫合作并非一次性行为，而是贯穿抗疫的全过程。两国政治高层互动

① 《专访：中国新冠疫苗在预防死亡、重症等方面非常出色——访巴西布坦坦研究所所长迪马斯·科瓦斯》，http：//www. news. cn/2021-10/20/c_ 1127978175. htm。

② Ana Paula Machado，“Biomm assina acordo com chinesa CanSino para importar vacina de covid-19”，https：//valor. globo. com/empresas/noticia/2021/10/01/biomm - assina - acordo - com - chinesa-cansino-para-importar-vacina-de-covid-19. ghtml，1 de outobro de 2021.

③ Natália Scalzaretto，“Fiocruz resumes AstraZeneca deliveries after two-week pause”，https：//brazilian. report/liveblog/2021/09/14/fiocruz-astrazeneca-deliveries/，Sep 14，2021.

频繁，就抗疫保持密切沟通；双方各界多次开展医疗物资援助，举行多场经验分享视频交流会；自 2021 年起，双方疫苗合作项目数量开始明显增多，接种群体不断扩大，2022 年初，巴西国家卫生监督局批准克尔来福疫苗可面向 6~17 岁青少年开展接种。二是形式多样，覆盖面广。中巴抗疫合作不拘泥于单向的物资援助，中方还以线上研讨会等形式向巴西分享抗疫经验和做法，为巴西抗疫提供新思路，双方还携手开展疫苗研发合作，通过“授之以渔”而不仅仅是“授之以鱼”的方式，在缓解了巴西疫苗供应紧缺的同时，也使其具备了生产疫苗的能力，从长远角度看具有较强的可持续性。此外，除中央政府层面的合作外，地方政府、企业、民间合作案例在过去两年间不断增多。三是影响大，发挥了积极作用。中国对巴西援助得到巴西总统、政府要员和各界人士的多次感谢，中国的抗疫做法在巴西也受到好评，被认为是高效、有用的办法，值得巴西政府学习和借鉴。

目前，全球已进入“后疫情时代”，各国疫情基本稳定，疫情防控进入常态化模式，疫苗研发趋于成熟，抗疫合作机制日臻完善。在此背景下，中巴抗疫合作由国家政府层面转向地方政府、民间团体层面的趋势日趋凸显。例如，圣保罗州长期与中国开展稳定的抗疫务实合作，州长多利亚对中巴抗疫合作态度积极，多次公开为中国疫苗发声。此外，巴西政治形势的变化也为中巴抗疫合作持续推进、共同构建卫生健康共同体创造了更加有利的外部环境。2021 年 4 月，对华态度温和、友好的弗兰萨接替阿劳若出任巴西新一任外长，弗兰萨支持两国携手共抗疫情，对中巴抗疫合作态度务实。博索纳罗及其幕僚的重心也逐渐转为应对 2022 年 10 月的总统选举，巴西极右翼官员对两国关系的负面影响显著降低，中巴政治关系相较于 2020 年明显缓和。虽然自 2020 年开始，巴西少数极右翼官员多次借疫情和疫苗合作攻击、污蔑中国，但一方面，其偏激言论不代表巴西国内主流民意，未对中巴抗疫合作造成实质性打击；另一方面，中国始终以务实态度应对，不与其发生正面冲突，而是巧妙通过州政府或地方企业继续开展合作，成果有增无减。由此看来，在外部环境更趋有利的背景下，中巴抗疫合作虽仍存在挑战，但前景可期。

附　　录

Appendix

Y.15 2020~2021年巴西大事记

缴洁　程晶*

2020年

1月

2日　巴西科技创新通信部创建了一个名为"ImpactaClima（气候影响）"的平台，主要对不同研究机构发布的气候变化信息进行收集和整合，以便了解国内气候演变趋势及其影响。

3日　巴西旅游部下属的巴西旅游协会公布了《2019年巴西旅游业发展报告》，指出更高的对外开放度为旅游业带来了巨大的经济效益，尤其是

* 缴洁，法学博士，湖北大学区域与国别研究院巴西研究中心、法学院讲师，主要研究方向为葡语国家法学；程晶，历史学博士，湖北大学区域与国别研究院巴西研究中心、历史文化学院副教授，主要研究方向为巴西及拉美研究。

2019 年上半年，巴西对部分国家游客实行免签。

8 日 巴西投资银行公布的“2020 年数字银行革命”调查显示，2017~2018 年间巴西数字银行数量出现飞速增长，增幅高达 147%。

9 日 巴西环境部宣布，将在亚马孙州建立亚马孙秘书处，总部设在首府玛瑙斯市。秘书处的职责范围包括发展生态经济、打击非法森林砍伐、推动土地合法化以及支付环境服务费用等。

17 日 巴西外交部部长埃内斯托·阿劳若表示，巴西决定暂停参与拉美和加勒比国家共同体（简称“拉共体”）框架下的活动。

20 日 联合国贸易和发展会议公布的一项报告显示，2019 年巴西一共接收外国投资 750 亿美元，超过 2018 年的 600 亿美元。在联合国公布的 2019 年全球外国投资目的地排名中，巴西排名第四，较之上一年度的排名上升了 2 个位次。

21 日 巴西经济部部长保罗·盖德斯赴瑞士参加第 50 届世界经济论坛年会暨达沃斯论坛，向外界展示巴西良好形象。

22 日 巴西国家石油、天然气及生物燃料局公布的数据显示，2019 年巴西石油产量同比增长 7.78%，首次突破 10 亿桶。

25 日 博索纳罗总统于 1 月 25~27 日首次对印度进行正式访问。两国签署了 15 项双边协议，涵盖贸易、生物能源、网络安全、农业等领域。此外，博索纳罗作为主要嘉宾将出席 26 日印度“共和国日”的庆祝活动。

27 日 巴西国家地理统计局公布的数据显示，2019 年巴西一共创造了 644079 个正式工作岗位（持有劳动和社会福利证），即雇佣人数和解聘人数的差额超过了 64 万。这是连续第二年该差额为正数，也是 2013 年（当年创造了 111.7 万个正式工作岗位）以来的最佳表现。

巴西米纳斯吉拉斯州遭遇连日暴雨，导致至少 47 人死亡，超过 3386 幢房屋被冲毁，超过 1.4 万人无家可归。

28 日 巴西经济部在《联邦官方公报》上公布的数据显示，2019 年巴西国有企业总投资额为 583 亿雷亚尔，和 2018 年的 848 亿雷亚尔相比下降了 31.3%。

巴西卫生部确认在贝洛·奥里藏特（Belo Horizonte）发现了一例新冠肺炎疑似病例，将应急运行中心的“警戒状态”调整为“迫在眉睫的危险状态”，要求各州更新相关的应急计划。

29日 欧洲工商管理学院发布的“2020全球人才竞争力指数”显示，巴西的人才竞争力在全球132个国家和地区中排名第80位，与2019年的第72位相比下降了8位。

2月

3日 巴西卫生部部长路易斯·恩里克·曼德塔表示，尽管目前巴西没有新冠肺炎确诊病例，但政府将会提前宣布进入全国范围内的公共卫生紧急状态。

4日 巴西国家地理统计局公布的数据显示，2019年第四季度巴西失业率为11%，低于第三季度的11.8%；平均失业率由2018年的12.3%降至2019年的11.9%。

巴西农业部部长特雷莎·克里斯蒂娜（Tereza Cristina）会见中国驻巴西大使杨万明时表示，巴西政府不会因新冠肺炎疫情对巴中之间的贸易设限。

5日 巴西国会批准了联邦政府有关采取强制性措施应对新冠病毒的法案和卫生部递交的《卫生紧急状态法》草案。根据这两个法案，政府在应对新冠肺炎疫情时“可能采取”强制性措施，包括强制性体检、实验室测试、疫苗和临床样本采集等。

6日 巴西卫生部长曼德塔表示，若邻国需要抗击新冠肺炎疫情，巴西政府将团结协作。

9日 巴西动物蛋白协会公布的数据显示，受中国强劲需求的推动，巴西1月的鸡肉出口量同比增长14.9%。

11日 巴西卫生部卫生监督局局长万德森·奥利维拉（Wanderson Oliveira）在受访时表示，中国现在经历的新冠肺炎疫情和当年巴西的寨卡疫情相同，因此希望人们不要有偏见。

为促进政府采购项目的自由化，巴西经济部对国家公开招标活动中外国企业的参与程序进行了简化，减少外企参与政府招标过程中的官僚程序。

12 日 全球规模最大、最集中的国际有机产品展览会（Biofach 2020）将于本月 12~15 日在德国纽伦堡（Nuremberg）举行，巴西有 8 家小型农业合作企业和 2 家国内公司参展。

13 日 巴西国家地理统计局公布的调查数据显示，2019 年巴西全国服务业的实际收入增长了 1%，打破了连续四年无增长的局面；所调查的 5 项经济活动中有 4 项均实现增长，所分析的 166 种服务中有 55.4%呈现积极上升趋势。

14 日 巴西电子商务情报公司（Compre & Confie）发布的报告指出，在过去的十年中，巴西的电子商务保持连续增长态势，2019 年比 2017 年和 2018 年更加强劲。

17 日 巴西国家地理统计局公布的数据表明，2019 年巴西 19 个州和联邦区内的非正规就业（未持有劳动和社会福利证）人数占比打破了历史纪录，2019 年巴西全国非正规就业人数占比平均为 41.1%。

18 日 在经历了 2019 年的繁荣后，2020 年初巴西的房地产基金正经历严重危机。从 1 月 1 日到 2 月 14 日，作为过去一年中增长最快的基金类别（过去一年增长了 36%），房地产基金已经在巴西的证券交易市场损失了 32.8 亿雷亚尔的市值，是历史上投资周期（以 45 天为一个周期）中出现的最大额度贬值。

20 日 自 2014 年巴西开始推广数字账户以来，巴西数字银行得到了飞速发展，到 2019 年底，其拥有的客户人数达到 400 万。

24 日 巴西淡水河谷公司公布的财务数据显示，2019 年初的米纳斯吉拉斯州布鲁马迪纽市（Brumadinho）尾矿坝溃坝事故对这家矿业公司的发展造成了巨大影响。根据记录，这一事故直接导致淡水河谷公司损失了 16.8 亿美元。

26 日 巴西卫生部举行新闻发布会宣布，经过第二次检测，确诊巴西圣保罗州首府圣保罗市一名 61 岁男子罹患新冠肺炎，这是巴西确诊的首例新冠病毒感染病例，也是拉美地区确诊的首例新冠病毒感染病例。患者曾于本月 9~21 日赴意大利北部新冠肺炎疫情严重的伦巴第大区旅行。患者症状较轻，临床状况良好，无需住院，需居家隔离 14 天，医护团队将会积极监测，有关部门抓紧确认这名患者的密切接触者。

根据巴西卫生部发布的数据，截至当地时间 26 日 12 时，巴西新冠肺炎疑似病例为 20 例，此前巴西已排除 59 例疑似病例。

巴西总统府召开紧急联席会议。会议决定，通知各州更新新冠肺炎疫情的应急计划并报送卫生部。卫生部将举行采购个人防护设备招标工作，然后将这些物资分配给各州并扩大现有医用物资的库存。联邦政府在未来几周将发起全国性的预防新冠肺炎宣传运动。

3月

2 日　巴西奥斯瓦尔多克鲁斯基金会实验室和健康监测协调员、传染病医生里瓦尔多·文纳西奥（Rivaldo Venâncio）表示，与 2009 年的甲型 H1N1 病毒相比，巴西为迎战新冠病毒所作的准备更加完善。

巴西采矿业协会在加拿大与多伦多证券交易所、多伦多证券交易所创业板共同签署谅解备忘录，旨在建立在未来几年内增加向巴西矿业部门投资的合作关系。双方希望，该备忘录能够为后续巴西地质调查的扩展以及巴西矿业项目的开发提供广阔前景。

巴西外交部部长埃内斯托·阿劳若和安哥拉外交部部长曼努埃尔·多明戈斯·奥古斯托（Manuel Domingos Augusto）在巴西利亚市（Brasília）确定了两国关系中的优先事项。

5 日　巴西卫生部报告，巴西新冠肺炎确诊病例数达到 8 例，疑似病例数为 636 例。新增病例中首现本地传播病例，但疫情尚未构成社区传播。

6 日　巴西国家地理统计局表示，近三年来巴西经济仍以国内需求为基础，以家庭消费为主要驱动力。2019 年，巴西国内需求增长了 1.7%，国内生产总值也实现了 1.1%的增长。

7 日　博索纳罗总统于 7~10 日访问美国，这也是博索纳罗执政以来对美国的第四次访问。访美期间，博索纳罗与特朗普将在佛罗里达州棕榈滩举行会晤，随后博索纳罗将访问位于佛罗里达州的美国南方司令部。

8日 巴西武装部联合总参谋长、准将劳尔·波特里奥（Raul Botelho）和美国南方司令部海军上将克雷格·法拉尔（Craig Faller）签署了《巴美深化军事国防合作协议》。巴西政府官员透露，该协议将有助于扩大巴西军工企业在美国的市场份额。

10日 巴西特许经营协会公布的数据显示，2019年巴西全国特许经营行业的收入增长了6.8%。

11日 巴西经济部部长保罗·盖德斯表示，自前任总统米歇尔·特梅尔执政以来，巴西经济一直停滞不前。

世界卫生组织宣布新冠病毒大流行，并估计在接下来的几周内，新冠病毒感染人数、死亡人数和受影响的国家数量将大幅增加。同日，巴西卫生部与立法机构协商，拿出高达50亿雷亚尔的资金用于抗击新冠病毒，主要用于初级响应和住院治疗。

巴西国家博物馆重建项目工作人员表示，预计场馆将于2022年庆祝巴西独立200周年期间部分开放。重建项目上周迈出了重要一步，政府机构、里约热内卢联邦大学、淡水河谷公司基金会和联合国教科文组织签订了合作协议。

12日 巴西全国商品、服务和旅游业联合会公布的旅游业报告指出，2019年巴西旅游业收入达到2386亿雷亚尔，同比增长2.2%，是自2017年以来的最大涨幅。

巴西卫生部颁布《关于应对新冠肺炎疫情措施的运作和管理条例》，对保持社交距离、隔离措施、各地设立留检期等措施作出具体规定。

16日 里约热内卢州率先在全国宣布进入紧急状态以遏制新冠病毒大流行，随后其他州纷纷效仿，决定暂停一切非必要的课程和活动。

17日 巴西出现首例新冠肺炎死亡病例。逝者是一名62岁的巴西男子，具有糖尿病和高血压病史，此前曾在圣保罗一家私人医院住院治疗。

18日 随着中国有序复工复产，从中国进口的零部件有了一定保证，巴西亚马孙州的工业企业“松了口气”。不过，由于运输时间，企业仍可能在5月中旬甚至更早出现供应短缺。

巴西银行在米纳斯吉拉斯州北部波尔泰里尼亚市（Porteirinha）建设的太阳能发电厂正式揭幕，发电量为14吉瓦时（GWh）。巴西银行是巴西全国首家拥有自己发电厂的公共管理机构，将为其下属机构提供电力。

20日 巴西卫生部表示，巴西全境已进入社区传播阶段。巴西政府当天宣布国家进入“公共灾难状态”，有效期至12月31日，政府可因此增加公共开支，无需完成今年财政预算目标。巴西卫生部部长曼德塔预测，疫情有可能在4~6月间呈快速增长态势，7月开始确诊病例增速放缓，8月开始出现明显下降。

巴西总统博索纳罗和最高法院院长托佛里共同宣布，针对巴西开始大流行的新冠病毒成立一个全国委员会，主要负责处理新冠病毒相关事态。

22日 今天为“世界水日”。巴西全国工业联合会的一项研究数据显示，巴西国内每10升水中平均有4升在居民使用前就已流失，全国有40%的水资源因河流改道或基础设施不足等原因而流失。目前约有3400万巴西人无法使用自来水。

23日 巴西经济部数字政府办公室表示，数字化是政府在社会隔离期间选择的解决问题的主要方式，覆盖了约54%的公共服务。据统计，隔离期间居民可在不离开家的情况下通过政府门户网站使用1834项公共服务。

巴西开展全国性流感疫苗接种运动。巴西卫生部表示，本次运动第一阶段的优先接种对象是老年人和医护工作者，第二和第三阶段将针对其他类型群体进行。

24日 巴西联邦法院批准一项新法令，允许联邦区政府将酒精凝胶、口罩和一次性手套等产品的商品流转税降至零，这些产品均可有效预防新冠病毒传播。

巴西卫生部在《官方公报》中发布一项远程医疗服务规范，规定新冠病毒大流行期间将特别开放远程医疗咨询服务。

中国国家主席习近平应约同巴西总统博索纳罗通电话。习近平主席代表中国政府和中国人民向巴西政府和巴西人民抗击新冠肺炎疫情表示诚挚慰问和坚定支持。

中国同部分拉美和加勒比国家举行新冠肺炎疫情专家视频交流会。巴西等25个拉美国家的近200余名政府官员、卫生专家与会，中方介绍了抗疫的最新形势和在临床诊断、救治方案、民航保障、海关口岸卫生检疫、社区留观等领域的经验做法。

25日 巴西政府认为，应对新冠肺炎疫情的主要经济对策是推进经济改革。随后，政府开始采取更广泛的财政监管和税收政策，以应对规模不断扩大且影响并不确定的疫情暴发。巴西经济部部长盖德斯表示，根据新冠肺炎疫情的发展，政府每48小时将采取新举措。

26日 巴西国家石油公司表示，在新冠病毒研究期间，将与美国斯坦福大学化学系合作，分配两台超级计算机用于该类科研项目。超级计算机可用于进行高速仿真计算，运算速度相当于300万台普通笔记本电脑。

巴西研究人员与英国、加拿大合作调查后发现，意大利是巴西国内第一批新冠肺炎患者的主要感染地。首批患者于2月至3月初到达巴西，这个时期正是巴西新冠肺炎疫情开始流行的时段。

27日 巴西加入世界卫生组织发起的“团结实验”。“团结实验”是世界卫生组织及其合作伙伴发起的一项国际临床试验，旨在帮助找到有效治疗“冠状病毒病”的方法。一共有100多个国家已经参加或表示希望参加“团结实验”。

30日 巴西外交部发布的数据显示，到目前为止，和巴西外交部取得联系、等待政府帮助回国的巴西公民有6991人，滞留在80个国家和地区。

巴西参议院批准法案，政府将在未来三个月内为受新冠肺炎疫情影响的未被正式雇佣的低收入劳动者提供每月600雷亚尔的补贴，预计将于4月16日起执行。博索纳罗总统当天批准了上述计划，他还宣布，将投入920亿雷亚尔用于在新冠肺炎疫情期间保护就业。

巴西司法和公共安全部部长塞尔吉奥·莫罗在《联邦官方公报》上发布一项法令，授权巴西国家公共安全部队全力支持巴西卫生部的抗疫行动，在疫情的防控以及维护公共秩序方面采取必要措施，此法令有效期至2020年5月28日。

31日 受新冠肺炎在全球扩散的影响，全球主要农产品和豆类市场都受到影响。作为世界大豆产量第一的巴西，在南美经济下滑和疫情的影响下，排船期延长、罢工隐患增加都让巴西大豆出口更具不稳定性。

4月

1日 亚马孙州上索利蒙地区一名20岁的印第安女卫生员因与同行的卫生队医生接触而感染了新冠病毒，成为巴西首例印第安人确诊病例。

2日 巴西筹款人协会宣布，在不到一个月的抗击新冠肺炎募捐活动中，部分非政府组织、非营利机构、企业和社区所筹集的资金总价值已超过6.5亿雷亚尔。

巴西卫生部开始建议民众佩戴口罩，作为防止感染新冠病毒的屏障。

3日 巴西全国新冠肺炎累计确诊病例数为9056例，比前一日新增1146例；累计死亡病例数为359例，死亡率为4%。疫情告急，巴西面临医疗物资紧张的困境。为此，巴西先后向五个国家请求援助，在经历“四连拒”后，只有中国接下了订单。巴西拟派空军专机赴中国接运医疗物资。

6日 巴西农业部部长特雷莎·克里斯蒂娜表示，新冠肺炎疫情期间，巴西产品或有机会征服新市场，增强进口商对巴西产品的信心。

7日 中国驻巴西大使馆与巴西卫生部组织召开中巴抗击新冠肺炎疫情专家视频会，来自武汉大学中南医院、华中科技大学同济医学院附属协和医院、雷神山医院等机构的一线医疗专家同巴卫生部官员及医疗专家就中方疫情防控及诊疗经验深入交流。

8日 博索纳罗总统主张使用羟氯喹治疗新冠肺炎。

9日 为了帮助政府制定应对新冠肺炎疫情的公共政策，巴西国家地理统计局发布了一份健康信息报告，指出一个巴西人平均需要到72公里以外才能获得治疗中低复杂程度疾病的医疗服务。

13日 巴西经济部公布的一项调查数据显示，巴西全国已有超过100

万人因新冠病毒引发的危机减少了工作时间和薪酬或中止了劳动合同。

15日 巴西联邦最高法院决定，各州和市政府有权采取必要的防疫管控措施，比如社会隔离等。

16日 巴西应用经济研究所研究员马塞洛·诺那博格（Marcelo Nonnenberg）进行的一项研究指出，新冠病毒的流行将给全球贸易带来重大变化，并可能加剧各国的贸易保护主义，这将导致全球贸易急剧放缓。

巴西卫生部部长曼德塔宣布辞职。同日，博索纳罗总统任命内尔逊·泰希出任卫生部部长一职。

17日 在没有制定具体的防疫策略之前，新任卫生部部长泰希在就职典礼上指出，疫情的信息不足是引发民众恐慌的主要原因。此外，他还许诺不会采取任何突变措施，比如重新恢复商业交易。

23日 巴西教育部公布的一项统计数据显示，全国大约有三分之二的联邦教育机构正在努力为抗击新冠肺炎疫情制造防护设备，包括使用3D打印机制造个人防护设备，以及生产酒精凝胶、甘油或70%浓度的酒精。

24日 巴西司法和公共安全部部长塞尔吉奥·莫罗辞职。

29日 泛美卫生组织医生贾巴斯·巴博萨（Jarbas Barbosa）在接受采访时指出，最乐观的状态是2020年底之前完成新冠肺炎疫苗的研发，但在此之前，需要用两年的时间进行群体监测，逐步放宽社会隔离，以防止新冠肺炎疫情再次暴发。

5月

3日 巴西新冠肺炎累计确诊病例数突破10万例，累计死亡病例数超过7000例。

4日 根据巴西全国商品、服务和旅游业联合会公布的数据，2007~2017年间，巴西老年人护工的数量增长了547%，是巴西增长速度最快的职业。根据巴西热图里奥瓦加斯基金会的报告，年龄在65岁以上的巴西人口占总人口的比重达到10.53%。巴西国家地理统计局的数据表明，到2050年，60岁以上的巴西人口将超过6000万。

巴西三位前总统米歇尔·特梅尔、费尔南多·科洛尔和费尔南多·恩里克·卡多佐倡导多边主义，并称巴西应该珍视与中国的合作伙伴关系。

10日 博索纳罗总统从发展经济的目的出发，将工业活动、民用建筑、美容院、健身房和理发店列入了必要活动清单，这与巴西各州、市政府实施的保持社交距离的政策相抵触。

15日 在疫情处于高峰之际，上任仅29天的新任卫生部部长泰希宣布辞职。他和前任卫生部部长曼德塔一样，因在应对新冠肺炎疫情的措施上与博索纳罗总统存在意见分歧而要求辞职。

18日 巴西农牧业联合会组织了一场在线辩论会，巴西农业者在社交网络上针对巴西农产品在中国市场上的机会进行了实时讨论。

19日 巴西政府开始为41万印第安人接种新冠疫苗。

巴西政府批准建立国家小微企业支持计划（Pronampe）。该计划主要针对年营业额不超过36万雷亚尔的微型企业和营业额在36万~480万雷亚尔的小型企业。

21日 巴西国家地理统计局公布的一项数据显示，新冠病毒大流行期间，巴西全国共有5127747户家庭居住在贫民窟，范围涉及734个城市。

31日 巴西新冠肺炎累计确诊病例数超过50万例。

6月

3日 巴西应用经济研究所公布的《疫情中的远程办公潜力调查：巴西和世界》技术报告显示，巴西具有远程办公潜力的职业所占比例仅为22.7%。

4日 巴西各州首府“可持续城市计划（Cidades Sustentáveis）”公布的一项调查数据显示，收入不平等对新冠肺炎患者死亡率有很大影响，贫困线以下人群中该疾病死亡率最高。

9日 根据巴西卫生部公布的数据，新冠肺炎疫情暴发以来，巴西已有2085名原住民（仅包括生活在村庄中的原住民）感染新冠病毒，其中82人死亡，仍有466个疑似病例在调查之中。

11 日　中国科兴公司与巴西布坦坦研究所达成开展疫苗合作的协议，助力巴西全国抗疫。从当月起，双方合作在圣保罗州生产新冠疫苗，并确定将有 9000 名临床试验志愿者参加。

16 日　巴西环境部公布的一项调查数据显示，2019 年巴西全国 137 个国家保护区共接待游客 1533 万人次，比上一年增长了 20%。环境部称，除通过创造就业机会和增加收入来促进国民经济发展之外，生态旅游还有助于保护大自然和提升人类社会的环保意识。据统计，2018 年生态旅游在巴西创造了约 9 万个工作岗位，增加收入 27 亿雷亚尔，为国内生产总值贡献了 38 亿雷亚尔的产值，还为国家增加了 11 亿雷亚尔的税收。

全球著名管理咨询公司科尔尼公布的外国直接投资信心指数显示，2020 年巴西已重返全球最吸引外资国家前 25 名之列，排在第 22 位。在 2019 年跌出前 25 名榜单之后，巴西是拉丁美洲地区唯一在 2020 年上榜的国家。本次发布的数据显示，美国已连续第 8 年成为全球最吸引外国直接投资的国家，其后是加拿大、德国、日本、法国、英国、澳大利亚、中国、意大利和瑞士。

17 日　瑞典电信企业爱立信公布的《移动网络调查报告》（Mobility Report）中，预计 2020 年年内巴西可以推出 5G 网络服务，拉美地区首批启用 5G 网络的国家还包括阿根廷、智利、哥伦比亚和墨西哥。

巴西央行宣布降息 75 个基点，将基准利率从目前的 3%下调至 2. 25%，创 1999 年采用通胀目标制以来的最低水平。这是巴西央行自 2019 年 7 月以来连续第八次降息，符合市场预期。

19 日　巴西卫生部报告，巴西新冠肺炎累计确诊病例数达到 103 万例，累计死亡病例数达到 48954 例。

23 日　参议院批准了两轮拟议的《宪法修正案》，受新冠肺炎疫情影响，《宪法修正案》更改了 2020 年市政选举的日期，提案已被转至众议院。新提案中，市长和议员的第一、第二轮选举日期分别为 11 月 15 日和 29 日。

30 日　受阿根廷蝗灾影响，巴西农业部授权临时紧急使用杀虫剂预防蝗虫，农业部为蝗灾治理计划制订指导方针。

7月

6日 巴西政府批准了多项抗疫及市场经济救援方面的紧急措施，相关支出金额将远远超出2020年国家公共支出的上限。到目前为止，巴西政府在此次公共灾难中已拨款4895亿雷亚尔。

16日 巴西政府正式向世界卫生组织提出申请，要求加入确保新型冠状病毒疫苗而建立的全球疫苗系统。

巴西联邦政府发布了992/2020号临时措施，创立了企业保护周转金。新措施允许为2019年申报总收入不超过3亿雷亚尔的企业建立信贷。

17日 受新冠肺炎疫情影响，巴西2020年上半年罢工次数达到2011年以来的最低水平。根据巴西社会经济统计数据研究所提供的数据，截至6月底，巴西共计发生了354次罢工，较2019年同期（577次）下降了39%，2020年第一季度有249起罢工，但第二季度这一数字下降到只有100起。

20日 金砖国家新开发银行宣布，为巴西政府的“紧急援助计划”批准10亿美元的贷款，这笔资金将用于巴西抗击新冠肺炎疫情，并减轻疫情对巴西社会经济的影响。

巴西国家货币委员会决定，将企业保护周转金中至少80%的资源用于微小型公司。这项紧急信贷的临时措施是巴西目前针对新冠肺炎疫情采取的主要措施之一。

经济合作与发展组织国际运输论坛宣布，巴西已被接纳为论坛观察员国家之一。观察员国身份的有效期为两年，到期可继续延长，在此期间巴西可参与论坛组织的活动。

21日 中国科兴公司与巴西布坦坦研究所合作生产的克尔来福疫苗三期临床试验在圣保罗临床医院开展。

30日 巴西中央政府（包括国库、社保和中央银行）2020年上半年的主要赤字达到4172.17亿雷亚尔，这是20多年来最糟糕的一次。仅6月期间的资金缺口就达到了1947.34亿雷亚尔，而2019年同期赤字为118.05亿雷亚尔。过去12个月内，巴西政府的主要赤字达到4839亿雷亚尔，占巴西国内生产总值的6.71%。

8月

4日 巴西环境部宣布向国家经济和社会发展银行拨款3.5亿雷亚尔，为可改善城市环境质量的基础设施项目提供资金支持。这笔资金来源于国家气候变化基金。

5日 巴西联邦最高法院在两个诉讼现场庭审中，九位法官一致决定禁止联邦政府在新冠肺炎疫情期间扣减家庭补贴，并强制联邦政府采取一系列针对原住民的抗疫措施。联邦总律师处高度评价联邦最高法院的这一决定。

7日 根据巴西国家空间研究所公布的数据，从2019年8月到2020年7月，亚马孙地区的森林砍伐警报比前12个月增加了34.5%。这是过去五年来的最高值。在2019年8月1日至2020年7月31日期间，有9205平方公里的森林被砍伐，而前12个月观察到的数据为6844平方公里，这也是迄今为止的最高历史纪录。

21日 巴西经济部部长盖德斯确认，“减时减薪”和暂停合同的措施将再延长两个月。他认为，这是新冠肺炎疫情期间政府在支出方面所制订的最有效的计划，帮助维持了许多工作岗位，减少了大量裁员情况的发生。截至19日，巴西已签署超过1630万份减薪或停工合同。

26日 根据巴西国家地理统计局发布的数据，自2017年《劳工法》改革以来，巴西加入工会的劳工数量减少了21.7%，这相当于三年里约有290万人退出了工会。《劳工法》改革在2017年获批。在此之前，不论是否加入工会，所有劳工都必须每年向其所属职业类别的工会缴纳一次会费。随着立法的改变，这一义务被废除。

27日 巴西国家地理统计局对巴西人口进行了最新统计。根据数据，巴西人口超过了2.11亿，这一数字高于2019年登记的2.1亿。一年之内，该国人口增加了160万。东南部的3个州仍然是人口最多的州。其中，圣保罗州以4628.93万人位居榜首，其次是拥有2129.26万人的米纳斯吉拉斯州和 1736.61 万人的里约热内卢州。

31 日 副总统汉密尔顿·莫朗在 BandNews TV 举办的论坛上表示，巴西需要吸引金砖国家，尤其是中国、俄罗斯和印度的投资，以发展亚马孙地区的生态经济。莫朗认为，仅打击该地区的森林砍伐和其他犯罪行为是不够的，亚马孙地区需要根据研究结果制定一种新的发展模式，这可能是世界生物经济的新起点，但是需要投资。

9月

9 日 中国科学院和巴西科学院共同举办新冠肺炎网络研讨会。中巴医学界多位知名院士、专家学者就中国防控新冠肺炎疫情经验、当前疫情防控挑战、科学溯源疫情、病毒突变联合监测等议题进行了交流研讨。

10 日 巴西布坦坦研究所所长科瓦斯称，首批中国新冠疫苗将于 2020 年年底到达巴西。巴西圣保罗政府预测，中国的新冠疫苗将于 2021 年 1 月上旬列入国家疫苗接种的日程。

15 日 巴西布坦坦研究所表示，将于 2020 年 11 月开启工厂扩建项目，以便增强新冠疫苗产品的生产能力。圣保罗州政府预计，扩建工程将于 2021 年 9 月完成。

16 日 爱德华多·帕祖洛将军正式出任巴西卫生部部长职位。

17 日 众议长罗德里戈·迈尔（Rodrigo Maia，民主党）设立由法律专家组成的委员会，将讨论如何修改 1998 年出台的洗钱法律。

巴西奥斯瓦尔多克鲁斯基金会与里约热内卢州工业发展公司签署了一项合作协议，将建设拉丁美洲最大的疫苗生产厂，预计于 2023 年落成，位于里约西部的圣克鲁斯（Santa Cruz）。

18 日 巴西《通用个人数据保护法》正式生效。基于这项法律，公司、公共和私人机构应该采取一系列措施，以防止公民数据被泄露。巴西政府需要设立国家数据保护局来保障这项法律的运作。

根据毕马威每季度进行的并购调查，2020 年上半年，中国企业在巴西的并购交易的数量与 2019 年同期相比保持稳定。在此期间，分别完成了 4

笔交易，中国参与交易的比例占并购交易总数（141 笔）的 2.8%，2019 年同期占总数（203 笔）的 2%。2020 年巴西的并购有 26 个国家的公司参与。在巴西完成交易最多的国家中，中国排名第十。

中国国务委员兼外长王毅应约同巴西外长埃内斯托·阿劳若通电话。

22 日 博索纳罗总统在第 75 届联合国大会一般性辩论上首个发言。在约 15 分钟的视频演讲中，他主要谈到了环境问题和政府应对新冠肺炎疫情的措施，称巴西在环境保护方面是虚假信息的受害者。

23 日 巴西联邦总检察长奥古斯托·阿拉斯（Augusto Aras）向联邦最高法院提交意见书，确认决定参众议长竞选连任的权力在于国会，而非司法机关。阿拉斯的意见与联邦总律师处一致。

24 日 巴西国家地理统计局公布的调查数据显示，近 18 年以来，巴西全国共丧失了 8.34%的自然植被，亚马孙和塞拉多地区是损失最严重的生物群落。据悉，国内大部分受损地区被转化为牧场。

25 日 经巴西农业部证实，在巴西 Monteiro 渔业公司的一包冷冻鱼检测出新冠病毒阳性反应。从 9 月 26 日起，中国将在一周内暂停接受该公司产品的进口订单。中方将有一个标准程序，暂扣 7 天并进行进一步分析。目前巴西农业部渔业局局长称，该部门已经采取了必要措施并正在积极协调中。

巴西联邦政府将拨款 25 亿雷亚尔，以加入世界卫生组织的新冠疫苗全球获取机制（Covax）。

29 日 巴西众议院批准了一项临时措施，将向由国家经济和社会发展银行所管理的投资担保基金会拨发 200 亿雷亚尔，为小微企业提供信贷。该临时措施是巴西经济部于 6 月制订的紧急信贷计划的一部分。自新冠肺炎疫情以来，企业一直抱怨，向银行贷款时担保要求有所增加、利率高等。

10月

5 日 巴西热图里奥瓦加斯基金会社会政策中心近日表示，2015~2019 年经济危机期间，15~19 岁的年轻人收入平均下降了 24%，是各年龄段巴西人中收入损失最大的群体；其次是 20~24 岁的年轻人，收入平均下降了 11%。该机构称，在 2020 年因新冠病毒大流行而造成的经济衰退期，年轻人再次成为最大受害者。

7 日　欧洲议会以 345 票赞成、295 票反对通过了一项不具法律效力的修正案，要求欧盟委员会与南共市重新商议自由贸易协定中的相关内容，尤其是与气候变化和环境保护相关的内容。

8 日　巴西国家地理统计局表示，亚马孙州、帕拉州、塞阿拉州、戈亚斯州、米纳斯吉拉斯州和伯南布哥州的工业均恢复到疫情前的生产水平。据专家称，疫情暴发时，由于采取了对抗病毒的种种措施导致国家经济陷入瘫痪。如今，社会隔离的放缓在一定程度上有助于这些州商业、服务业等行业的恢复。

巴西光伏太阳能协会表示，2019 年巴西首次进入全球光伏太阳能行业十大就业机会创造者名单，并居于第八位，德国和英国等是该领域一贯的领先者。

9 日　巴西国家地理统计局发布的信息显示，全国消费者价格指数因燃料和食品的价格提升而再次上涨。该指数在 9 月以 0.64%的涨幅收盘，高于 8 月的 0.24%，这是自 2003 年以来最高的月度指数。

13 日　因新冠肺炎疫情的暴发，巴西政府于 2020 年 4 月推出了一系列救助措施，包括：允许企业减少员工工作时间、缩减员工薪资等。博索纳罗总统签署了这项法令，新的时限将持续到 2020 年 12 月 31 日。该计划允许企业按比例减少或暂停员工的工作时间和工资。

15 日　本月 15~24 日有 13 家巴西企业参加第 128 届中国进出口商品交易会。这是世界上最大的跨行业贸易展览会，共有 2.6 万多家来自 217 个不同国家和地区的企业参展。在中国贸易中心的展位里，巴西企业对糖、阿萨伊、饼干、巴西甘蔗酒、墨西哥黑糖、咖啡、手工啤酒、米面、家居生活用具和装饰品等多种产品进行了展示。

19 日　博索纳罗总统签署了一项涉及初创公司监管的法案。博索纳罗表示，巴西是世界第四大数字市场，在过去取得了长足进步，但他希望可以走得更远，促进商业环境的发展。因此，预期该法案将有利于改善商业环境，为公司和投资者带来更大的法律保障。

中国科兴公司与巴西布坦坦研究所合作生产的克尔来福疫苗通过临床试验，安全性已获证明。

20日 巴西卫生部部长爱德华多·帕祖洛和圣保罗州州长多利亚宣布将购买中国科兴公司生产的克尔来福新冠疫苗，并将其纳入国家免疫计划。

22日 巴西《论坛》杂志网站刊登题为《为何华为5G对巴西来说不是威胁?》的文章，作者为巴西智库佩赛乌阿布拉莫基金会（Fundação Perseu Abramo）主席阿洛齐奥·梅尔卡丹特（Aloizio Mercadante）及该基金会培训部协调员若尔热·比塔尔（Jorge Bittar）。文章称，华为及其5G技术对巴西来说不是威胁，威胁巴西的是这种屈从于美国的外交政策。

巴西国家地理统计局公布的一项调查报告显示，2018年国内企业总数连续第五年出现下降，这意味着近五年来每年巴西新开业的企业数量均少于关闭企业。

28日 巴西货币政策委员会再次将基准利率维持在每年2%的水平，并强调不打算在短期内上调利率。

巴西国家卫生监督局宣布，授权进口克尔来福新冠疫苗的原材料以进行本地生产。该疫苗由中国科兴公司与巴西布坦坦研究所合作开发测试。

巴西联邦政府发布了《国家创新政策》，旨在指导、协调和阐明巴西促进创新的战略、计划和行动，并在各级政府、各部门之间建立合作机制，整合各级政府和部门间的创新政策和举措。

30日 俄罗斯主权财富基金宣布，它已经与巴西制药公司União Química以及巴拉那州政府一起向巴西国家卫生监督局提交了注册俄罗斯疫苗Sputnik V的预审文件。

11月

3日 在评估了风险收益比后，巴西国家卫生监督局批准，恢复强生旗下杨森制药公司研发的新冠候选疫苗Ad26. COV2. S在巴西的临床测试。10

月 12 日，该疫苗因有美国测试者出现不明原因的反应而被叫停。

4 日 巴西国家地理统计局发布的经季节性调整的月度工业调查（PIM-PF）显示，9 月工业生产比前一个月增加了 2.6%，超出了市场预测的 2.4%。目前，巴西的工业生产已经恢复到新冠病毒大流行前的水平，比 2 月高 0.2%。

12 日 据中国武汉市卫生健康委员会消息，疾控部门在三份巴西进口的牛肉样本中检测到了新冠病毒。此后，有 27 吨的货物被隔离消毒。11 月初，中方宣布，如果在进口产品中检测到新冠病毒，该产品的外国出口商对华出口将被暂停一周。如果检测到 3 次，它将被暂停一个月。

13 日 根据巴西中央银行公布的经济活动指标（IBC-Br），2020 年 1~9 月，巴西经济活动萎缩了 4.93%。与 2019 年同月相比，跌幅为 3.32%。不过，从单月来看，9 月比 8 月上升了 1.29%。随着贸易的重新开放和社会隔离的放松，自 5 月以来观察到的活动继续上升，但不足以达到新冠病毒大流行之前的水平。

17 日 匈牙利政府与巴西航空工业公司签署了购买两架 KC-390 多功能运输机的订货合同。

金砖国家领导人第十二次会晤以视频方式举行。

19 日 在“中国乳制品市场”网络研讨会上，专家们表示，巴西具有向中国出口奶粉、奶酪、黄油和其他乳制品的巨大潜力。同时，还讨论了与亚洲国家的贸易机会。巴西农牧业联合会（CNA）的出口协调员卡米拉·桑德（Camila Sande）介绍了巴西的生产概况和对乳制品进入中国市场的期望。

圣保罗州政府接收了首批 12 万剂克尔来福新冠疫苗。该疫苗从中国进口，由中国科兴公司与巴西布坦坦研究所合作开发。

博索纳罗总统之子、联邦众议员、众议院对外关系及国防委员会主席爱德华多·博索纳罗发布推文，公然诬蔑中国共产党和中国企业搞网络间谍活动，鼓吹追随美方，拼凑歧视中国 5G 技术的国际联盟。

24 日 根据巴西国家地理统计局发布的数据，巴西官方通胀指数 IPCA

的风向标 IPCA-15 在 10 月上涨 0.94%后，11 月放缓至 0.81%。尽管如此，该结果仍然达到 5 年来同比最高。IPCA-15 在年内累计上涨了 3.13%，12 个月内累计上涨了 4.22%，高于政府定下的 4%的通胀预期。

25 日 中国驻巴西大使馆发言人就博索纳罗总统之子、联邦众议员、众议院对外关系及国防委员会主席爱德华多·博索纳罗的涉华错误言论发表谈话。

30 日 根据巴西中央银行公布的数据，由于新冠病毒大流行危机，在过去 12 个月内，巴西公共账户的名义赤字（包括债务利息支出）首次超过了 1 万亿雷亚尔。在此期间，不考虑债务支出的赤字为 6618 亿雷亚尔，相当于国内生产总值的 9.13%。本月为 2020 年 1 月以来的首次盈余（29 亿雷亚尔）。

12月

1 日 巴西卫生部表示，巴西新冠疫苗的优先接种将分为四个阶段进行。第一阶段是卫生工作者、75 岁以上或 60 岁以上并住在疗养院或精神病院的老年人，以及原住民；第二阶段是 60~74 岁的老年人；第三阶段是合并症患者；第四阶段是教师、军人、警察、救援人员、监狱官员和囚犯等。

10 日 由中国科兴公司和巴西布坦坦研究所合作研发的新冠疫苗克尔来福疫苗开始在巴西生产。圣保罗的工厂将有 120 名专业人员进行不间断生产，目标是达到每天 100 万剂。

16 日 巴西联邦政府正式启动了针对新冠病毒疫苗接种的国家免疫接种计划，将优先为 5100 万人进行新冠疫苗接种。

17 日 博索纳罗总统签署了一份临时措施，向卫生部提供 200 亿雷亚尔的特别贷款，用于购买新冠疫苗，并从 2021 年 1 月开始为巴西民众进行疫苗接种。

21 日 巴西国家卫生监督局向中国科兴公司授予了良好生产规范的认证。这是疫苗获巴西注册的先决条件之一。该认证是由巴西国家卫生监督局技术团队拜访中国科兴公司后作出的决定。该团队前往中国检查了科兴公司生产的疫苗。

22 日　巴西众议院批准了超过 100 亿雷亚尔的小微企业信贷，可能会刺激企业家争相申请信贷。2021 年，政府将采用分散版的小微企业支持计划，这是一种鼓励银行通过合作社向小微企业授信的系统。这一方案设立的目的是在小微企业支持计划结束后为小微企业提供贷款。

2021年

1月

5 日　根据巴西国家电力局的统计数据，2020 年巴西新建水力发电厂的装机容量创造了近二十年来的最低水平，而化石能源新电厂的表现恰恰相反，实现了七年来的最大增长。根据巴西能源研究公司在《2030 年十年计划》（Plano Decenal 2030）中的预测数据，到 2030 年巴西全国水力发电容量将占能源矩阵的 54%（当前比例为 62%），风能和太阳能等可再生能源占比应由当前的 24%升至 33%。

7 日　圣保罗政府报告说，在巴西进行试验的中国科兴公司与巴西布坦坦研究所合作生产的克尔来福新冠疫苗的有效性为 78%。同时，疫苗能保证志愿者 100%不出现死亡、重症和住院的情况。

8 日　巴西卫生部与布坦坦研究所签署合同，采购该所与中国科兴公司合作生产的 1 亿剂克尔来福疫苗。巴西卫生部表示，计划在 2021 年采购新冠疫苗 3.54 亿剂。

12 日　根据测试数据显示，克尔来福疫苗可预防轻度和重度病例。巴西布坦坦研究所宣布克尔来福疫苗预防新冠病毒的有效性。克尔来福疫苗在巴西第三期的临床试验测试中完整有效性为 50.38%。

13 日　博索纳罗总统签署了一项法案，向各州政府和市政厅提供了一揽子援助措施。该提案的要点之一是改变税收追缴制度规则，该制度可以在支付与联邦政府的债务时给予减免。

17日 巴西国家卫生监督局批准中国科兴公司与巴西布坦坦研究所合作生产的克尔来福疫苗在全国18岁及以上人群中使用。

19日 巴西开始为全国12岁以上的人群接种新冠疫苗。预计接种总人数约有1.77亿。

22日 中国政府通过驻巴西大使馆向玛瑙斯市政府捐赠1700个氧气瓶和1900公斤氧气，用于支持亚马孙地区印第安原住民抗疫。

26日 巴西卫生部部长爱德华多·帕祖洛致函中国驻巴西大使，代表博索纳罗总统感谢中国支持巴西抗击新冠肺炎疫情。帕祖洛表示，自新冠肺炎疫情发生以来，中国向巴西提供了大量物资援助和宝贵的抗疫支持，推动两国疫苗合作取得积极进展，为巴西人民尽早摆脱疫情发挥了重要作用。巴方愿同中方进一步深化两国卫生等领域合作，共克疫情挑战。

2月

1日 “用数据看世界（Our World in Data）”发布调研数据，显示全球已经接种了9400万剂新冠疫苗，其中巴西接种了超过200万剂，在全球国家中的接种人数上升到第八位。排名前三的国家分别为美国、中国和英国。

2日 根据巴西国家地理统计局发布的“工业调查月报”显示，2020年巴西工业生产值产量比2019年下跌了4.5%，这是连续第二年下降（2019年该指标下跌了1.1%），也是16年以来的最大降幅（-6.4%）。

3日 载有5400升克尔来福新冠疫苗活性成分原料的飞机从中国抵达巴西，这些原料将用于生产860万剂克尔来福疫苗。负责疫苗生产的巴西布坦坦研究所所长迪马斯·科瓦斯对中国的雪中送炭表示了感谢。巴西税务局和国家卫生监督局也在机场参与了此项活动。

11日 根据巴西国家地理统计局发布的数据，在新冠肺炎疫情造成的社会隔离下，2020年巴西服务业下滑了7.8%，这是自2012年开始进行服务业阅读调查以来下滑幅度最大的一年。其中，家庭服务类细分行业的跌幅最大，为35.6%。

巴西与英国签署了成立农业联合委员会的谅解备忘录，向未来两国自由贸易协定迈出了重要一步。签署后，两国将努力确保继续就农畜产品贸易问题进行双边磋商，并建立一个论坛，讨论两国利益的相关问题，包括未来可能的贸易安排。

12日 受新冠病毒大流行的影响，巴西连续三年走高的国家经济活动指数（IBC-Br）出现中断。巴西央行报道称，经济活动指数一般被视为国内生产总值的“预览”，这次该指标显示2020年巴西经济收缩了4.05%。

美国国务院发言人克里斯蒂娜·罗萨雷斯表示，拜登政府对巴西不会采取打压政策，巩固“与巴西的盟友关系”将是美国对巴西外交政策的主基调。

18日 巴西新冠肺炎累计确诊病例数突破1000万例，仅次于美国和印度，位居全球第三；累计死亡病例数超过24万例，仅次于美国，位居全球第二。

23日 巴西圣保罗州州长若昂·多利亚在新闻发布会上表示，预计到年底前，巴西布坦坦研究所可以不用依赖中国进口的原料，自主生产克尔来福疫苗。自主生产的工厂将于2021年10月落成，再通过技术转让，布坦坦研究所可以完全自主生产新冠疫苗。

巴西国家卫生监督局批准了对辉瑞公司和德国生物技术公司生产的新冠疫苗进行的最终注册申请。这是巴西以及整个拉丁美洲首次批准这种性质的冠状病毒疫苗。

24日 巴西参议院以全票通过了一项针对初创企业的运作规则和激励机制的法案《初创企业法律框架》。该文本规定了个人和法人实体的投资规则，并允许这些公司参与公开招标。

25日 巴西国家电信局批准了2021年5G频谱拍卖规则，同时不限制作为设备供应商的华为。

28日 巴西首颗自主研发的观测卫星“亚马孙1号”在印度的斯里哈里科塔发射场成功发射。这颗卫星是巴西国家空间研究所研发，将用于检测亚马孙地区的森林砍伐情况。

3月

15日 巴西心脏病学会主席奎罗加成为自新冠肺炎疫情发生以来巴西的第四位卫生部部长。

17日 巴西中央银行将维持了6年的基准利率从2%上调至2.75%，开启了新一轮加息周期。这是自2015年以来巴西基准利率的首次增长，市场预测还将出现新的上升周期，并估计至2021年底，该利率将增至4.5%。

24日 巴西最高法院推翻了此前对前总统卢拉贪腐案的定罪，使其重获政治权利和参选资格。

29日 一天之内6名部长级官员被总统撤职，这是博索纳罗执政以来规模最大的内阁改组。

4月

6日 巴西新任外交部部长卡洛斯·弗兰萨发表就职演讲，他特别强调了自己上任伊始所面临的三项主要任务：抗击疫情、确保经济和可持续发展。

10日 巴西新任外交部部长卡洛斯·弗兰萨与中国国务委员兼外长王毅通电话。弗兰萨表示巴中关系具有重要战略意义，两国在各领域进行了良好和健康合作。巴西希望进一步深化发展同中国的和谐关系，开展长期合作，加强战略对话，推动双边关系不断走向深入。

15日 巴西最高联邦法院决定驳回总检察长办公室的上诉，该上诉旨在撤销巴拉那州联邦大法官对前总统卢拉的定罪判决。其中8名法官投了否决票，3名法官投了同意票。该审判结果恢复了法律安全和司法系统的信誉。

巴西主流媒体《巴西利亚邮报》发表了圣保罗州旅游厅厅长维尼修斯·卢莫茨题为《谢谢中国》的署名文章。文中表示，由于巴西布坦坦研究所与中国科兴公司合作，圣保罗州得以向巴西提供目前大约80%的新冠疫苗。

16 日 巴西国家卫生监督局授权在巴西进行第六款新冠疫苗的三期临床试验。此次的新冠疫苗是由中国四川三叶草生物制药公司研发的 S-三聚体（SCB-2019）。临床试验将在南里约格朗德州、北里约格朗德州和里约热内卢的 18 岁及以上志愿者中进行。

20 日 巴西最大的两家私营银行：布拉德斯科银行（Bradesco）和伊塔乌联合银行（Itaú Unibanco）准备在巴西市场推出投资中国企业的基金，以满足投资者对此类产品的需求。2020 年，中国成为疫情影响下全球唯一实现正增长的主要经济体，2021 年的经济增势仍保持强劲，预计全年增幅将超过 8%，持续向世界最大经济体的方向迈进。

巴西国家卫生监督局授权紧急使用治疗新冠病毒感染的双抗体“鸡尾酒疗法（Regn-CoV2）”，该疗法是由两种单克隆抗体组成。该疗法将不会在药店出售，仅限于医院使用。

27 日 巴西参议院正式成立新冠调查委员会，专门调查联邦政府在新冠肺炎疫情期间是否存在失职问题。

5月

5 日 巴西众议院通过决议，正式批准将“国家小微企业支持计划”列为一项永久性的官方信贷政策。由于对此前参议院通过的文本提出了新的修改意见，法案还需要提交给参议院重新进行表决。

24 日 巴西央行报告指出，数字货币将降低交易成本，并增加包括零售在内的交易量。巴西央行发布了未来几年巴西数字货币发行指导方针。此外，央行计划在未来几个月内听取社会建议，并在两到三年内推出这种新货币。

25 日 巴西政府在联合国世界卫生组织发言表示能够向较贫穷的国家提供新冠疫苗。巴西代表团说：“巴西准备通过提供在当地生产的新冠疫苗，为全球抗击新冠肺炎疫情作出贡献。”

26 日 中国驻里约总领馆、北京恒济卫生管理发展基金会、巴西米纳斯招商促进局联合举办中巴传统医药抗疫合作研讨会，深入分享传统医药救治经验。

28日 博索纳罗总统签署14129号法律，确立了数字化提供公共服务的规则和工具，旨在提高公共行政效率，降低管理成本，简化公共机构与社会之间的关系。

巴西联邦政府发出警告，称巴西5个州正面临91年来的最严重干旱。

29日 巴西全国200多个城市的数万民众走上街头，抗议博索纳罗政府抗疫不力，要求政府恢复每月600雷亚尔的紧急救助金并提供更多的新冠疫苗，同时要求开启对博索纳罗总统的弹劾。

6月

1日 博索纳罗总统批准建立初创企业和创新创业法律框架的补充法律。该措施旨在通过支持初创企业，鼓励创建在商业模式、产品或服务方面具有创新性的新公司。新法律简化了创新公司的创建，刺激了创新投资，促进了研究、开发和创新，并促进了国家对创新解决方案的承包。

巴西克鲁兹基金会同制药企业阿斯利康签署了技术转让协议，将从本月起实现该款新冠肺炎疫苗活性药物成分100%的国产。

2日 博索纳罗总统批准一项新法令，将“国家小微企业支持计划”作为永久性法律。过去一年，“国家小微企业支持计划”为巴西近52万名小微企业家提供了超370亿雷亚尔的资金。受益公司能够使用资源维护其业务活动，但需遵守保留员工数量的承诺。

10日 巴西总统府秘书处通知，博索纳罗总统批准拨款4.15亿雷亚尔，用于测试巴西正在开发的新冠疫苗。

15日 巴西国家电力局总干事安德烈·佩皮通（André Pepitone）表示，该国2021年面临的水危机将造成2022年电费至少上涨5%。

16日 巴西农业部及巴西经济和社会发展银行开始研究亚马孙五个地区的森林特许权，以便在联邦公共森林北部地区进行可持续性的森林管理。

21日 联合国贸发会议发布的《全球投资趋势监测》报告显示，2020年巴西吸引外国直接投资的金额骤降62%，跌幅是拉丁美洲国家和加勒比国家中最大的。

30 日　巴西众议院批准了一项对智利在南方共同市场范围内的自由贸易协议的草案。此协议于 2018 年签署，唯独智利认可，但需要所有南方共同市场成员国（巴西、阿根廷、乌拉圭和巴拉圭）的批准。

7月

3 日　巴西全国 26 州中的 20 州爆发了要求弹劾博索纳罗总统的示威游行活动，人数多达 80 万。

6 日　《巴西联邦政府官方公告》公布了一项法令，宣布将额外延长 3 个月救助资金的发放时间。本应于 2021 年 7 月停止发放的紧急救助资金，将在 8 月、9 月、10 月继续发放。该法令由总统博索纳罗和公民部部长若昂·罗马（João Roma）共同签订。

13 日　巴西布坦坦研究所收到了大约 12000 升活性药物成分，这是用于生产克尔来福疫苗的原材料，该疫苗由中国科兴公司与巴西布坦坦研究所合作生产。

14 日　巴西国家卫生监督管理局宣布，授权由中国医学科学院医学生物学研究所自主研发的科维福新冠病毒灭活疫苗进行三期临床试验。

16 日　经过激烈角逐，中国国家电网旗下的 CPFL 电力公司成功收购南大河州输电公司（CEEE-T）66.08%的股权，成交金额为 26.7 亿雷亚尔，溢价率为 57.13%。

26 日　巴西国家卫生监督局收到了临时紧急使用中国国药集团新冠疫苗的申请。国药集团新冠疫苗由灭活病毒生产，免疫剂分两次使用，两次之间需要间隔三至四周。根据目前的数据，该疫苗仅推荐给 18 岁以上的群众。

8月

2 日　巴西瓦加斯基金会发布的数据显示，7 月巴西企业的信任指数上升了 3.1 点，达到 101.9 点，这是 2013 年 6 月以来的最高水平。巴西瓦加斯基金会应用经济研究院的高管阿洛伊西奥·坎佩洛·约尼尔（Aloisio

Campelo Júnior）表示，预期的改善将指数推到了100点的中立屏障之上，所调查的四个主要行业的信心都在上升。

4日 巴西中央银行货币政策委员会一致决定，将基准利率上调1个百分点，从每年的4.25%提高到5.25%，这使利率达到2019年10月以来的最高水平，1%的上调幅度也是2003年以来最高。

巴西卫生部颁布法令，决定在国家流行病学监测系统范围内建立统一医疗体系的公共卫生紧急情况监测、警报和响应网络。此网络的建立将提高国家对卫生紧急情况的准备和反应能力，并明确了联邦、州和市三级政府各自的权限和责任。

5日 巴西众议院批准了为巴西邮局私有化"铺平道路"的计划，得到了巴西众议院286名议员的支持和173名议员的反对。该提案有利于打破国有企业的垄断、向民营资本开放上市公司。

巴中企业家委员会发布的一份研究报告显示，中国对巴西农畜产品的需求持续增长，此类产品在对华出口中的占比从2010年的35%跃升至2020年的约50%。这吸引了多家中资企业投资巴西农业，包括农产品的营销和供应、农用化学品的制造等。作为巴西的农牧业大州，马托格罗索州成为获得此类中国投资的大户，为中国消费升级和确保粮食供应安全作出了贡献。

8日 巴西在东京奥运会上取得了历史最佳成绩，总共获得21块奖牌，包括7块金牌、6块银牌和8块铜牌。

12日 巴西参议院批准补充法律项目108/2021。该项目将批准上调个人微型企业家的年总收入限额至13万雷亚尔，并授权个人微型企业家雇佣最多2名员工。目前，个人微型企业的限额为年销售额8.1万雷亚尔，并且只能雇佣1名最低工资或专业类别最低工资的员工。该提案现已提交众议院进行分析。

20日 由世界针灸学会联合会主办，巴西传统中医药针灸学会承办的"中国中西医结合专家组同巴西医学专家新冠肺炎防控视频交流会"在线上召开，中国专家与巴西专家交流了中国中西医结合治疗新冠肺炎的宝贵经验。

9月

1日 巴西众议院以398票对77票批准了所得税改革的基础文本。作为巴西税制改革的一部分，该法案是今年6月由政府向国会提交的，执政党和在野党对文本当中的主要调整已经基本达成共识，众议院将于2日对修改部分进行表决，获批后将送交参议院审批。

2日 博索纳罗总统批准了对《工业产权法》的修改，修正案规定在国家或国际紧急情况下或承认公共卫生灾难状态时，可以暂时打破疫苗和原料专利，目前的新冠肺炎疫情就是这种情况。这一修改法案于2020年8月11日在国民议会获得通过，之后一直等待总统批准。

9日 金砖国家领导人第十三次会晤以视频方式举行，此次会晤由轮值主席国印度主持。巴西总统博索纳罗在会上发表讲话，表示与中国的伙伴关系对巴西的新冠肺炎疫情至关重要，因为有很大一部分提供给巴西人的疫苗来自中国。

16日 中国驻里约热内卢总领馆遭到当地一男子投掷爆炸物袭击，事件没有造成人员伤亡，领馆建筑物部分受损。

20日 博索纳罗总统抵达纽约，参加第76届联合国大会。

27日 巴西国会批准一项法案，为建立博索纳罗政府的社会援助计划腾出空间。

28日 瑞士国际管理发展研究所发布的“2021年世界数字竞争力排名”中，巴西名列第51位，与2020年持平。榜单对知识（发现和学习新技术的条件）、技术（开发数字技术的能力）和未来准备（为吸纳新技术所作的准备）三个维度进行评估和分析。巴西在知识方面的排名从第57位升至第51位，在技术方面的排名从第57位升至第55位，但是在未来准备度方面的排名则从第43位降至第45位。

30日 巴西外交部就中国驻里约热内卢总领馆遭袭事件发布首份公开声明，表示将尽一切努力查明案件，把与此案相关的犯罪嫌疑人绳之以法，并保护驻巴西外交使领馆的安全。

10月

1日 巴西Biomm生物制药公司与中国康希诺生物股份公司签署协议，将引进康希诺生物股份公司生产的新冠疫苗，并将向巴西国家卫生监督局申请疫苗紧急使用权。

2日 全国各州府同时爆发“博索纳罗下台全国运动”，示威者就新冠肺炎疫情应对失责等议题批评总统博索纳罗，要求将其弹劾。该运动在巴西全国200多个城市发生，获得十多个巴西左翼政党和劳工团体的支持。

6日 博索纳罗总统此前所在的巴西社会自由党与另一右翼政党民主党宣布正式合并为巴西联合党。合并后的巴西联合党在巴西众议院513个席位中占有82席，已经超越左翼劳工党成为众议院最大党派，也是近二十年来巴西最大的右翼联合政党。

8日 巴西卫生部报告，自新冠肺炎疫情暴发以来，巴西新冠肺炎累计确诊病例数超过2155万例，累计死亡病例数超过60万例。

阿根廷外长卡菲罗访问巴西，双方同意在南共市框架下加强合作，确定了南共市共同对外关税的范围，并同意与巴拉圭、乌拉圭合作，尽快批准南共市委员会决定，将对外共同关税降低10%。

20日 巴西参议院批准了一项宪法修正提案，将个人数据保护列入基本权利和保障，并规定联邦议会在该问题上的专属立法权。

21日 中国国务委员兼外长王毅应约同巴西外长弗兰萨举行视频会晤。

25日 中国传音控股与Positivo在巴西合作生产的传音Infinix Note 10 Pro手机发售。巴西电子产品制造商Positivo Tecnologia宣布，与世界六大手机制造商之一的中国传音控股达成独家合作伙伴关系，在巴西推出Infinix中档智能手机。

在《联合国气候变化框架公约》第26次缔约方大会召开前夕，为了减少国际社会对巴西政府环境政策的批评和指责，巴西联邦政府推出了“国家绿色增长计划”，宣称其目标是保护森林、减少温室气体排放以及促进“绿色就业”。

27 日 巴西参议院 11 名参议员代表对新冠调查委员会提交的最终调查报告进行了投票，最终以 7 票赞成、4 票反对通过了调查报告。

28 日 博索纳罗总统启程赴意大利参加二十国集团领导人峰会。此次峰会将于 10 月 30~31 日在意大利罗马举行，讨论的主要议题包括气候变化和疫情后的经济复苏。

30 日 二十国集团领导人第十六次峰会在意大利首都罗马以线上线下相结合方式举行，巴西总统博索纳罗在峰会上发表演讲，强调了巴西在新冠疫苗接种方面的进展。

11月

4 日 中国-巴西高委会科技创新分委会第五次会议以视频方式举行。中国科技部部长王志刚与巴西科技创新部部长马科斯·庞特斯共同主持召开会议并作主旨讲话。

10 日 “洗车行动”主审法官莫罗加入“我们能党”，成为该党备选总统候选人。

11 日 博索纳罗总统签署有关《劳工法》的政令，规定稽查活动仅限于与劳工部和福利相关的范围。

12 日 巴西卫生部称，随着新冠肺炎新增确诊病例和死亡病例的持续下降，11 月全国有 23 个州的新冠肺炎患者重症监护病房占用率首次下降到 50%以下。全国已经接种疫苗 2. 83 亿剂，约有 88. 5%的应接种人群已经接种疫苗。最近七日平均每天新冠肺炎死亡 239 人，是新冠肺炎疫情暴发以来的最低水平。

23 日 巴西参议院批准了重新设立劳动和社会保障部的议案，此前该提案已获得众议院批准，接下来将提交总统核准。总统博索纳罗组建政府之初，撤销了自 1930 年设立的劳动部，将其部分职能划归到新设立的经济部。在 2021 年 7 月进行的一次小规模部委改革中，总统颁布临时措施，决定重新设立劳动和社会保障部，而要将临时措施转化为永久性法律，需要得到巴西国会的批准。

巴中企业家委员会主办的首届“中巴生物技术、农业与可持续发展”论坛在线上举行。巴西农业部副部长卡马戈、国家生物安全技术委员会主席巴罗索、农业研究公司总裁莫雷蒂、巴中企业家委员会主席内维斯及中国农业科学院院长吴孔明、中国种子协会副会长马淑萍等10余位中巴嘉宾出席并发言。两国200余位相关领域学者、企业代表与会。

25日 巴西众议院批准了巴西援助金计划取代家庭救助计划的临时措施，不仅福利的发放规则发生了变化，还增加了与运动、学习成绩和生产性就业相关的激励措施。

28日 圣保罗州州长多利亚在社会民主党2022年总统候选人内选中胜出。

30日 博索纳罗总统宣布正式加入巴西右翼政党自由党，将以自由党候选人的身份参加2022年的总统选举。

12月

8日 前总统卢拉在参加圣保罗市冶金工会会议时正式表态愿意成为2022年总统候选人。

9日 巴西数字银行Nubank在纽约证券交易所初次亮相，截至9日收盘，公司股价报价为10.33美元（57.39雷亚尔），增幅高达14.78%，成为巴西仅次于国家石油公司和淡水河谷公司的市值排名第三的上市公司，同时也是拉丁美洲市值最高的银行。

10日 巴西卫生部网站和统一医疗体系网站因遭到黑客攻击而瘫痪，统一医疗体系因此而无法获得全国新冠肺炎和流感接诊就医人数增长曲线的实时信息，直接影响到对新冠肺炎疫情和流感疫情趋势的分析和评估。

13日 巴西卫生部部长马塞洛·奎罗加在里约热内卢市北区为奥斯瓦尔多克鲁斯基金会创办的新冠病毒生物银行揭幕。该银行的创建旨在在卫生领域针对新冠病毒进行研究和创新。

巴西本币雷亚尔不断贬值，2020年12月23日1美元兑换5.174雷亚尔，到2021年12月13日1美元兑换5.636雷亚尔。

14日 巴西国会举行抗击新冠肺炎疫情表彰大会，该活动由巴西国会新冠肺炎疫情危机应对委员会、国会国际贸易和投资阵线共同举办，旨在表彰中国地方政府、医院、企业及巴西华侨华人。

16日 巴西国家卫生监督局批准使用辉瑞疫苗为全国5~11岁的少年接种新冠疫苗。

21日 巴西国会通过了2022年预算法案的最终提案，目前该法案进入总统审批阶段。预计明年的财政总支出为4.82万亿雷亚尔，其中1.88万亿涉及公共债务再融资。

28日 巴西卫生部宣布，巴西国内新冠疫苗接种剂次达到3.2亿，80%的目标群体已经完成接种。

巴西农业部长特雷莎·克里斯蒂娜接受“巴西之声”采访时表示，由于巴西农业的良好表现，2021~2022年度的粮食收成可能达到2.91亿吨。

29日 据巴西瓦加斯基金会通报，12月巴西一般市场价格指数为0.87%。至此，2021年巴西“租金通胀率”以17.78%的高位结束。

30日 博索纳罗总统批准了一项促进巴西外汇市场一系列变革的法案。该法案为个人开设外币如美元或欧元银行账户开辟了道路；新规定还允许巴西人最多携带1万美元出境或入境，而无需向联邦税务局申报。之前的限额为1万雷亚尔。

Abstract

From 2020 to 2021, the novel coronavirus ravaged the world, causing great impact on countries all over the world, including Brazil. On February 26th, 2020, Brazil confirmed the first COVID-19 infection case, which is also the first COVID-19 infection case confirmed in Latin America. Subsequently, the COVID-19 spread rapidly in Brazil. In one year, the cumulative number of confirmed COVID-19 cases exceeded 10 million in Brazil, climbing to the third place in the world; the cumulative number of deaths exceeded 240, 000, second only to the United States and ranking second in the world. Brazil has become the new "epicenter" of the COVID-19 epidemic in Latin America and even the world. It has been hit hard by the epidemic. The whole country is in trouble and faces unprecedented challenges.

In the face of the epidemic, Bolsonaro government's fight against the epidemic was ineffective, gradually losing popularity. The health and safety of Brazilians were threatened, and their dissatisfaction with the current government intensified. They took to the streets and launched large-scale demonstrations. The influence of the radical right-wing forces represented by Bolsonaro declined. At the same time, the conflict between President Bolsonaro and the Congress, the Supreme Court, and the governors of many states intensified. The ruling coalition led by Bolsonaro split, the ruling foundation was seriously shaken, and the cabinet had frequent changes in key positions. Compared with the past, political power is more dispersed, the pattern of political parties is seriously fragmented, the game between left and right political parties is heating up, and political instability is intensifying.

The COVID-19 had a great impact on the Brazilian economy, which was further dragged down. In 2020, the Brazilian economy shrank sharply and the

GDP fell by nearly 4% compared with 2019. In 2021, with the improvement of vaccination rate, the COVID-19 in Brazil slowed down. With the strengthening of domestic demand and strong external demand, the Brazilian economy had experienced a strong recovery driven by the "troika" of consumption, investment and exports. In 2021, Brazil's GDP grew by 4.6%, and its economic growth reached the highest level in recent ten years, in sharp contrast to the negative growth of nearly 4% in 2020. However, the foundation of Brazil's economic recovery is fragile, and only some industries have recovered to the level before the outbreak of the COVID-19 in February 2020. High inflation, poor employment quality, high public debt and other problems are still serious. Economic development is facing severe challenges, and the prospect is not optimistic.

With the rapid spread of the epidemic, Brazil has a serious shortage of public medical resources, insufficient funds and medical personnel, unreasonable allocation and use of resources and other problems, the public health system is overwhelmed, and the public health crisis is prominent. People's livelihood has been hit hard by the epidemic, social problems such as unemployment, poverty and crime have worsened. In order to boost the economy, the Bolsonaro government continued to adopt negative environmental policies, sacrificing the environment for economic development, which led to the increase of deforestation, the deterioration of ecological environment and the occurrence of natural disasters.

As a representative of the extreme right-wing forces, after coming to power, Bolsonaro adopted a pro-American and pro-Western foreign policy and pursued "Ideological Diplomacy", which greatly limited the expansion of Brazil's diplomatic space. With the inauguration of Biden's government in 2021, the relations between Brazil and the United States have cooled rapidly, and the "isolation" of Brazilian diplomacy has become more obvious. Although the Ideological Diplomacy of the Bolsonaro government has brought some negative effects on the relationship between China and Brazil, some progress has been made in China Brazilian practical cooperation, especially in vaccine cooperation and economic and trade cooperation, which has become a highlight of Sino-Brazilian Relations. Facing the challenges of the epidemic in the century and the changes in the century, China and Brazil have broad common interests, and promising prospects for practical cooperation.

Focusing on the adjustment and changes of Brazil's internal and foreign affairs under the impact of the COVID-19 from 2020 to 2021, the Brazilian Research Center of Hubei University organized 22 scholars from China and Brazil to jointly prepare the Brazil Development Report (2021-2022). The main body of this book consists of four parts: general report, sub report, special report and China-Brazil relations report, with a total of 15 research reports. The first part is the general report on Brazil's development from 2020 to 2021, which makes an overall assessment of Brazil's political, economic, social and diplomatic situation under the impact of the COVID-19 from 2020 to 2021, focusing on the impact and challenges of the COVID-19 on Brazil's domestic and foreign affairs; the second part is a sub report, which tracks and analyzes the political, economic, social and diplomatic situation of Brazil from 2020 to 2021; the third part is a special report, which conducts in-depth thematic research on the focus and hot issues in Brazil's domestic and foreign affairs from 2020 to 2021, covering the ravages of COVID-19 in Brazil and the response of the federal government, the role and shortcomings of Brazil's public health system in the fight against COVID-19, the impact of COVID-19 on Brazil's politics and environment, the changes in bilateral relations between Brazil and the United States, the development of Brazil's international scientific and technological innovation cooperation, etc.; the fourth part is the report on the development of Sino-Brazilian relations, which evaluates the overall situation of Sino-Brazilian relations under the influence of the COVID-19 from 2020 to 2021, as well as the cooperation between the two countries in the fields of anti-epidemic, economy and trade. Finally, in the appendix, the book combs the memorabilia of Brazil from 2020 to 2021, so as to provide reference for relevant departments and individuals.

Keywords: COVID-19; Brazil; Bolsonaro Government; Brazil's Economy Crises; Sino-Brazilian Relations

Contents

I General Report

Abstract: From 2020 to 2021, due to the weak anti epidemic efforts of President Bolsonaro and the federal government led by him, COVID-19 spread rapidly in Brazil, and Brazil became the new "epicenter" of the COVID-19 epidemic in Latin America and even the world. Public health crisis, economic crisis, social crisis and environmental crisis were concentrated. The epidemic had a great impact on the Brazilian economy, and the Brazilian economy, which was already weak in recovery, had been further dragged down. It shrank sharply in 2020 and began to recover strongly in 2021, but the foundation was still fragile, and the prospect is not optimistic. In order to boost the economy, the Bolsonaro government continued to take a negative attitude on environmental issues. Brazil's ecological environment continued to deteriorate and natural disasters occurred frequently. In the face of the epidemic, Brazil's public health and medical system was overwhelmed, and the public health crisis became prominent. At the same time, the people's livelihood had been hit hard by the epidemic, and various social contradictions had intensified. In this case, the dissatisfaction of the Brazilian people with the current government had intensified, the influence of the radical right-wing forces represented by Bolsonaro had declined, the ruling coalition had cracks, the pattern of political parties had been severely fragmented, the game between left and right parties had heated up, and political instability was intensified. In diplomacy, the Bolsonaro government adopted a pro-American and pro-Western foreign policy and pursued "Ideological Diplomacy", which greatly limited the expansion of Brazil's diplomatic space. With the inauguration of Biden's new government in 2021, Brazil-US relations had cooled rapidly, and the "isolation" of Brazil's diplomacy became more obvious. Although the Ideological Diplomacy of the Bolsonaro government had brought some noise to China-Brazil relations, it was difficult to change the overall situation of China-Brazil friendly cooperation. New progress had been made in China-Brazil relations, especially in vaccine cooperation and economic and trade cooperation, which became a highlight of China-Brazil relations.

Keywords: Brazil; COVID-19; Bolsonaro Government; Multiple Crises

Ⅱ Sub Reports

Abstract: Since the first confirmed Covid-19 case broke out in Brazil in early 2020, the coronavirus pandemic has spread rapidly in Brazil, and various social contradictions and problems have been superimposed and concentrated on each other. Facing the triple impact of the health crisis, social conflicts and economic stagnation, Brazil's domestic political turmoil has further intensified, mainly manifested in the tension between the state and the federal government, the tension among three powers, and the increased differences between the left and right parties. In addition, the 2022 Brazilian presidential election year is approaching, the political parties will struggle more and more fiercely, and the trend of political polarization and public polarization will become increasingly prominent.

Keywords: Bolsonaro; Covid-19; Political Unrest

Y.3 Economic Situation: Fragility of Recovery *Wu Hongying* / 041

Abstract: In 2020, influenced by COVID-19, Brazil's economy has shrunk dramatically, and GDP has seen a negative growth of nearly 4%, the lowest in nearly ten years. In 2021, with the gradual relaxation of COVID-19's prevention and control measures, the continuous increase of vaccination rate and the relative favorable external environment, Brazil's economy had a strong recovery trend under the combined driving force of consumption, investment and export. The basic economic indicators improved to varying degrees, and the GDP growth rate reached 4.6%, becoming the highest economic growth rate in Brazil in the past ten years. However, by the end of 2021, the new variant of COVID-19's new drug had become abrupt and spread rapidly. The global industrial chain and supply chain continued to "break down". The inflationary pressures of international commodity prices continued to rise, and in 2022, Brazil entered the "October election season". The uncertainty and instability risk of Brazil's economic growth increased, and the economic outlook was not optimistic. The road to economic recovery will be blocked and long.

Keywords: Brazil Economy; COVID-19; Fragile Recovery; High Inflation

Y.4 Social Situation: Multiple Crises *Zhong Dian* / 056

Abstract: The Brazil society has experienced double strikes from natural disasters and COVID-19 from 2020 to 2021. The Brazil people are facing two challenges of deterioration of the living environment and threats to life safety. Brazil society is completely unmasked by the crisis of governance, the shortage of materials and social inequality, the ineffective government's anti-epidemic work, and the long existence of vulnerability in Brazil society. The above problems are chronic diseases of Brazilian Society for a long time, and have been intensified by the short-sighted economic development model and anti-scientism public policy pursued by Brazil in recent years. In the future, whether Brazilian society can get rid of the quagmire will depend on whether the Brazilian government and the public can't be subject to the pressure of short-term economic growth, restore the basic respect of social mainstream values for science, adhere to the value orientation of social equity, formulate a social governance plan with human life as the highest pursuit, and embark on the road of healthy and sustainable development.

Keywords: Natural Disasters; COVID - 19; Multiple Crises; Social Governance

Abstract: The Bolsonaro government still has strong ideological characteristics at the diplomatic level. With the change of the US government, the "isolation" situation of Brazil's diplomacy is more obvious. In Latin American regional relations, the hostility of the Bolsonaro government to the left-wing government has exacerbated the political opposition among countries in Latin America, and Brazil's role in Latin American regional integration has changed from the previous "leader" to "troublemaker" . In terms of Brazil US relations, during Trump's administration, based on the ideological consistency between the presidents of the two countries, Brazil's diplomacy showed the distinctive characteristics of "following the United States" . However, since Biden's administration, the ideological differences have rapidly cooled Pakistan US relations, narrowed the scope of bilateral cooperation, and climate change and security have become priority issues in bilateral relations. In terms of relations with Europe, Bolsonaro's environmental policy has been widely questioned by EU countries. Affected by this, the free trade agreement between Mercosur and the EU has reached an impasse in the examination and approval process. At the same time, Bolsonaro strengthened the interaction with European right-wing political parties and governments, which to some extent reflects the priority of ideological factors in Bolsonaro government diplomacy. In the Asia Pacific region, Brazil has expressed its willingness to carry out free trade agreements with many countries in the Asia Pacific region, reflecting the economic diplomacy idea of "looking at the Asia Pacific"; China Brazil bilateral relations are generally stable, and vaccines and economic and trade cooperation have become the highlights of China Brazil bilateral relations.

Keywords: Brazilian Diplomacy; Bolsonaro Government; Ideology; Isolated Situation

Ⅲ Special Reports

Abstract: Brazil has been hardest hit by the epidemic in Latin American countries and has become the new "epicenter" of the global epidemic. Since the first confirmed case of new coronavirus was found on February 26, 2020, novel coronavirus has rapidly spread across Brazil in a short time. As of February 2022, the cumulative number of confirmed cases in Brazil has exceeded 28 million, ranking third in the world, second only to the United States and India; The cumulative number of deaths exceeded 650, 000, ranking second in the world after the United States. In the face of the outbreak of the COVID-19, although Brazil has a time advantage and a well-functioning national unified medical system, and at the same time, the state, municipal and other local governments and the Federal Supreme Court and other government agencies actively fight the epidemic, they failed to effectively combat the COVID-19. The reason is that President Bolsonaro's irresponsible words and actions and the negligence of the federal government in responding to the epidemic Inaction has greatly reduced the effectiveness of Brazil's fight against the epidemic. The epidemic has left Brazil with huge economic and social debts. In the future, Brazil will face many difficulties and have a long way to go.

Keywords: COVID-19; Bolsonaro Government; Public Health Crisis

Abstract: Brazil has a relatively perfect mechanism and rich experience in responding to public health emergencies, and has established a "Trinity" public health system composed of the National Health Supervision Bureau, the national epidemiological research institution and the unified medical system (SUS). Among them, the unified medical system undertakes public health and medical services in Brazil. Public hospitals, charity hospitals, community clinics and private hospitals joined through contracts all over the country are included in this system to provide free health and medical services for the whole people. Novel coronavirus pneumonia has novel coronavirus pneumonia since novel coronavirus pneumonia was launched in Brazil since the end of February 2020. The unified medical system has been playing a leading role in the prevention of the spread of new crown pneumonia, the treatment of new crown pneumonia patients and the vaccination of new crown pneumonia, and has made outstanding contributions to Brazil' s response to the largest public health crisis in the history of COVID-19, as a "national team" in Brazil' s public health medical field. At the same time, the outbreak of COVID-19 also revealed that the public health care system is not complete. There are problems such as unreasonable allocation of resources, shortage of funds and medical personnel, shortage of emergency facilities and emergency supplies. After the epidemic, the public health and medical undertakings with the unified medical system as the backbone will be paid more attention again. By further enhancing the ability to deal with public health emergencies, we can play a greater role in the future epidemic prevention and anti-epidemic struggle.

Keywords: Brazil; Unified Medical System; Public Health; COVID-19; Epidemic Prevention

Abstract: Taking the municipal election in Brazil in 2020 as an example, this paper examines the changes and invariance of Brazil's political ecology since 2020. In the municipal elections in Brazil in 2020, the center right and the right gained a lot, and the radical right and the left lost. It highlights that under the background of the current government's weak governance and the intertwined superposition of multiple crises in public health, economy and society, voters are more dissatisfied with the radical right-wing authorities and turn more to moderate, rational and experienced candidates, The survival and development space of extremism and "anti-establishment" advocated by current president Bolsonaro has been compressed, and Bolsonaro's re-election road is more difficult. The election results also show that the accumulated disadvantages of the left wing have not been eliminated, and the reserve force needs to be cultivated. The "third way" and traditional conservative political parties take advantage of the situation to win more voters' favor, and the conservative force will continue to play an important role in Brazilian politics. In addition, in this municipal election, the rejection rate reached a new high, reflecting the continued spread of distrust of politics among the Brazilian people; Nearly 30 political parties have won mayors and municipal councilors, and the gap between traditional major parties and other parties has narrowed, reflecting the increasingly serious fragmentation of the political party pattern in Brazil, which poses challenges to Brazil's political stability and political development.

Keywords: Brazil's Political; Municipal Elections; Bolsonaro

Y.9 The Appeal of Bolsonaro Government to Join the OECD and the Attitude of the United States

[*Brazil*] *Laís Forti Thomaz*, [*Brazil*] *Tullo Vigevani*,
[*Brazil*] *Elisa Cascão Ferreira* / 134

Abstract: During the Bolsonaro administration from 2019 to 2021, the Bolsonaro government believes that joining the OECD will bring effective benefits to Brazil, especially the "quality seal" can be obtained by complying with the norms of the OECD. Therefore, the Bolsonaro government has a strong interest in joining the OECD and takes it as a priority of the government. In order to seek the support of the United States for Brazil's accession to the OECD, the Bolsonaro government continued to show goodwill to the United States, and even did not hesitate to make concessions to the United States, give up Brazil's status as a developing country in the WTO and agree with the United States government to cancel Brazil's GSP treatment. However, the Bolsonaro government's approach and concession to the United States did not achieve its goals, neither achieved practical economic results, nor obtained the clear support of the United States for its accession to the OECD. The United States has not shown the reciprocity expected by the Bolsonaro government. The relationship between Brazil and the United States has not become a decisive variable. Considering its own political, economic, environmental and other interests, the United States has not given clear support to Brazil's appeal to join the OECD. Its attitude is wavering, which reflects the unequal relationship between the United States and Pakistan. So far, Brazil is still on the list of potential candidates of the OECD.

Keywords: Bolsonaro Government; OECD; Brazil US Relations

Y.10 Continued Retrogression: The Bolsonaro Government's Environmental Policy

Cheng Jing, Li Chengge and [Brazil] Alexandre Pereira da Silva / 148

Abstract: From 2020 to 2021, the environmental policy of Bolsonaro government has not changed compared with the first year of power in 2019, but it is in a continuous retrogression. Under the impact of the epidemic, in order to expand the export of agricultural and mineral products, boost the economy, meet the economic interests of comprehensive agricultural enterprises, mining and other departments, and obtain their political support, the Bolsonaro government took a negative attitude on environmental issues and internally promoted a series of measures detrimental to the environment implemented at the beginning of its term of office, such as relaxing environmental supervision; Encourage economic development in forest covered areas such as Amazon and Cerrado, and vigorously develop agriculture and mining. On the international stage, the Bolsonaro government has performed poorly and has been widely criticized on issues such as climate reduction and international cooperation in Amazon forest protection. Its continuously regressive environmental policy not only destroys Brazil's domestic ecological balance, resulting in a significant increase in deforestation and the continuous loss of biodiversity, but also seriously damages Brazil's international environmental image and restricts the healthy and sustainable development of the economy.

Keywords: Brazil; Environmental Policy; Bolsonaro Government; Deforestation; Amazon

Y.11 The Transformation and Development of International Scientific and Technological Innovation Cooperation in Brazil

Lin Xianlan, Guo Dong / 168

Abstract: Brazil, which was deeply affected by COVID-19 pneumonia, accelerated its breakthrough in science and technology in 2020 – 2021, while actively expanding international cooperation. In the process of advocating cooperative anti epidemic, the Brazilian federal government has gradually built an international scientific and technological innovation cooperation network in line with its own strategic interests through more active scientific and technological diplomacy. Brazil has strengthened the strategic deployment of international scientific and technological innovation cooperation, expanded the objects of bilateral and multilateral cooperation, and arranged the key areas of cooperation around the priority support for post epidemic reconstruction. Brazil serves its strategic goal of becoming one of the most innovative countries in the world at an early date with a more coordinated and efficient practice of international scientific and technological innovation cooperation.

Keywords: Brazil; Scientific and Technological Innovation; International Cooperation

Ⅳ Sino-Brazilian Relations

Abstract: From 2020 to 2021, the practical cooperation between China and Brazil continued to develop, and the leaders of the two countries maintained contact and exchanged greetings. China has always viewed its relations with Brazil from a strategic perspective, cherished the friendship and cooperation between the two countries, and insisted on working together with all sectors of Brazil to maintain a good atmosphere for the healthy and stable development of bilateral relations. Covid–19 China and Brazil have been working closely in combating the outbreak of the new crown pneumonia, and the two countries have continued to develop their economic and trade relations. The two countries have been strengthening cooperation in cultural and educational, technological innovation and other aspects, and their contents are continuously enriched. However, the right turn of the Brazilian Bolsonaro government's foreign policy has brought some noise to China Brazil Relations, which has had a certain negative impact on the approaching China Brazil Relations. However, it is difficult to change the overall situation of China Brazil friendly cooperation. China Brazil cooperation is full of toughness, vitality, strong endogenous driving force and promising prospects for practical cooperation.

Keywords: China Brazil Relations; Comprehensive Strategic Partnership; Practical Cooperation; Joint Anti-epidemic

Y.13 Steady Progress: The Cooperation and Friction of Economic and Trade between China and Brazil

Zhou Quan, *Wang Fei* / 194

Abstract: As the largest developing country in the eastern and Western Hemisphere, the cooperation between China and Brazil has global significance. For more than a decade, China has always maintained Brazil's position as the largest trading partner. The total amount of bilateral economic and trade has expanded steadily, and the quality of economic and trade cooperation has been continuously improved. Brazil has also become the first country in Latin America and the Caribbean whose total trade volume with China has exceeded US $100 billion. However, the imbalance of trade structure between China and Brazil has become an adverse factor affecting the economic and trade cooperation between the two countries for many years. China has caused Brazil's "de industrialization" and Brazil has launched frequent trade relief cases against China. From 2020 to 2021, the number of trade relief cases initiated by Brazil to China was relatively moderate, the relief tax rate was generally low, and the economic and trade cooperation between the two sides developed steadily. Under the new situation, Chinas policy orientation of further opening up in an all-round way and Brazil's trade policy trend of gradually opening up the market will help both sides strengthen economic and trade cooperation, and China's capital and technology will also provide new impetus for bilateral economic and trade development.

Keywords: China-Brazil Relations; Foreign Trade; Economic and Trade Cooperation; Economic and Trade Frictions

Abstract: Since the outbreak of COVID-19 in early 2020, Brazil has become the epicenter of Latin America and the world due to its chaotic prevent and control policies and inadequate medical resources. China and Brazil have actively carried out anti-epidemic cooperation through high-level exchanges, public opinion support, donation of epidemic prevention materials, experience sharing and vaccine cooperation, yielding fruitful results. Meanwhile, the two emerging economies still have divergences in policy positions and measures taken in the epidemic. Nevertheless, these divergences are not enough to cover up the remarkable achievements of China-Brazil cooperation, which has been highlighted by high frequency, rich forms and wide influence between 2020 and 2021. In the future, China should properly and prudently handle the divergences with Brazil to consistently unleash the potential of bilateral anti-epidemic cooperation and make greater achievements.

Keywords: China; Brazil; Anti-epidemic Cooperative; Vaccine; Divergence

V Appendix

皮 书

智库成果出版与传播平台

皮书定义

皮书是对中国与世界发展状况和热点问题进行年度监测，以专业的角度、专家的视野和实证研究方法，针对某一领域或区域现状与发展态势展开分析和预测，具备前沿性、原创性、实证性、连续性、时效性等特点的公开出版物，由一系列权威研究报告组成。

皮书作者

皮书系列报告作者以国内外一流研究机构、知名高校等重点智库的研究人员为主，多为相关领域一流专家学者，他们的观点代表了当下学界对中国与世界的现实和未来最高水平的解读与分析。截至 2022 年底，皮书研创机构逾千家，报告作者累计超过 10 万人。

皮书荣誉

皮书作为中国社会科学院基础理论研究与应用对策研究融合发展的代表性成果，不仅是哲学社会科学工作者服务中国特色社会主义现代化建设的重要成果，更是助力中国特色新型智库建设、构建中国特色哲学社会科学“三大体系”的重要平台。皮书系列先后被列入“十二五”“十三五”“十四五”时期国家重点出版物出版专项规划项目；2013~2023 年，重点皮书列入中国社会科学院国家哲学社会科学创新工程项目。

皮书网

（网址：www.pishu.cn）

发布皮书研创资讯，传播皮书精彩内容
引领皮书出版潮流，打造皮书服务平台

栏目设置

◆ **关于皮书**

何谓皮书、皮书分类、皮书大事记、
皮书荣誉、皮书出版第一人、皮书编辑部

◆ **最新资讯**

通知公告、新闻动态、媒体聚焦、
网站专题、视频直播、下载专区

◆ **皮书研创**

皮书规范、皮书选题、皮书出版、
皮书研究、研创团队

◆ **皮书评奖评价**

指标体系、皮书评价、皮书评奖

◆ **皮书研究院理事会**

理事会章程、理事单位、个人理事、高级
研究员、理事会秘书处、入会指南

所获荣誉

◆ 2008 年、2011 年、2014 年，皮书网均在全国新闻出版业网站荣誉评选中获得“最具商业价值网站”称号；

◆ 2012 年，获得“出版业网站百强”称号。

网库合一

2014年，皮书网与皮书数据库端口合一，实现资源共享，搭建智库成果融合创新平台。

皮书网

“皮书说”
微信公众号

皮书微博

法律声明